中国社会科学院习近平新时代中国特色社会主义思想研究中心研究书系

新时代这十年

2022年主题出版重点出版物

新时代的
全面依法治国

当代中国研究所◎编著

冀祥德◎主编

当代中国出版社
Contemporary China Publishing House
重庆出版集团 重庆出版社

图书在版编目(CIP)数据

新时代的全面依法治国 / 当代中国研究所编著；冀祥德主编．-- 北京：当代中国出版社；重庆：重庆出版社，2022.8（2023.5 重印）

（新时代这十年 / 姜辉主编）

ISBN 978-7-5154-1208-5

Ⅰ．①新… Ⅱ．①当… ②冀… Ⅲ．①社会主义法治—建设—成就—中国—2012-2022 Ⅳ．① D920.0

中国版本图书馆 CIP 数据核字（2022）第 135490 号

出 版 人　冀祥德
高级顾问　徐　升
责任编辑　邓颖君　徐宪江
责任校对　康　莹
印刷监制　刘艳平
封面设计　马　帅　鲁　娟
出版发行　当代中国出版社　重庆出版社
地　　址　北京市地安门西大街旌勇里 8 号
网　　址　http://www.ddzg.net
邮政编码　100009
编 辑 部　（010）66572744
市 场 部　（010）66572281　66572157
印　　刷　北京润田金辉印刷有限公司
开　　本　710 毫米 ×1000 毫米　1/16
印　　张　16.5 印张　3 插页　232 千字
版　　次　2022 年 8 月第 1 版
印　　次　2023 年 5 月第 6 次印刷
定　　价　68.00 元

《新时代这十年》丛书编委会

主　任　姜　辉

副主任　李正华　宋月红

编　委　（按姓氏笔画排列）

王巧荣　王爱云　李　文　李海潮

别必亮　张金才　陈兴芜　欧阳雪梅

郑有贵　高　山　谭扬芳

本卷编写组

主　编　冀祥德

成　员　（按姓氏笔画排列）

王　慧　朱学磊　刘晨琦　祁建建

孙南翔　房欣雪　段传龙　徐玖玖

中国精神的时代精华，实现了马克思主义中国化新的飞跃，开辟了马克思主义中国化时代化新境界。

新时代十年的伟大变革，迎来了中华民族从站起来、富起来到强起来的伟大飞跃，实现中华民族伟大复兴进入了不可逆转的历史进程。实现中华民族伟大复兴是近代以来中华民族最伟大的梦想，是党一百年来一切奋斗、一切牺牲、一切创造的主题。以习近平同志为核心的党中央坚持和加强党的全面领导，坚持和完善中国特色社会主义制度、推进国家治理体系和治理能力现代化，经受住了来自政治、经济、意识形态、自然界等方面的风险挑战考验，党的面貌、国家的面貌、人民的面貌、军队的面貌、中华民族的面貌发生了前所未有的变化。新时代十年的伟大变革，以中国式现代化推进中华民族伟大复兴，彰显了中国特色社会主义的强大生机活力，为实现中华民族伟大复兴提供了更为完善的制度保证、更为坚实的物质基础、更为主动的精神力量，推进实现中华民族伟大复兴的正确道路越走越宽广。

新时代十年的伟大变革，如期打赢脱贫攻坚战，如期全面建成小康社会，历史性地解决绝对贫困问题，创造了人类减贫史上以至人类发展史上前所未有的奇迹。贫困是人类社会的顽疾，反贫困始终是古今中外治国安邦的一件大事。为决胜全面建成小康社会，以习近平同志为核心的党中央把脱贫攻坚作为全面建成小康社会的底线任务，摆在治国理政的突出位置，组织开展了声势浩大的脱贫攻坚人民战争。党和人民披荆斩棘、栉风沐雨，发扬钉钉子精神，敢于啃硬骨头，攻克了一个又一个贫中之贫、坚中之坚，脱贫攻坚取得了重大历史性成就。现行标准下 9899 万农村贫困人口全部脱贫，832 个贫困县全部摘帽，12.8 万个贫困村全部出列。脱贫地区经济社会发展大踏步赶上来，整体面貌发生历史性巨变。脱贫群众精神风貌焕然一新，增添了自立自强的信心勇气。党领导人民打赢脱贫攻坚战，走出了一条中国特色减贫道路，形成了中国特色反贫困理论，创造了减贫治理的中国样本，为全球减贫事业作出了重大贡献。

新时代十年的伟大变革，创造了中国式现代化道路，创造了人类文明新形态。中国实现现代化，是人类历史上前所未有的大变革。在新中国成立特别是改革开放以来的长期探索和实践基础上，经过党的十八大以来在理论和实践上的创新突破，以习近平同志为核心的党中央团结带领人民成功推进和拓展了中国式现代化，推动物质文明、政治文明、精神文明、社会文明、生态文明协调发展，着力推动高质量发展，蹄疾步稳推进改革，扎实推进全过程人民民主，积极发展社会主义先进文化，突出保障和改善民生，统筹经济社会发展和疫情防控，大力推进生态文明建设，坚决维护国家安全，保持社会大局稳定，大力度推进国防和军队现代化建设，坚持“一国两制”和推进祖国统一，坚决维护台海和平稳定，全方位开展中国特色大国外交。中国式现代化，是中国共产党领导的社会主义现代化，是人口规模巨大的现代化，是全体人民共同富裕的现代化，是物质文明和精神文明相协调的现代化，是人与自然和谐共生的现代化，是走和平发展道路的现代化。中国式现代化，书写了中华民族几千年历史上最恢宏的史诗，绘就了人类发展史上最壮美的画卷。

新时代十年的伟大变革，关键在于不断加强党的全面领导。在领导新时代伟大社会革命进程中，拥有 9600 多万党员的中国共产党成为领导着 14 亿多人口大国、具有重大全球影响力并长期执政的马克思主义政党，从世界大党变为世界强党。办好中国的事情，关键在党。党的领导是党和国家的根本所在、命脉所在，是全国各族人民的利益所系、命运所系。历史和现实都证明，没有中国共产党，就没有新中国，就没有中华民族伟大复兴。在新时代新征程上，充分发挥党总揽全局、协调各方的领导核心作用，以伟大自我革命引领伟大社会革命。以习近平同志为核心的党中央坚持和加强党的全面领导，坚持一切为了人民、一切依靠人民，持之以恒推进全面从严治党，深入推进新时代党的建设新的伟大工程，不断提高党的建设质量。党中央权威和集中统一领导得到有力保证，党的领导制度体系不断完善，党的领导方式更加科学，全党思想上更加统一、政治上更加团结、行动上更加一致，党的政治领导力、思想引领力、群众组织力、社会号召力显著增强。永葆“赶考”的清醒和坚定，党的自我净化、自我完善、自我革新、自我提高能力显著提高，管党治党宽松软状况得到根本扭转，反腐败斗争取得压倒性胜利并全面巩固。党在革命性锻造中更加坚强，找到了跳出治乱兴衰历史周期率的第二个答案，开辟了自我革命新境界。全面从严治党永远在路上，党的自我革命永远在路上。

九州激荡四海升腾，壮志伟业长留天地。新时代十年的伟大变革，空前凝聚振奋党心军心民心。中国人民更加自信、自立、自强，极大增强了志气、骨气、底气，在历史进程中积累的强大能量充分爆发出来，焕发出前所未有的历史主动精神、历史创造精神。中华民族伟大复兴展现出前所未有的光明前景。

征途漫漫从头越，奋楫扬帆向未来。当代中国正在经历人类历史上最为宏大而独特的实践创新，中华民族伟大复兴进入关键时期，改革发展稳定任务之重、矛盾风险挑战之多、治国理政考验之大都前所未有，世界百年未有之大变局深刻变化前所未有。当前，世界百年大变局加速演进，世纪疫情还在蔓延。中国发展崛起遭到外部反对势力打压遏制，中华民族伟大复兴面临许多可以预料和难以预料的风险挑战。各种风险挑战接踵而至，风高浪急有时甚至是惊涛骇浪，其复杂性严峻性前所未有。中华民族伟大复兴不是轻轻松松、敲锣打鼓就能实现的，必须勇于进行具有许多新的历史特点的伟大斗争，准备付出更为艰巨、更为艰苦的努力。在全面建设社会主义现代化国家、向第二个百年奋斗目标进军的新征程上，党团结带领人民高举中国特色社会主义伟大旗帜，以习近平新时代中国特色社会主义思想为指导，自信自强、守正创新，埋头苦干、勇毅前行，以顽强奋斗不断开辟新天地。弘扬伟大建党精神，敢于斗争、善于斗争，坚持把国家和民族发展放在自己力量的基点上、把中国发展进步的命运牢牢掌握在自己手中，保持战略定力，增强忧患意识，坚持底线思维，坚定斗争意志，增强斗争本领，以正确的战略策略应变局、育新机、开新局，坚定不移推进中华民族伟大复兴历史进程，以奋发有为的精神把新时代中国特色社会主义推向前进，信心百倍地书写着新时代中国发展的伟大历史，到本世纪中叶全面建成社会主义现代化强国，创造新的时代辉煌，铸就新的历史伟业，并继续创造更多令人刮目相看的人间奇迹，使具有5000多年文明历史的中华民族以更加昂扬的姿态屹立于世界民族之林。

修订说明

新时代十年的历史性成就、历史性变革，极大增强了中国人民坚持中国特色社会主义的道路自信、理论自信、制度自信、文化自信。新时代的成就与变革在根本上离不开法治的保障。2022 年 10 月 16 日至 22 日，中国共产党第二十次全国代表大会在北京召开。习近平总书记代表第十九届中央委员会向大会作了题为《高举中国特色社会主义伟大旗帜　为全面建设社会主义现代化国家而团结奋斗》的报告。报告在第七部分聚焦“坚持全面依法治国，推进法治中国建设”，强调全面依法治国是国家治理的一场深刻革命，关系党执政兴国，关系人民幸福安康，关系党和国家长治久安，并作出在法治轨道上全面建设社会主义现代化国家的重要论述。本书按照党的二十大精神予以修订。特此说明。

本书编写组

2023 年 1 月

目 录

第六章 深化法治宣传教育，提高全民法治观念

第七章　统筹推进国内法治和涉外法治

第一章　全面依法治国是新时代坚持和发展中国特色社会主义的本质要求

法治兴则国兴，法治强则国强。党的十八大以来，以习近平同志为核心的党中央治国理政的一个鲜明特点，就是更加注重发挥法治的重要作用，开启了全面依法治国新时代。从关系党和国家前途命运的战略全局出发，把全面依法治国纳入“四个全面”战略布局。强调“法治是治国理政的基本方式”，指出“法治是国家治理体系和治理能力的重要依托”，推动“法治国家、法治政府、法治社会一体建设”，承诺“努力让人民群众在每一个司法案件中都能感受到公平正义”，等等。在这背后，是在新时代面对新形势、新问题、新挑战，如何才能治理好一个大国的深刻思考，进一步讲，就是我们党作为执政党，如何才能更好地治国理政，实现国家治理体系和治理能力现代化的问题。[1]我国是一个有14亿人口的大国，地域辽阔，民族众多，国情复杂。我们党在这样一个大国执政，要保证国家统一、法制统一、政令统一、市场统一，要实现经济发展、政治清明、文化昌盛、社会公正、生态良

---

〔1〕钟会兵:《全面依法治国是中国特色社会主义的本质要求》，载求是网2019年9月5日。

好，都需要秉持法律这个准绳、用好法治这个方式。所以说，提出全面推进依法治国，是对人民对美好生活向往的积极回应，是新时代坚持和发展中国特色社会主义的本质要求。

第一节 全面依法治国是国家治理的一场深刻革命

法治是国家治理体系和治理能力的重要依托，发挥着重要的引领、规范和保障作用。全面依法治国是坚持和发展中国特色社会主义的本质要求和重要保障，事关我们党执政兴国，事关人民幸福安康，事关党和国家事业发展。习近平总书记明确指出，全面依法治国是国家治理领域一场广泛而深刻的革命。

第一，从历史上看，国家强盛往往同法治相伴而生。“法者，治之端也。”古巴比伦国王汉谟拉比统一全国法令，制定人类历史上早期成文法之一《汉谟拉比法典》，推动古巴比伦王国进入上古两河流域的全盛时代。唐太宗以奉法为治国之重，一部《贞观律》成就了“贞观之治”；在《贞观律》基础上修订而成的《唐律疏议》，为大唐盛世奠定了法律基石，成为中华法系的典范。人类社会发展的事实证明，依法治理是最可靠、最稳定的治理。什么时候重视法治、法治昌明，什么时候就国泰民安；什么时候忽视法治、法治松弛，什么时候就国乱民怨。

我们党对法治的理论认识和实践探索经历了一个不断深化的过程。新中国成立初期，我们党在废除旧法统的同时，积极运用新民主主义革命时期根据地法制建设的成功经验，抓紧建设社会主义法治，初步奠定了社会主义法治的基础。后来，社会主义法治建设走过一段弯路。改革开放新时期，我们党把依法治国确定为党领导人民治理国家的基本方略，把依法执政确定为党治国理政的基本方式，推动依法治国取得重大进展。进入新时代，我们党明确提出全面依法治国，并将其纳入“四个全面”战略布局予以有力推进。在这一过程中，以习近平同志为核心的党中央创造性提出一系列全面依法治国新理念新思想新战略，形成习近平法治思想，深刻回答了新时代为什么实行全面依法治国、怎样实行全面依法治国等一系列重大问题，指导推动我国社会主义法治建设发生历史性变革、取得历史性成就。

第二，从现实上看，全面依法治国是解决党和国家事业发展面临的重大问题，促进社会公平正义，确保党和国家长治久安的根本要求。当前，我国改革发展稳定形势总体是好的，但发展不平衡不充分的一些突出问题尚未解决，人民内部矛盾和其他社会矛盾凸显，党风政风也存在一些不容忽视的问题，其中大量矛盾和问题与有法不依、执法不严、违法不究相关。比如，一度引起社会广泛关注的长春长生疫苗造假案，背后重要原因是法治不彰，把法律法规当儿戏；祁连山国家级自然保护区生态环境破坏问题，就是在立法上“放水”，执法上“放弃”，才导致了生态系统遭到严重破坏的结果。随着时代和实践的发展，人民群众对法治的要求越来越高，依法治国在党和国家工作全局中的地位更加突出、作用更加重大。全面依法治国，既是立足于解决我国改革发展稳定中的矛盾和问题的现实考量，也是着眼于长远的战略谋划。这就要求我们站在坚持和发展中国特色社会主义全局的战略高度，来定位法治、布局法治、厉行法治，为党和国家事业发展提供根本性、全局性、长期性的制度保障，确保我国社会在深刻变革中既生机勃勃又井然有序。

第三，从法治举措上看，全面依法治国是新时代坚持和发展中国特色社会主义制度、推进国家治理体系和治理能力现代化的重要方面。法治是国家治理体系和治理能力的重要依托，发挥着重要的引领、规范和保障作用。全面依法治国重在“全面”二字，是一个系统工程，要求通过固根基、扬优势、补短板、强弱项，推动各方面制度更加成熟、更加定型，逐步实现国家治理制度化、程序化、规范化、法治化。从“依法治国”到“全面依法治国”，从“社会主义法律体系”到“社会主义法治体系”，从“有法可依、有法必依、执法必严、违法必究”到“科学立法、严格执法、公正司法、全民守法”，法治建设的思路越来越清晰，定位越来越精准，举措越来越到位。可以说，全面依法治国是社会主义法治建设的“全面升级版”，不论在法治理念上还是在战略部署上，都是国家治理的一场深刻革命。[1]

全面依法治国既是深刻的社会变革，也是长期而重大的历史任务。在“四个全面”战略布局中，全面依法治国具有基础性、保障性作用，必须更加重视法治、厉行法治。要坚持以习近平法治思想为指导，坚定不移走中国特色社会主义法治道路，坚持和完善中国特色社会主义法治体系，坚持依法治国、依法执政、依法行政共同推进，坚持法治国家、法治政府、法治社会一体建设，全面推进科学立法、严格执法、公正司法、全民守法，不断把法治中国建设推向前进。

从历史、现实和新时代法治举措三个维度来考察，全面推进依法治国是一个系统工程，是国家治理领域一场广泛而深刻的革命。必须坚持依法治国、依法执政、依法行政共同推进，坚持法治国家、法治政府、法治社会一体建设，实现科学立法、严格执法、公正司法、全民守法，不断把法治中国建设推向前进。在全面建设社会主义现代化国家新征程上，必须坚持推进全面依法治国，不断推动法治中国建设迈出新步伐、创造新成就。

第二节　坚定不移走中国特色社会主义法治道路

党的十九届六中全会通过的《中共中央关于党的百年奋斗重大成就和历史经验的决议》，坚持唯物史观和正确党史观，全面总结了党的百年奋斗重大成就、历史经验，重点总结了党的十八大以来以习近平同志为核心的党中央团结带领全党全国各族人民奋进中国特色社会主义新时代取得的历史性成就、发生的历史性变革和积累的宝贵经验。建党百

〔1〕中共中央宣传部编:《习近平新时代中国特色社会主义思想学习问答》，学习出版社、人民出版社 2021 年版，第 166—168 页。

年，既是中华民族迎来从站起来、富起来到强起来的伟大飞跃的一百年，也是我们党领导人民不断追求法治、探索法治、建设法治、厉行法治的一百年。一百年来，我们党团结带领人民在革命、建设、改革各个历史时期，坚持将马克思主义法治理论同中国具体实际相结合，成功开辟了一条符合我国国情、赢得人民拥护、具有显著优势的中国特色社会主义法治道路。

一、中国特色社会主义法治道路是全面依法治国的唯一正确道路

全面依法治国必须走对路。道路问题是关系党的事业兴衰成败第一位的问题。习近平总书记指出："全面推进依法治国，必须走对路。如果路走错了，南辕北辙了，那再提什么要求和举措也都没有意义了。"[1]在法治问题上，没有最优模式，也没有"标准版本"，只有适合自己的才是最好的。中国特色社会主义法治道路是社会主义法治建设成就和经验的集中体现，是建设社会主义法治国家的唯一正确道路，必须坚定不移走中国特色社会主义法治道路。中国特色社会主义法治道路是一个管总的东西。具体讲我国法治建设的成就，大大小小可以列举出十几条、几十条，但归结起来就是开辟了中国特色社会主义法治道路这一条。[2]在坚持和拓展中国特色社会主义法治道路这个根本问题上，必须树立自信、保持定力。

坚持走中国特色社会主义法治道路，是我国的基本国情决定的，是历史的选择、人民的选择。中国特色社会主义法治道路本质上是中国特色社会主义道路在法治领域的具体体现，是建设社会主义法治国家的唯一正确道路。全面推进依法治国，必须要坚持从我国革命、建设、改革的实践中探索适合自己的法治道路，善于运用法治思维和法治方式解决

---

〔1〕中共中央文献研究室编：《习近平关于协调推进"四个全面"战略布局论述摘编》，中央文献出版社2015年版，第100页。

〔2〕习近平：《加快建设社会主义法治国家》，载《求是》2015年第1期。

经济社会发展面临的深层次问题，推动各方面制度更加成熟定型，始终沿着中国特色社会主义法治道路阔步前进。

第一，走中国特色社会主义法治道路，是历史的必然结论。要不要走法治道路、走什么样的法治道路，是近代以来中国人民面临的历史性课题。鸦片战争后，许多仁人志士也曾想变法图强，但都以失败告终，法治只是镜花水月。我们党在领导中国人民进行新民主主义革命的伟大斗争中，不断探索适合中国国情的法治道路。我们党在中央苏区、陕甘宁边区等局部地区就制定实施了涉及土地、婚姻、劳动、财经等方面的法律。新中国成立后，我们废除了国民党《六法全书》等旧法统，在《共同纲领》和“五四宪法”的基础上，确立了新中国的宪法制度和立法行政司法体制，我国社会主义法治实现了历史性跨越和根本性转变。改革开放以来，我们党深刻总结法治建设正反两方面的经验教训，最终走出了一条中国特色社会主义法治道路。党的十八大以来，以习近平同志为核心的党中央把全面依法治国作为新时代坚持和发展中国特色社会主义的一个基本方略，始终强调加强党的集中统一领导，坚持党领导立法、保证执法、支持司法、带头守法，在新时代不断坚持和拓展了中国特色社会主义法治道路。[1]这一阶段，我们取得了社会主义法治国家建设深入推进，全面依法治国总体格局基本形成，中国特色社会主义法治体系加快建设，司法体制改革取得重大进展，社会公平正义保障更为坚实，法治中国建设开创新局面等一系列伟大的法治建设成就。历史和现实充分证明，这条道路走得通、走得对、走得好。只有坚定走这条道路，才能建设社会主义法治国家，为全面建设社会主义现代化国家、实现中华民族伟大复兴的中国梦提供有力法治保障。

第二，走中国特色社会主义法治道路，是由我国社会主义国家性质所决定的。翻开我国《宪法》，第 1 条就明确规定，社会主义制度是中华人民共和国的根本制度。这一根本制度保证了人民当家作主的主体地

---

〔1〕中共中央宣传部编:《习近平新时代中国特色社会主义思想学习纲要》，学习出版社、人民出版社 2019 年版，第 171 页。

位，也保证了人民在全面依法治国中的主体地位，这是我们的制度优势。中国特色社会主义法治道路坚持人民主体地位，坚持法律面前人人平等，能够保证人民在党的领导下，依照法律规定，通过各种途径和形式管理国家事务，管理经济和文化事业，管理社会事务，本质上是中国特色社会主义道路在法治领域的具体体现。只有始终坚持以人民为中心，才能真正实现法治保障人民权益的根本目的。

第三，走中国特色社会主义法治道路，是立足我国基本国情的必然选择。走什么样的法治道路、建设什么样的法治体系，是由一个国家的基本国情决定的。“为国也，观俗立法则治，察国事本则宜。不观时俗，不察国本，则其法立而民乱，事剧而功寡。”全面依法治国，必须从我国实际出发，同推进国家治理体系和治理能力现代化相适应，既不能罔顾国情、超越阶段，也不能因循守旧、墨守成规。世界上没有放之四海而皆准的法治道路。走什么样的法治道路，脱离不开一个国家的基本国情。就我们这个 14 亿人口的社会主义大国而言，要在较短时间内建成法治国家，没有可以奉为金科玉律的教科书，也没有可以对中国人民颐指气使的教师爷。习近平总书记强调，我们有我们的历史文化，有我们的体制机制，有我们的国情，我们的国家治理有其他国家不可比拟的特殊性和复杂性，也有我们自己长期积累的经验和优势，不能妄自菲薄，也不能数典忘祖。全面依法治国，要坚持从国情出发、从实际出发，既要把握长期形成的历史传承，又要把握走过的发展道路、积累的政治经验、形成的政治原则，还要把握现实要求、着眼解决现实问题，不能割断历史。中国特色社会主义法治道路的一个鲜明特点，就是汲取我国古代德刑相辅、儒法并用等思想精华，始终坚持依法治国和以德治国相结合。特殊的国情、特殊的法律文化决定了我们必须坚持从实际出发，走自己的法治道路。当然，坚持从我国实际出发，不等于关起门来搞法治。法治是人类文明的重要成果之一，法治的精髓和要旨对于各国国家治理和社会治理具有普遍意义，要学习借鉴世界上优秀的法治文明成果。但是，学习借鉴不等于是简单的拿来主义，基本的东西必须是我们自己的，我们只能走自己的道路。必须坚持以我为主、为我所用，认真鉴别、合理吸收，不能搞“全盘西化”，不能搞“全面移植”，不能囫囵吞枣、照搬照抄，否则必然水土不服。在这个问题上，我们要有底气、有自信，要努力以中国智慧、中国实践为世界法治文明建设作出贡献。

第四，走好中国特色社会主义法治道路，必须头脑清醒、立场坚定。每一条法治道路底下都有一种政治立场，每一种法治模式当中都有一种政治逻辑。习近平总书记强调：我们党要坚持和发展中国特色社会主义，确保全面推进依法治国的正确方向，完成好依法治国重大战略任务，这是法治建设的问题，也是事关我们党执政兴国的一个全局性问题。因此不能单纯就法治论法治，法治具有一些共性的规律，但法治更具有鲜明的政治属性，离开法治的性质和方向，枉谈法治建设就会迷失方向，甚至会误入歧途，在这一点上我们要务必保持清醒的认识。

中国特色社会主义法治道路，就是要坚持党的领导，坚持中国特色社会主义制度，贯彻中国特色社会主义法治理论，这充分体现了我国的社会主义性质，具有鲜明的中国特色、实践特色、时代特色。习近平总书记强调：“在走什么样的法治道路问题上，必须向全社会释放正确而明确的信号，指明全面推进依法治国的正确方向，统一全党全国各族人民认识和行动。”[1]我们决不照搬照抄别国模式和做法，决不走西方“宪政”“三权鼎立”“司法独立”的路子，要树立自信、保持定力，在中国特色社会主义法治道路上坚毅前行。

我们要坚持的中国特色社会主义法治道路，本质上是中国特色社会主义道路在法治领域的具体体现；我们要发展的中国特色社会主义法治理论，本质上是中国特色社会主义理论体系在法治问题上的理论成果；我们要建设的中国特色社会主义法治体系，本质上是中国特色社会

〔1〕中共中央宣传部、中央全面依法治国委员会办公室编：《习近平法治思想学习纲要》，人民出版社、学习出版社2021年版，第37页。

主义制度的法律表现形式。[1]历史和现实告诉我们，只有传承中华优秀传统法律文化，从我国革命、建设、改革的实践中探索适合自己的法治道路，同时借鉴国外法治有益成果，才能为全面建设社会主义现代化国家、实现中华民族伟大复兴夯实法治基础。

二、中国特色社会主义法治道路的核心要义

推进全面依法治国这件大事能不能办好，最关键的是方向是不是正确、政治保证是不是坚强有力，具体讲就是要坚持党的领导，坚持中国特色社会主义制度，贯彻中国特色社会主义法治理论。[2]党的领导是中国特色社会主义最本质的特征，是社会主义法治最根本的保证。坚持中国特色社会主义法治道路，最根本的是坚持党的领导。中国特色社会主义制度是中国特色社会主义法治体系的根本制度基础，是全面推进依法治国的根本制度保障。中国特色社会主义法治理论是中国特色社会主义法治体系的理论指导和学理支撑，是全面推进依法治国的行动指南。[3]这三个方面实质上是中国特色社会主义法治道路的核心要义，规定和确保了中国特色社会主义法治体系的制度属性和前进方向。

第一，坚持党的领导。党的领导是全面依法治国的根本保证。坚持党的领导，是社会主义法治的根本要求，是党和国家的根本所在、命脉所在，是全国各族人民的利益所系、幸福所系，是全面依法治国的题中应有之义；党的领导和社会主义法治是一致的，社会主义法治必须坚持党的领导，党的领导必须依靠社会主义法治。[4]坚持中国特色社会主义

---

〔1〕中共中央宣传部、中央全面依法治国委员会办公室编:《习近平法治思想学习纲要》，人民出版社、学习出版社2021年版，第38页。

〔2〕中共中央宣传部、中央全面依法治国委员会办公室编:《习近平法治思想学习纲要》，人民出版社、学习出版社2021年版，第39页。

〔3〕中共中央文献研究室编:《习近平关于全面依法治国论述摘编》，中央文献出版社2015年版，第23页。

〔4〕习近平:《关于〈中共中央关于全面推进依法治国若干重大问题的决定〉的说明》，载习近平:《论坚持全面依法治国》，中央文献出版社2020年版，第92页。

法治道路，最根本的是坚持中国共产党的领导。对这一点，要理直气壮讲、大张旗鼓讲。要向干部群众讲清楚我国社会主义法治的本质特征，做到正本清源、以正视听。

党的领导是社会主义法治最根本的保证，是由党在国家和社会中的领导地位决定的。中国共产党是中国特色社会主义事业的领导核心，社会主义法治是中国特色社会主义事业的重要组成部分。办好中国的事情关键在党，全面推进依法治国关键也在党。党的领导是中国特色社会主义最本质的特征，同样也是中国特色社会主义法治最本质的特征。党对法治的领导体现在党领导立法、保证执法、支持司法、带头守法。离开了党总揽全局、协调各方的坚强领导，离开了党对人大、政府、政协、审判机关、检察机关的坚强领导，离开了党对建设法治中国的坚定信念和先锋模范、战斗堡垒作用，离开了党对各项事业的坚强领导、对国家治理体系和治理能力现代化的坚强领导，要全面推进依法治国这项既要顶层设计也要末端治理的系统工程，完成国家治理领域这场广泛而深刻的革命，是不可想象的。

第二，坚持中国特色社会主义制度。中国特色社会主义制度是中国特色社会主义法治体系的根本制度基础，是全面推进依法治国的根本制度保障。习近平总书记指出：衡量一个社会制度是否科学、是否先进，主要看是否符合国情、是否有效管用、是否得到人民拥护。当今世界正经历百年未有之大变局，国与国的竞争日益激烈，归根结底是国家制度的竞争。中国发展呈现出“风景这边独好”的局面，这其中很重要的原因就是我国国家制度和法律制度具有显著优越性和强大生命力。实践证明，我们党把马克思主义基本原理同中国具体实际、同中华优秀传统文化结合起来，在古老的东方大国建立起保证亿万人民当家作主的新型国家制度，保障我国创造出经济快速发展、社会长期稳定的奇迹，也为发展中国家走向现代化提供了全新选择，为人类探索建设更好社会制度贡献了中国智慧和中国方案。

中国特色社会主义制度是党和人民在长期实践探索中形成的科学制度体系，我国国家治理一切工作和活动都依照中国特色社会主义制度展开，我国国家治理体系和治理能力是中国特色社会主义制度及其执行能力的集中体现。中国特色社会主义制度与资本主义制度的根本区别就在于其鲜明的人民性。习近平总书记强调，全面依法治国要坚持以人民为中心。要把体现人民利益、反映人民愿望、维护人民权益、增进人民福祉落实到全面依法治国各领域全过程。推进全面依法治国，根本目的是依法保障人民权益。中国特色社会主义制度充分保障党的主张和人民意志的统一，充分保证法律制度的科学性和先进性，是全面依法治国的根本制度基础。

中国特色社会主义法治道路本质上是中国特色社会主义道路在法治领域的具体体现。中国特色社会主义法律制度是中国特色社会主义制度的重要组成部分，也是中国特色社会主义制度的具体化、规范化。中国特色社会主义法律制度的实施，是中国特色社会主义制度执行力建设的核心内涵。因此，为了坚持和发展中国特色社会主义制度，必须按照坚持和完善中国特色社会主义法治体系，提高党依法治国、依法执政能力的目标要求，健全保证宪法全面实施的体制机制，完善立法体制机制，健全社会公平正义保障制度，加强对法律实施的监督，进一步巩固全面依法治国的根本制度基础。

第三，贯彻中国特色社会主义法治理论。中国特色社会主义法治理论是中国特色社会主义法治体系的理论指导和学理支撑，是全面推进依法治国的行动指南。全面推进依法治国，法治理论是重要引领。要总结和运用党领导人民实行法治的成功经验，围绕社会主义法治建设重大理论和实践问题，不断丰富和发展符合中国实际、具有中国特色、体现社会发展规律的社会主义法治理论，为依法治国提供理论指导和学理支撑。中国特色社会主义法治理论是马克思主义基本原理同当代中国法治实践相结合的产物，反映了人类法治发展基本规律，是中国特色社会主义理论体系的重要组成部分。党的十八大以来，以习近平同志为核心的党中央从坚持和发展中国特色社会主义全局出发，从实现国家治理体系和治理能力现代化的高度，立足“四个全面”战略布局，着眼“两个一百年”奋斗目标，在历史和现实相贯通、国际和国内相关联、理论和实际相结合上，深刻回答了新时代为什么实行全面依法治国、怎样实行全面依法治国等一系列重大问题，形成了内涵丰富、论述深刻、逻辑严密、系统完备的习近平法治思想，丰富和发展了中国特色社会主义法治理论，是马克思主义法治理论中国化最新成果，是全面依法治国的根本遵循和行动指南。

坚持党的领导，坚持中国特色社会主义制度，贯彻中国特色社会主义法治理论，三者紧密联系，构成一个有机的整体，不仅言简意赅、高屋建瓴地指出了中国特色社会主义法治道路的领导力量、制度基础与制度保障、理论指导和学理支撑，而且科学阐明了中国特色社会主义法治道路的本质特征，指明了全面推进依法治国的性质和方向，从根本上划清了我国社会主义法治与西方所谓“宪政”的本质区别，彰显了我们党的道路自信、理论自信、制度自信、文化自信，对于全党全国各族人民在走什么样的法治道路问题上统一认识和行动具有重大指导意义。

三、建设中国特色社会主义法治体系是全面依法治国的总抓手

党的十八届四中全会明确提出全面推进依法治国的总目标是建设中国特色社会主义法治体系、建设社会主义法治国家。我们抓住法治体系建设这个总抓手，坚持党的领导、人民当家作主、依法治国有机统一，坚持依法治国、依法执政、依法行政共同推进，坚持法治国家、法治政府、法治社会一体建设，全面深化法治领域改革，统筹推进法律规范体系、法治实施体系、法治监督体系、法治保障体系和党内法规体系建设，推动中国特色社会主义法治体系建设取得历史性成就。〔1〕党的十八大以来，我们推进全面深化改革，健全党的领导体制机制，加强人民当家作主制度建设，完成宪法部分内容修改，推动社会主义协商民主广泛多层制度化发展，深化党和国家机构改革，深化经济体制改革，深化司

〔1〕习近平:《坚持走中国特色社会主义法治道路　更好推进中国特色社会主义法治体系建设》，载《求是》2022年第4期。

法体制综合改革，深化生态文明体制改革，深化国防和军队改革，建立国家监察制度，中国特色社会主义制度日趋成熟定型，中国特色社会主义法治体系不断完善，为推动党和国家事业取得历史性成就、发生历史性变革发挥了重大作用。[1]建设中国特色社会主义法治体系，是我们党提出的具有原创性、时代性的概念和理论。习近平总书记指出："全面推进依法治国涉及很多方面，在实际工作中必须有一个总揽全局、牵引各方的总抓手，这个总抓手就是建设中国特色社会主义法治体系。依法治国各项工作都要围绕这个总抓手来谋划、来推进。"[2]党的二十大报告指出，未来五年是全面建设社会主义现代化国家开局起步的关键时期，中国特色社会主义法治体系更加完善是这一时期目标任务之一，并明确提出到 2035 年，我国将基本建成法治国家、法治政府、法治社会。

建设中国特色社会主义法治体系、建设社会主义法治国家是坚持和发展中国特色社会主义的内在要求，是实现国家治理体系和治理能力现代化的必然要求，也是全面深化改革的必然要求，有利于在法治轨道上推进国家治理体系和治理能力现代化，有利于在全面深化改革总体框架内推进全面依法治国各项工作，有利于在法治轨道上不断深化改革。建设中国特色社会主义法治体系，要顺应事业发展需要，坚持系统观念，全面加以推进。当前和今后一个时期，要着力抓好以下几方面工作。

第一，加快形成完备的法律规范体系。

良法是善治的前提。"立善法于天下，则天下治；立善法于一国，则一国治。"推进国家治理体系和治理能力现代化，当然要高度重视法治问题，采取有力措施全面推进依法治国，建设社会主义法治国家，建设法治中国。在这点上，我们不会动摇。习近平总书记指出："经过长期努力，中国特色社会主义法律体系已经形成，我们国家和社会生活各方

〔1〕中共中央宣传部、中央全面依法治国委员会办公室编：《习近平法治思想学习纲要》，人民出版社、学习出版社 2021 年版，第 79 页。

〔2〕习近平：《关于〈中共中央关于全面推进依法治国若干重大问题的决定〉的说明》，载习近平：《论坚持全面依法治国》，中央文献出版社 2020 年版，第 93 页。

面总体上实现了有法可依，这是我们取得的重大成就，也是我们继续前进的新起点。”必须加快完善中国特色社会主义法律体系，使之更加科学完备、统一权威。

用明确的法律规范来调节社会生活、维护社会秩序，是古今中外的通用手段。从我国历史上看，春秋战国时期就有了自成体系的成文法典，汉唐时期就形成了比较完备的法典。现在，虽然中国特色社会主义法律体系已经形成，但也要看到，实践是法律的基础，法律要随着实践发展而发展。我们需要继续完善法律，既要适时制定新的法律，也要及时修改和完善现行法律。“治国无其法则乱，守法而不变则衰。”人民群众对立法的期盼，已经不是有没有，而是好不好、管用不管用、能不能解决实际问题；不是什么法都能治国，不是什么法都能治好国；越是强调法治，越是要提高立法质量。

必须坚持以宪法为最高法律规范，完善以宪法为核心的中国特色社会主义法律体系，更好发挥宪法在治国理政中的重要作用，维护宪法权威。加强重点领域、新兴领域、涉外领域立法，统筹推进国内法治和涉外法治，以良法促进发展、保障善治。增强立法系统性、整体性、协同性、时效性。把国家各项事业和各项工作纳入法制轨道，实现国家和社会生活制度化、法制化。要在坚持好、完善好已经建立起来并经过实践检验有效的根本制度、基本制度、重要制度的前提下，聚焦法律制度的空白点和冲突点，统筹谋划和整体推进立改废释纂各项工作。高度重视运用法治思维和法治方式推进改革，把发展改革决策同立法决策更好结合起来，确保国家发展、重大改革于法有据。积极推进国家安全、科技创新、公共卫生、生物安全、生态文明、防范风险、涉外法治等重要领域立法，健全国家治理急需、满足人民日益增长的美好生活需要必备的法律制度。完善疫情防控相关立法，加强配套制度建设，完善处罚程序，强化公共安全保障，构建系统完备、科学规范、运行有效的疫情防控法律体系。完善弘扬社会主义核心价值观的法律政策体系，把社会主义核心价值观要求融入法治建设和社会治理。

《民法典》为其他领域立法法典化提供了很好的范例。要总结编纂

《民法典》的经验，适时推动条件成熟的立法领域法典编纂工作。要研究丰富立法形式，可以搞一些“大块头”，也要搞一些“小快灵”，增强立法的针对性、适用性、可操作性。有关国家机关要适应改革开放和社会主义现代化建设要求，加强同《民法典》相关联、相配套的法律法规制度建设，不断总结实践经验，修改完善相关法律法规和司法解释。坚持问题导向，适应技术发展进步新需要，在新的实践基础上推动《民法典》不断完善和发展。〔1〕

第二，加快形成高效的法治实施体系。

“天下之事，不难于立法，而难于法之必行。”法律的生命力在于实施，法律的权威也在于实施。如果有了法律而不实施、束之高阁，或者实施不力、做表面文章，那制定再多法律也无济于事。

现在，我们社会生活中发生的许多问题，有的是因为立法不够、规范无据，但更多是因为有法不依、失于规制乃至以权谋私、徇私枉法、破坏法治。各级国家行政机关、监察机关、审判机关、检察机关是法律实施的重要主体，必须担负法律实施的法定职责，坚决纠正有法不依、执法不严、违法不究现象，坚决整治以权谋私、以权压法、徇私枉法问题，严禁侵犯群众合法权益。

必须加强宪法和法律实施，维护社会主义法制统一、尊严、权威，形成人们不愿违法、不能违法、不敢违法的法治环境，做到有法必依、执法必严、违法必究。要深入推进依法行政，加快建设法治政府，坚持法定职责必须为、法无授权不可为。要深入推进公正司法，深化司法体制改革，加快建设公正高效权威的司法制度，完善人权司法保障制度，严肃惩治司法腐败，让人民群众在每一个司法案件中都感受到公平正义。

“徒法不能以自行。”法律需要人来执行，如果执法的人自己不守法，那法律再好也没用。执法者必须忠实于法律，既不能以权压法、以身试法，也不能法外开恩、徇情枉法。各级领导机关和领导干部要提高

〔1〕中共中央宣传部、中央全面依法治国委员会办公室编：《习近平法治思想学习纲要》，人民出版社、学习出版社 2021 年版，第 81—82 页。

运用法治思维和法治方式的能力，努力以法治凝聚改革共识、规范发展行为、促进矛盾化解、保障社会和谐。

第三，加快形成严密的法治监督体系。

纵观人类政治文明史，权力是一把“双刃剑”，在法治轨道上行使可以造福人民，在法律之外行使则必然祸害国家和人民。没有监督的权力必然导致腐败，这是一条铁律。[1]公权力姓公，也必须为公。只要公权力存在，就必须有制约和监督。不关进笼子，公权力就会被滥用。全面依法治国，必须抓紧完善权力运行制约和监督机制，规范立法、执法、司法机关权力行使，构建党统一领导、全面覆盖、权威高效的法治监督体系。在加强立法监督工作方面，建立健全立法监督工作机制，完善监督程序。加强备案审查制度和能力建设，实行有件必备、有备必审、有错必纠。在加强对执法监督工作方面，坚决排除对执法活动的非法干预，坚决防止和克服地方保护主义和部门保护主义，坚决防止和克服执法工作中的利益驱动，坚决惩治腐败现象，做到有权必有责、用权受监督，违法必追求。在加强对司法活动的监督方面，要健全对法官、检察官办案的制约和监督制度，促进司法公正。

加强党对法治监督工作的集中统一领导，把法治监督作为党和国家监督体系的重要内容，保证行政权、监察权、审判权、检察权得到依法正确行使，保证公民、法人和其他组织合法权益得到切实保障。[2]坚持以党内监督为主导，推动人大监督、民主监督、行政监督、司法监督、审计监督、财会监督、统计监督、群众监督、舆论监督有机贯通、相互协调。

第四，加快形成有力的法治保障体系。

完善有力的法治保障对全面推进依法治国至关重要。如果没有一系

〔1〕中共中央宣传部、中央全面依法治国委员会办公室编:《习近平法治思想学习纲要》，人民出版社、学习出版社 2021 年版，第 101 页。

〔2〕中共中央宣传部、中央全面依法治国委员会办公室编:《习近平法治思想学习纲要》，人民出版社、学习出版社 2021 年版，第 86 页。

列的保障条件，全面依法治国就难以实现。建设法治中国，必须加强政治、组织、队伍、人才、科技、信息等方面的保障，为全面依法治国提供重要支撑。各级党委要切实加强对依法治国的领导，提高依法执政能力和水平，为全面依法治国提供有力的政治和组织保障。各级党组织和领导干部要适应科学执政、民主执政、依法执政的要求，支持政法系统各单位依照宪法法律独立负责、协调一致开展工作。党的各级组织部门等要发挥职能作用，保障推进法治中国建设。各级立法、执法、司法机关党组（党委）要加强领导、履职尽责，机关基层党组织和党员要充分发挥战斗堡垒和先锋模范作用，保障宪法法律实施。

加强队伍和人才保障。牢牢把握忠于党、忠于国家、忠于人民、忠于法律的总要求，大力提高法治工作队伍思想政治素质、业务工作能力、职业道德水准，努力建设一支德才兼备的高素质法治工作队伍。加强法治专门队伍和法律服务队伍建设，加强机构建设和经费保障，为全面依法治国提供坚实人才保障和物质条件。要推动行政执法重心向市县两级政府下移，加大执法人员、经费、资源、装备等向基层倾斜力度。要提高司法工作者公正司法能力，加强忠诚教育和职业培训，特别是要加强基层队伍建设，加强司法干部体制和经费保障体制建设，改善司法干部特别是基层司法干部工作生活条件，让他们更好履行职责。〔1〕改革和完善不符合法治规律、不利于依法治国的体制机制，为全面依法治国提供完备的制度保障。〔2〕

第五，加快形成完善的党内法规体系。

党内法规既是管党治党的重要依据，也是建设社会主义法治国家的有力保障。加强党内法规制度建设是全面从严治党的长远之策根本之策。必须加快形成覆盖党的领导和党的建设各方面的党内法规体系，为

---

〔1〕中共中央宣传部、中央全面依法治国委员会办公室编：《习近平法治思想学习纲要》，人民出版社、学习出版社 2021 年版，第 90 页。

〔2〕中共中央宣传部、中央全面依法治国委员会办公室编：《习近平法治思想学习纲要》，人民出版社、学习出版社 2021 年版，第 101 页。

提高党的执政能力和领导水平、推进国家治理体系和治理能力现代化、实现中华民族伟大复兴的中国梦提供有力的制度保障。

党内法规体系，是以党章为根本，以民主集中制为核心，以准则、条例等中央党内法规为主干，由各领域各层级党内法规制度组成的有机统一整体。自中国共产党诞生以来，党内法规制度建设紧紧围绕政治大局推进，始终与党的奋斗历程相伴相随，与党的建设和党的事业同向同行。经过一百年的持续努力，特别是党的十八大以来，以习近平同志为核心的党中央针对加强新时代党内法规制度建设作出一系列重大决策部署，制定出台一大批重要党内法规，党的制度建设取得历史性成就，已经形成比较完善的党内法规体系。〔1〕

中国特色社会主义实践向前推进一步，法治建设就要跟进一步。全面推进依法治国涉及很多方面，在实际工作中必须有一个总揽全局、牵引各方的总抓手，这个总抓手就是建设中国特色社会主义法治体系。全面依法治国各项工作都要围绕这个总抓手来谋划、来推进。〔2〕必须坚持依法治国、依法执政、依法行政共同推进，坚持法治国家、法治政府、法治社会一体建设，全面推进科学立法、严格执法、公正司法、全民守法，继续围绕坚持和完善中国特色社会主义法治体系，加快形成完备的法律规范体系、高效的法治实施体系、严密的法治监督体系、有力的法治保障体系，尽快形成完善的党内法规体系。

第三节　习近平法治思想是全面依法治国的根本遵循

党的十八大以来，以习近平同志为核心的党中央从坚持和发展中国

〔1〕中共中央宣传部、中央全面依法治国委员会办公室编:《习近平法治思想学习纲要》，人民出版社、学习出版社 2021 年版，第 92 页。

〔2〕翟国强:《坚定不移走中国特色社会主义法治道路》，载求是网 2021 年 2 月 5 日。

特色社会主义的全局和战略高度定位法治、布局法治、厉行法治，创造性提出了关于全面依法治国的一系列新理念新思想新战略，形成了习近平法治思想。习近平法治思想内涵丰富、论述深刻、逻辑严密、系统完备，从历史和现实相贯通、国际和国内相关联、理论和实际相结合上，深刻回答了新时代为什么实行全面依法治国、怎样实行全面依法治国等一系列重大问题，是顺应实现中华民族伟大复兴时代要求应运而生的重大理论创新成果，是马克思主义法治理论中国化的最新成果，是中国特色社会主义法治理论的重大创新发展，是习近平新时代中国特色社会主义思想的重要组成部分，是新时代全面依法治国的根本遵循和行动指南。

一、提出习近平法治思想的科学依据与重大意义

党的十八大以来，习近平总书记高度重视全面依法治国，亲自谋划、亲自部署、亲自推动。在这一过程中，习近平总书记以马克思主义政治家、思想家、战略家的深刻洞察力和理论创造力，创造性提出了关于全面依法治国的一系列具有原创性、标志性的新理念新思想新战略，形成了习近平法治思想。这一思想从历史和现实相贯通、国际和国内相关联、理论和实际相结合上，深刻回答了新时代为什么实行全面依法治国、怎样实行全面依法治国等一系列重大问题，构成了一个富有开创性、实践性、真理性、前瞻性的科学思想体系，推动中国特色社会主义法治理论和实践实现新飞跃，标志着我们党对社会主义法治建设和人类法治文明发展的规律性认识达到新的历史高度。

第一，提出习近平法治思想的科学依据。习近平法治思想是经过长期发展而形成的内涵丰富、论述深刻、逻辑严密、系统完备的法治理论体系。我们党在长期的革命、建设、改革实践中，坚持将马克思主义基本原理与中国实际相结合，持续推进马克思主义法治理论中国化进程。党的十八大以来，以习近平同志为核心的党中央，坚持立足全局观法治、着眼整体谋法治、胸怀天下论法治，从历史和现实相贯通、国际和国内相关联、理论和实际相结合上深刻回答了新时代为什么实行全面

依法治国、怎样实行全面依法治国等一系列重大问题，形成了习近平法治思想。习近平法治思想覆盖改革发展稳定、内政外交国防、治党治国治军等各方面的法治问题，在范畴上系统集成、逻辑上有机衔接、话语上自成一体，展现出深厚的理论底蕴、缜密的逻辑架构和统一的价值指向，是我们党迄今为止最为全面、系统、科学的法治理论体系。

习近平法治思想是在实践进步中彰显强大感召力、创新力、引领力的法治理论体系。习近平法治思想是经过实践证明、富有实践伟力的强大思想武器，是指引全党全国人民在复杂形势中守正创新、在矛盾风险中胜利前进、在法治轨道上治理国家的科学行动指南。党的十八大以来，以习近平同志为核心的党中央把全面依法治国提升为新时代坚持和发展中国特色社会主义的基本方略，作出了一系列重大决策部署，解决了许多长期想解决而没有解决的难题，办成了许多过去想办而没有办成的大事，有力促进了中国特色社会主义制度更加完善，有力推进了国家治理体系和治理能力现代化，有力保障了中国经济快速发展奇迹和社会长期稳定奇迹，有力提升了中国法治在全球治理中的影响力。这些重大成就的取得，根本在于习近平法治思想的正确指引，也有力证明了习近平法治思想的科学真理性。

第二，习近平法治思想的重大意义。深入学习贯彻习近平法治思想，必须深刻把握其政治意义、理论意义、实践意义、世界意义，切实增强学习贯彻的思想自觉、政治自觉和行动自觉，做到学思用贯通、知信行统一。

习近平法治思想是从源远流长的中华法律文明传统和蓬勃发展的社会主义法治实践中形成的伟大理论成果，充分揭示了中国特色社会主义法治道路、理论、制度、文化的生命力和优越性，是习近平新时代中国特色社会主义思想的“法治篇”。深入研究阐释和宣传贯彻习近平法治思想，有利于统一广大干部群众的思想认识，增强“四个意识”，坚定“四个自信”，做到“两个维护”，坚定不移走中国特色社会主义法治道路，进一步巩固全党全国人民团结奋斗的共同思想基础。

习近平法治思想开辟了马克思主义法治理论新境界，必将引领中国特色社会主义法治理论创新发展。习近平法治思想既坚持了马克思主义法治理论的基本立场、观点和方法，又在法治理论上有许多重大突破、重大创新、重大发展，为马克思主义法治理论发展作出了原创性贡献。深入研究阐释习近平法治思想，有利于拓展和创新中国特色社会主义法治理论，构建中国特色法学学科体系、学术体系和话语体系，增强新时代全面依法治国的政治定力、前进动力。

习近平法治思想擘画了新时代全面依法治国的宏伟蓝图，必将引领法治中国建设迈向良法善治新境界。习近平法治思想深刻总结了古今中外治国理政经验特别是党领导人民依法治国的成功经验，体现出深远的战略思维、鲜明的政治导向、强烈的历史担当、真挚的为民情怀，是引领法治中国建设迈向良法善治新境界的强大思想武器。在全面建设社会主义现代化国家新征程中，深入学习宣传贯彻习近平法治思想，有利于激发全党全国人民投身法治中国建设的巨大热情，加快建设中国特色社会主义法治体系、建设社会主义法治国家。

习近平法治思想凝聚了法治建设的中国经验和中国智慧，必将有力提升中国法治的国际话语权和影响力。随着我国日益走近世界舞台的中央，世界上越来越多的国家和人民对“中国奇迹”背后的中国法治故事感兴趣，希望深入了解“中国之治”背后的中国法治经验。习近平法治思想对中国特色社会主义法治作出了权威、精准的阐释，加强对习近平法治思想的对外宣传阐释工作，可以让国际社会更深入地了解中国特色社会主义法治，更充分地学习借鉴法治建设的中国经验、中国智慧，扩大中国法治在全球法治舞台上的话语权和影响力。

二、习近平法治思想的主要内容

习近平法治思想内涵丰富、论述深刻、逻辑严密、系统完备，就其主要方面来讲，集中体现为“十一个坚持”，即坚持党对全面依法治国的领导；坚持以人民为中心；坚持中国特色社会主义法治道路；坚持依宪治国、依宪执政；坚持在法治轨道上推进国家治理体系和治理能力现代化；坚持建设中国特色社会主义法治体系；坚持依法治国、依法执政、依法行政共同推进，法治国家、法治政府、法治社会一体建设；坚持全面推进科学立法、严格执法、公正司法、全民守法；坚持统筹推进国内法治和涉外法治；坚持建设德才兼备的高素质法治工作队伍；坚持抓住领导干部这个“关键少数”。

第一，坚持党对全面依法治国的领导。党的领导是推进全面依法治国的根本保证。我们党是世界最大的执政党，领导着世界上人口最多的国家，如何掌好权、执好政，如何更好地把 14 亿人民组织起来、动员起来全面建设社会主义现代化国家，是一个始终需要高度重视的重大课题。历史是最好的教科书，也是最好的清醒剂。我们党领导社会主义法治建设，既有成功经验，也有失误教训。特别是十年内乱期间，法制遭到严重破坏，党和人民付出了沉重代价。“文化大革命”结束后，邓小平同志把这个问题提到关系党和国家前途命运的高度，强调“必须加强法制。必须使民主制度化、法律化”。正反两方面的经验告诉我们，国际国内环境越是复杂，改革开放和社会主义现代化建设任务越是繁重，越要运用法治思维和法治手段巩固执政地位、改善执政方式、提高执政能力，保证党和国家长治久安。

全党同志都必须清醒认识到，全面依法治国决不是要削弱党的领导，而是要加强和改善党的领导。要健全党领导全面依法治国的制度和工作机制，推进党的领导制度化、法治化，通过法治保障党的路线方针政策有效实施。要坚持依法治国和依规治党有机统一，确保党既依据宪法法律治国理政，又依据党内法规管党治党、从严治党。

第二，坚持以人民为中心。全面依法治国最广泛、最深厚的基础是人民，必须坚持为了人民、依靠人民。要把体现人民利益、反映人民愿望、维护人民权益、增进人民福祉落实到全面依法治国各领域全过程，保证人民在党的领导下通过各种途径和形式管理国家事务、管理经济文化事业、管理社会事务，保证人民依法享有广泛的权利和自由、承担应尽的义务。

推进全面依法治国，根本目的是依法保障人民权益。随着我国经济社会持续发展和人民生活水平不断提高，人民群众对民主、法治、公平、正义、安全、环境等方面的要求日益增长，要积极回应人民群众新要求新期待，坚持问题导向、目标导向，树立辩证思维和全局观念，系统研究谋划和解决法治领域人民群众反映强烈的突出问题，不断增强人民群众获得感、幸福感、安全感，用法治保障人民安居乐业。

第三，坚持中国特色社会主义法治道路。我们要坚持的中国特色社会主义法治道路，本质上是中国特色社会主义道路在法治领域的具体体现；我们要发展的中国特色社会主义法治理论，本质上是中国特色社会主义理论体系在法治问题上的理论成果；我们要建设的中国特色社会主义法治体系，本质上是中国特色社会主义制度的法律表现形式。我们既要立足当前，运用法治思维和法治方式解决经济社会发展面临的深层次问题；又要着眼长远，筑法治之基、行法治之力、积法治之势，促进各方面制度更加成熟更加定型，为党和国家事业发展提供长期性的制度保障。

第四，坚持依宪治国、依宪执政。宪法是国家的根本法，具有最高的法律效力。党领导人民制定宪法法律，领导人民实施宪法法律，党自身要在宪法法律范围内活动。全国各族人民、一切国家机关和武装力量、各政党和各社会团体、各企业事业组织，都必须以宪法为根本的活动准则，都负有维护宪法尊严、保证宪法实施的职责。任何组织和个人都不得有超越宪法法律的特权，一切违反宪法法律的行为都必须予以追究。

第五，坚持在法治轨道上推进国家治理体系和治理能力现代化。法治是国家治理体系和治理能力的重要依托。只有全面依法治国才能有效保障国家治理体系的系统性、规范性、协调性，才能最大限度凝聚社会共识。

新中国成立 70 多年来，我国之所以创造出经济快速发展、社会长期稳定“两大奇迹”，同我们不断推进社会主义法治建设有着十分紧密的关系。在抗击新冠肺炎疫情过程中，我们坚持在法治轨道上统筹推进疫情防控和经济社会发展工作，依法维护社会大局稳定，有序推进复工复产，使我国疫情防控取得重大战略成果，成为 2020 年全球唯一恢复经济正增长的主要经济体。在统筹推进伟大斗争、伟大工程、伟大事业、伟大梦想的实践中，在全面建设社会主义现代化国家新征程上，我们要更加重视法治、厉行法治，更好发挥法治固根本、稳预期、利长远的保障作用，坚持依法应对重大挑战、抵御重大风险、克服重大阻力、解决重大矛盾。

第六，坚持建设中国特色社会主义法治体系。中国特色社会主义法治体系是推进全面依法治国的总抓手。要加快形成完备的法律规范体系、高效的法治实施体系、严密的法治监督体系、有力的法治保障体系、完善的党内法规体系。要坚持依法治国和以德治国相结合，实现法治和德治相辅相成、相得益彰。

要积极推进国家安全、科技创新、公共卫生、生物安全、生态文明、防范风险、涉外法治等重要领域立法，健全国家治理急需的法律制度、满足人民日益增长的美好生活需要必备的法律制度，填补空白点、补强薄弱点。数字经济、互联网金融、人工智能、大数据、云计算等新技术新应用快速发展，催生一系列新业态新模式，网络犯罪已成为危害我国国家政治安全、网络安全、社会安全、经济安全等的重要风险之一，但相关法律制度还存在时间差、空白区，需要尽快立法填补空白。

第七，坚持依法治国、依法执政、依法行政共同推进，法治国家、法治政府、法治社会一体建设。全面依法治国是一个系统工程，要整体谋划，更加注重系统性、整体性、协同性。依法治国、依法执政、依法行政是一个有机整体，关键在于党要坚持依法执政、各级政府要坚持依法行政。法治国家、法治政府、法治社会相辅相成，法治国家是法治建设的目标，法治政府是建设法治国家的重点，法治社会是构筑法治国家的基础。

第八，坚持全面推进科学立法、严格执法、公正司法、全民守法。要继续推进法治领域改革，解决好立法、执法、司法、守法等领域的突出矛盾和问题。公平正义是司法的灵魂和生命。要深化司法责任制综合配套改革，加强司法制约监督，完善人员分类管理，健全司法职业保障，规范司法权力运行，提高司法办案质量和效率。要健全社会公平正义法治保障制度，努力让人民群众在每一个司法案件中感受到公平正义。要继续完善公益诉讼制度，有效维护社会公共利益。党的十八大以来，党中央确定的一些重大改革事项，健全纪检监察机关、公安机关、检察机关、审判机关、司法行政机关各司其职，侦查权、检察权、审判权、执行权相互配合的体制机制等，要紧盯不放，真正一抓到底，抓出实效。

第九，坚持统筹推进国内法治和涉外法治。法治是国家核心竞争力的重要内容。当前，世界百年未有之大变局加速演变，和平与发展仍然是时代主题，但国际环境不稳定性、不确定性明显上升，新冠肺炎疫情大流行影响广泛深远。我国不断发展壮大，日益走近世界舞台中央。要加快涉外法治工作战略布局，协调推进国内治理和国际治理，更好维护国家主权、安全、发展利益。要加快形成系统完备的涉外法律法规体系，提升涉外执法司法效能。要引导企业、公民在“走出去”过程中更加自觉地遵守当地法律法规和风俗习惯，运用法治和规则维护自身合法权益。要注重培育一批国际一流的仲裁机构、律师事务所，把涉外法治保障和服务工作做得更有成效。

我们要坚定维护以联合国为核心的国际体系，坚定维护以国际法为基础的国际秩序，坚定维护以联合国宪章宗旨和原则为基础的国际法基本原则和国际关系基本准则。对不公正不合理、不符合国际格局演变大势的国际规则、国际机制，要提出改革方案，推动全球治理变革，推动构建人类命运共同体。

第十，坚持建设德才兼备的高素质法治工作队伍。全面推进依法治国，首先要把专门队伍建设好。要加强理想信念教育，深入开展社会主义核心价值观和社会主义法治理念教育，推进法治专门队伍革命化、正规化、专业化、职业化，确保做到忠于党、忠于国家、忠于人民、忠于法律。

第十一，坚持抓住领导干部这个“关键少数”。领导干部具体行使党的执政权和国家立法权、行政权、监察权、司法权，是全面依法治国的关键。各级领导干部要坚决贯彻落实党中央关于全面依法治国的重大决策部署，带头尊崇法治、敬畏法律，了解法律、掌握法律，不断提高运用法治思维和法治方式深化改革、推动发展、化解矛盾、维护稳定、应对风险的能力，做尊法学法守法用法的模范。要把法治素养和依法履职情况纳入考核评价干部的重要内容，让尊法学法守法用法成为领导干部自觉行为和必备素质。

这“十一个坚持”，深刻阐明了全面依法治国的政治方向，习近平总书记围绕全面依法治国向哪里走、走什么路作出深刻阐述，抓住了中国特色社会主义法治建设的根本，明确了全面依法治国必须遵循的政治准绳；深刻阐明了全面依法治国的重要地位，习近平总书记从坚持和发展中国特色社会主义、建设社会主义现代化国家、实现中华民族伟大复兴、确保党和国家长治久安的长远考虑出发，深入阐述全面依法治国的重要意义、重要地位、重要作用，讲清了全面依法治国在全局工作中的坐标定位，明确了新时代全面依法治国的职责使命；深刻阐明了全面依法治国的工作布局，习近平总书记在深刻总结我国社会主义法治建设、准确把握当今时代和实践发展提出的新要求基础上，对全面依法治国作出战略部署和总体安排，明确了新时代法治中国建设的前进方向；深刻阐明了全面依法治国的重点任务，习近平总书记擘画了全面依法治国的战略重点，明确了新时代法治中国建设的重点领域和关键环节，明确了各项工作的着力点和突破点；深刻阐明了全面依法治国的重大关系，习近平总书记深入阐述了政治和法治、改革和法治、依法治国和以德治国、依法治国和依规治党等关系问题，廓清了相关思想困惑，明确了必须正确把握的重大理论问题和科学方法论；深刻阐明了全面依法治国的重要保障，习近平总书记围绕建设德才兼备的高素质法治工作队伍、抓住领导干部这个“关键少数”等作出重要论述、提出明确要求，牵住了“牛鼻子”、抓到了关键处，明确了领导干部和人才队伍在推进全面依法治国中的重要性。学习领会习近平法治思想，必须吃透基本精神、把握核心要义、明确工作要求，做到了然于胸、融会贯通。

实践没有止境，理论创新也没有止境。习近平法治思想是不断发展的开放的理论，在指导新时代全面依法治国的历史进军中，必将随着中国特色社会主义法治建设伟大实践的深入推进而持续发展、不断丰富、更加完善。

第二章　全面贯彻实施宪法取得新进展

宪法是国家的根本法，是治国安邦的总章程，是党和人民意志的集中体现，具有最高的法律地位、法律权威、法律效力。[1]新中国成立以来特别是改革开放40多年来，宪法在我们党治国理政实践中发挥了十分重要的作用。党的十八大以来，习近平总书记多次强调，全面贯彻实施宪法是全面依法治国、建设社会主义法治国家的首要任务和基础性工作。党中央把实施宪法摆在全面依法治国的突出位置，采取一系列有力措施加强宪法实施和监督工作，维护宪法法律权威，在全党全社会形成了尊崇宪法、学习宪法、遵守宪法、维护宪法、运用宪法的良好氛围，全面贯彻实施宪法不断取得新进展。党的二十大报告为在新征程上继续推进全面依法治国指明了方向，必将引领宪法实施工作开辟新境界、达到新高度。

---

〔1〕习近平：《坚持依法治国首先要坚持依宪治国，坚持依法执政首先要坚持依宪执政》，载习近平：《论坚持全面依法治国》，中央文献出版社2020年版，第126页。

第一节　坚持依宪治国、依宪执政

从党的十八大到党的二十大，党中央多次强调，坚持依法治国首先要坚持依宪治国，坚持依法执政首先要坚持依宪执政。党领导人民制定宪法和法律，党领导人民执行宪法和法律，党自身必须在宪法和法律范围内活动。各级党组织和党员领导干部带头厉行法治，不断提高依法执政能力和水平，不断推进国家各方面工作法治化。

一、强化了党总揽全局、协调各方的领导地位

办好中国的事情，关键在党。中华民族近代以来 180 多年的历史、中国共产党成立以来 100 多年的历史、中华人民共和国成立以来 70 多年的历史都充分证明，没有中国共产党，就没有新中国，就没有中华民族伟大复兴。历史和人民选择了中国共产党。中国共产党领导是中国特色社会主义最本质的特征，是中国特色社会主义制度的最大优势，是党和国家的根本所在、命脉所在，是全国各族人民的利益所系、命运所系。〔1〕党的十八大以来，以习近平同志为核心的党中央团结带领全国各族人民毫不动摇坚持和发展中国特色社会主义，形成一系列治国理政新理念新思想新战略，推动党和国家事业取得历史性成就、发生历史性变革，中国特色社会主义进入了新时代。党的十九大在新的历史起点上对新时代坚持和发展中国特色社会主义作出重大战略部署，提出了一系列重大政治论断，确立了习近平新时代中国特色社会主义思想在全党的指导地位，确定了新的奋斗目标，对党和国家事业发展具有重大指导和引领意义。

---

〔1〕习近平:《在庆祝中国共产党成立 100 周年大会上的讲话》，人民出版社 2021 年版，第 10—11 页。

在党的十九大文件起草和形成过程中，在全党全国上下学习贯彻党的十九大精神过程中，都有许多意见提出，应该根据党的十九大精神对我国现行宪法作出必要的修改完善，把党和人民在实践中取得的重大理论创新、实践创新、制度创新成果通过国家根本法确认下来，使之成为全国各族人民的共同遵循，成为国家各项事业、各方面工作的活动准则。2017 年 9 月 29 日，习近平总书记主持召开中央政治局会议，决定启动宪法修改工作，对宪法适时作出必要修改。为此，中央决定成立宪法修改小组，在中共中央政治局常委会领导下开展工作。2018 年 1 月 18 日至 19 日，党的十九届二中全会举行，全会审议并通过了《中共中央关于修改宪法部分内容的建议》。这是党历史上第一次用一次中央全会专门讨论宪法修改问题。2018 年 3 月 11 日，第十三届全国人大第一次会议高票通过了宪法修正案。

2018 年宪法修正案确立了习近平新时代中国特色社会主义思想在国家政治和社会生活中的指导地位。习近平新时代中国特色社会主义思想是马克思主义中国化最新成果，是党和人民实践经验和集体智慧的结晶，是中国特色社会主义理论体系的重要组成部分，是全党全国人民为实现中华民族伟大复兴而奋斗的行动指南，是党的十八大以来党和国家事业取得历史性成就、发生历史性变革的根本理论指引，其政治意义、理论意义、实践意义已被实践所充分证明，在全党全国人民中已经形成高度共识。党的十九大党章修正案已经将其确立为党的指导思想。在宪法中把习近平新时代中国特色社会主义思想同马克思列宁主义、毛泽东思想、邓小平理论、“三个代表”重要思想、科学发展观写在一起，确立其在国家政治和社会生活中的指导地位，反映了全国各族人民的共同意愿，体现了党的主张和人民意志的统一，明确了全党全国人民为实现中华民族伟大复兴而奋斗的共同思想基础，具有重大的现实意义和深远的历史意义。〔1〕

〔1〕《王晨作关于〈中华人民共和国宪法修正案（草案）〉的说明（摘要）》，载新华网 2018 年 3 月 6 日。

2018年宪法修正案充实坚持和加强中国共产党全面领导的内容，在《宪法》第1条第2款中增写“中国共产党领导是中国特色社会主义最本质的特征”。从社会主义制度的本质属性角度对坚持和加强党的全面领导进行规定，有利于在全体人民中强化党的领导意识，有效把党的领导落实到国家工作全过程和各方面，确保党和国家事业始终沿着正确方向前进。[1]

二、提高了党依宪执政的能力

坚持依宪治国、依宪执政，就包括坚持宪法确定的中国共产党领导地位不动摇，坚持宪法确定的人民民主专政的国体和人民代表大会制度的政体不动摇，任何人以任何借口否定中国共产党领导和我国社会主义制度，都是错误的、有害的，都是绝对不能接受的，也是从根本上违反宪法的。习近平总书记指出:“我们讲依宪治国、依宪执政，同西方所谓‘宪政’有着本质区别，不能把二者混为一谈。”[2]我们说的依宪治国、依宪执政，依据的是中华人民共和国宪法，而决不是其他国家的宪法。我们实行依宪治国、依宪执政，是中国共产党领导人民依据宪法长期执政、治理国家，而决不是要否定和放弃中国共产党的领导。

坚持党的领导，不是一句空的口号，具体体现在党领导立法、保证执法、支持司法、带头守法上。我们党的政策和国家法律都是人民根本意志的反映，在本质上是一致的。党的政策是国家法律的先导和指引，是立法的依据和执法司法的重要指导。[3]党坚持依法治国基本方略和依法执政基本方式，善于使党的主张通过法定程序成为国家意志，善于使党组织推

---

〔1〕《王晨作关于〈中华人民共和国宪法修正案（草案）〉的说明（摘要）》，载新华网2018年3月6日。

〔2〕习近平:《坚定不移走中国特色社会主义法治道路　为全面建设社会主义现代化国家提供有力法治保障》，载《求是》2021年第5期。

〔3〕习近平:《党的领导和社会主义法治是一致的》，载习近平:《论坚持全面依法治国》，中央文献出版社2020年版，第43页。

荐的人选成为国家政权机关的领导人员，善于通过国家政权机关实施党对国家和社会的领导，支持国家权力机关、行政机关、审判机关、检察机关依照宪法和法律独立负责、协调一致地开展工作。[1]各级党组织和党员领导干部不断提高依宪治国、依宪执政能力和水平，提高运用法治思维和法治方式深化改革、推动发展、化解矛盾、维护稳定的能力和水平，对宪法法律保持敬畏之心，牢固确立法律红线不能触碰、法律底线不能逾越的观念，带头依法办事，带头遵守和维护法治。[2]

三、依规治党，形成了比较完善的党内法规体系

依规治党深入党心，依法治国才能深入民心。[3]习近平总书记指出，"必须坚持依法治国与制度治党、依规治党统筹推进、一体建设"[4]。2016 年，党的十八届六中全会修订的《中国共产党党内监督条例》第 2 条提出"尊崇党章，依规治党"，"依规治党"概念第一次载入党内法规。2017 年，党的十九大首次提出"依法治国和依规治党有机统一"，修订后的党章强调"坚持依规治党、标本兼治"，以党的根本大法的形式确立了"依规治党"这一管党治党的基本方式。2018 年，习近平总书记在中央全面依法治国委员会第一次会议上发表重要讲话时指出："要发挥依法治国和依规治党的互补性作用，确保党既依据宪法法律治国理政，又依据党内法规管党治党、从严治党。"[5]

加强党内法规制度建设是全面从严治党的长远之策、根本之策。党

---

〔1〕习近平：《在首都各界纪念现行宪法公布施行三十周年大会上的讲话》，载习近平：《论坚持全面依法治国》，中央文献出版社 2020 年版，第 15 页。

〔2〕习近平：《切实尊崇宪法，严格实施宪法》，载习近平：《论坚持全面依法治国》，中央文献出版社 2020 年版，第 202 页。

〔3〕习近平：《在中央全面依法治国委员会第一次会议上的讲话》，载习近平：《论坚持全面依法治国》，中央文献出版社 2020 年版，第 223 页。

〔4〕习近平：《坚持依法治国与制度治党、依规治党统筹推进、一体建设》，载习近平：《论坚持全面依法治国》，中央文献出版社 2020 年版，第 169 页。

〔5〕习近平：《在中央全面依法治国委员会第一次会议上的讲话》，载习近平：《论坚持全面依法治国》，中央文献出版社 2020 年版，第 231 页。

的十八大以来，党中央高度重视党内法规制度建设，推动这项工作取得重要进展和成效。2021 年 7 月 1 日，习近平总书记在庆祝中国共产党成立 100 周年大会上宣布，我们党已经“形成比较完善的党内法规体系”。这一制度建设重大成果来之不易，是我们党 100 年来持续推进建章立制特别是党的十八大以来全面深化党的建设制度改革的结果；这一党的建设重要成就彪炳史册，是党的建设史特别是党内法规制度建设史上的一个重要里程碑，标志着党内法规制度建设由此迈入高质量发展新阶段，全面从严治党、依规治党站在新的历史起点上；这一基础性制度支撑事关根本，为保证全党团结统一、行动一致，为党统揽“四个伟大”提供了坚强有力制度保障，对于党以史为鉴、开创未来，团结带领全国人民实现中华民族伟大复兴具有重要意义。〔1〕

第二节　公民权利保障水平显著提高

党的十八大以来，党中央从全面深化改革、加快推进国家治理体系和治理能力现代化出发，更加注重健全尊重和保障人权的体制机制。2012 年，党的十八大将“人权得到切实尊重和保障”作为全面建成小康社会的重要目标，从战略层面确立了人权事业的重要地位。党的十八大修改通过的《中国共产党章程》再次重申尊重和保障人权。2014 年，党的十八届四中全会通过《中共中央关于全面推进依法治国若干重大问题的决定》，从推进国家治理体系和治理能力现代化的高度，作出了全面依法治国的重大战略部署，强调“加强人权司法保障”“增强全社会尊重和保障人权意识”。2017 年，党的十九大确立习近平新时代中国特色社会主义思想为党的指导思想，明确提出“加强人权法治保障，保证人民依法享有广泛权利和自由”。2022 年，党的二十大进一步强调“必须坚

〔1〕中共中央办公厅法规局：《中国共产党党内法规体系》（二〇二一年七月），载《人民日报》2021 年 8 月 4 日，第 1 版。

持在发展中保障和改善民生，鼓励共同奋斗创造美好生活，不断实现人民对美好生活的向往”，对新时代中国人权事业发展提出了新的更高要求，为坚持中国特色人权发展道路、全面推进中国人权事业提供了根本遵循。

一、切实保障人民的生存权，全面建成小康社会

党的十八大以来，以习近平同志为核心的党中央坚持以人民为中心的发展思想，坚持把保障人民生存权、发展权作为首要的基本人权，推动中国人权事业不断发展进步。经过长期不懈奋斗，中国人民实现了从翻身解放到解决温饱、从基本小康到全面小康，并正在向共同富裕目标迈进。

贫困是实现人权的最大障碍。党和政府高度关注农村贫困问题，持续推进扶贫开发事业，在消除贫困道路上不断取得新突破。党的十八大以来，中国持续开展以农村扶贫开发为中心的减贫行动。以习近平同志为核心的党中央作出坚决打赢脱贫攻坚战的战略部署，明确目标任务，汇聚全党全国全社会之力打响脱贫攻坚战。经过 8 年持续奋斗，到 2020 年底，中国如期完成新时代脱贫攻坚目标任务，现行标准下 9899 万农村贫困人口全部脱贫，832 个贫困县全部摘帽，12.8 万个贫困村全部出列，区域性整体贫困得到解决。中国在减贫事业上取得的巨大成就，不仅改写了中国人权事业发展史，也创造了世界人权保障新奇迹，提前 10 年实现联合国 2030 年可持续发展议程减贫目标，显著缩小了世界贫困人口的版图，对全球减贫贡献率超过 70%。[1]

全面建成小康社会是党和政府为增进人民福祉、提高全体人民人权保障水平、实现国家现代化而实施的一项重大国家发展战略。2021 年 7 月 1 日，中共中央总书记、国家主席习近平在北京代表党和人民

〔1〕中华人民共和国国务院新闻办公室:《中国共产党尊重和保障人权的伟大实践》(2021 年 6 月)，载中国政府网 2021 年 6 月 24 日。

庄严宣告，“我们实现了第一个百年奋斗目标，在中华大地上全面建成了小康社会，历史性地解决了绝对贫困问题，正在意气风发向着全面建成社会主义现代化强国的第二个百年奋斗目标迈进”。这是中国人权进程中一个激动人心的时刻、一个载入史册的时刻、一个继往开来的时刻。全面小康是经济富裕、政治民主、文化繁荣、社会公平、生态良好的小康，是城乡区域均衡发展、惠及全体人民的小康，是切实尊重和全面保障人权的小康。中国全面建成小康社会，夯实了人权基础，丰富了人权内涵，拓宽了人权视野，意味着人权的全面发展和全民共享，谱写了中国人权事业的新篇章，创造了人类尊重和保障人权的奇迹。〔1〕

全面建成小康社会首先要保障生存权。生存是享有一切人权的基础。小康社会建设将解决温饱问题、保障生存权作为首要目标，不断满足人民日益增长的物质文化需要。在全面建成小康社会进程中，人民生活质量显著提高，衣食住行用都有较大改善，生存权保障水平稳步提升。全面建成小康社会必然要实现各类人权协调发展。全面小康强调保障物质文明、政治文明、精神文明、社会文明、生态文明建设成果惠及人民。坚持人权相互依存、不可分割的基本原则，既保护经济社会文化权利，又保障公民人身权、人格权、财产权和民主政治权利，全方位增进各类人权和基本自由。〔2〕

二、大幅提升经济、社会、文化、环境权利保障水平

在全面建成小康社会进程中，中国坚持以发展促人权，推动全面落实经济社会权利、文化教育权利以及生态环境权利，人民生活更加富足安康、和谐幸福。

〔1〕中华人民共和国国务院新闻办公室:《全面建成小康社会：中国人权事业发展的光辉篇章》(2021年8月12日)，载中国政府网2021年8月12日。

〔2〕中华人民共和国国务院新闻办公室:《全面建成小康社会：中国人权事业发展的光辉篇章》(2021年8月12日)，载中国政府网2021年8月12日。

就业是民生之本。党和国家把促进就业放在经济社会发展的优先位置，坚持就业优先战略和更加积极的就业政策。2020年，在新冠肺炎疫情冲击下，党中央统筹推进疫情防控和经济社会发展，把就业列为“六稳”“六保”之首，推出减负、稳岗、扩就业等一系列政策举措，就业形势逐步回稳向好。2020年末城镇调查失业率为5.2%；全年城镇新增就业人数1186万人，比900万人的预期目标多了286万人。[1]

国家建成了包括养老、医疗保障、社会救助等在内的世界上最大的社会保障体系，覆盖面不断扩大，保障水平不断提高。国民受教育权利得到保障。教育投入大幅增长，办学条件显著改善，办学水平不断提高，农村教育得到加强，教育公平迈出重大步伐。社会主义文化事业全面繁荣，覆盖城乡的公共文化体系逐步建立，公共文化设施逐步实现免费开放。坚持“绿水青山就是金山银山”的绿色发展观，将生态文明建设纳入中国特色社会主义“五位一体”总体布局，坚持走生态优先、绿色低碳的发展道路。[2]

没有全民健康，就没有全面小康。中国把人民健康放在优先发展的战略位置，实施健康中国战略，推进健康中国行动，推行普惠高效的基本公共卫生服务，不断提升医疗卫生服务的公平性、可及性、便利性和可负担性。国家致力于建立优质高效的整合型医疗卫生服务体系，改善医疗卫生资源的可及性和便利性，提高医疗服务质量和效率，居民就医感受明显改善。人民健康指标稳步改善。居民主要健康指标总体上优于中高收入国家平均水平。基本医疗卫生与健康促进法通过并实施，为全方位全周期维护人民健康、实施健康中国战略提供法治保障。随着经济社会的发展，国家不断引导居民形成健康的生活方式。城乡居民在工作

〔1〕中华人民共和国国务院新闻办公室:《中国共产党尊重和保障人权的伟大实践》(2021年6月)，载中国政府网2021年6月24日。

〔2〕中华人民共和国国务院新闻办公室:《中国共产党尊重和保障人权的伟大实践》(2021年6月)，载中国政府网2021年6月24日。

之余锻炼身体、关注饮食健康已经成为普遍的社会风气。[1]

2020 年初以来在全球范围内暴发的新冠肺炎疫情，是百年来人类遭遇的影响范围最大的全球性大流行病，对全世界是一次严重危机和严峻考验。在以习近平同志为核心的党中央坚强领导下，中国坚持人民至上、生命至上，把保障人的生命安全和健康放在第一位。国家采取积极、科学、灵活的救治策略，慎终如始、全力以赴救治每一位患者，从出生仅 30 个小时的婴儿至百岁老人，不计代价抢救每一位患者的生命。实施患者免费救治，及时预拨疫情防控资金，确保患者不因费用问题影响就医，确保各地不因资金问题影响医疗救治和疫情防控。一些危重症患者治疗费用高达几十万元甚至上百万元，全部由国家承担。对本轮新冠肺炎疫苗接种实施全民免费，在受种者知情自愿同意的前提下，疫苗及接种费用由医保基金负担，财政对医保基金给予补助。[2]这些积极有效的措施有力扭转了疫情局势，维护人民生命安全和身体健康。

三、协调推进公民权利和政治权利保障

人身权保障不断加强。为更好保障公民的人身自由，中国先后废止了劳动教养和收容教育制度。2020 年 5 月 28 日，第十三届全国人大第三次会议审议通过《民法典》。《民法典》强调人身自由、人格尊严受法律保护，明确规定公民的人身权利受法律保护，任何组织或者个人不得侵犯。这对坚持以人民为中心的发展思想、依法维护人民权益、推动我国人权事业发展具有重要意义。

选举权受到法律保障。我国坚持发展社会主义民主政治，保障人人享有平等的选举权利，先后制定《全国人民代表大会和地方各级人民代表大会选举法》《地方各级人民代表大会和地方各级人民政府组织法》

〔1〕中华人民共和国国务院新闻办公室:《全面建成小康社会：中国人权事业发展的光辉篇章》(2021 年 8 月 12 日)，载中国政府网 2021 年 8 月 12 日。

〔2〕中华人民共和国国务院新闻办公室:《中国共产党尊重和保障人权的伟大实践》(2021 年 6 月)，载中国政府网 2021 年 6 月 24 日。

等。坚持实行普遍、平等、直接选举和间接选举相结合以及差额选举的原则，《宪法》规定凡年满18周岁的中国公民，不分民族、种族、性别、职业、家庭出身、宗教信仰、教育程度、财产状况、居住期限，除依法被剥夺政治权利的人外，都有选举权和被选举权。国家根据国情和实际，不断修改选举法，完善选举制度，逐步实现了城乡按相同人口比例选举人大代表，并保证各地区、各民族、各方面都有适当数量的代表。

知情权、参与权、表达权、监督权保障体系持续完善。建立健全常态化的法律草案公开征求意见工作机制。截至2021年4月，国家立法机关共有230件次法律草案向社会公开征求意见。民法典草案公开征求意见期间共收到425,762人次提出的1,021,834条意见。大力推行政务公开，以公开为原则，不公开为例外，全面推行权力清单、责任清单、负面清单公开工作，全国均已公布省市县三级政府部门权力清单。健全依法决策机制，在重大行政决策过程中，注重增强公众参与实效，提高专家论证质量，依法保障公民在行政决策中的参与权。不断完善信访制度，依法及时处理信访问题，维护群众合法权益。建立便捷高效的网络表达平台，公民在网络上积极建言献策、表达诉求，有序参与社会管理，成为全过程民主的重要渠道。〔1〕

依法保障宗教信仰自由。国家支持各宗教坚持独立自主自办的原则，在法律范围内进行各种宗教活动；依法对涉及国家利益和社会公共利益的宗教事务进行管理，不干涉各宗教内部事务，宗教工作法治化水平不断提高。2017年修订《宗教事务条例》，贯彻实施《境内外国人宗教活动管理规定》，依法保障中国公民及境内外国人的宗教信仰自由。依法打击宗教极端主义以及打着宗教活动名义开展的“邪教”活动。不断加大宗教教职人员社会保障力度，宗教教职人员医疗保险参保率达96.5%，养老保险参保率达89.6%，基本实现了宗教教职人员社保体系全覆盖。公民的宗教信仰自由得到充分保障，呈现出宗教和顺、社会和

〔1〕中华人民共和国国务院新闻办公室：《中国共产党尊重和保障人权的伟大实践》（2021年6月），载中国政府网2021年6月24日。

谐的良好局面。[1]

四、全面保障特定群体权利

农民权益保障全方位改善。党的十八大以来，稳定农村土地承包关系并保持长久不变，实施农村集体土地所有权、承包权、经营权“三权分置”，赋予农民对承包地占有、使用、收益、流转及经营权融资担保权能，保障农户宅基地用益物权，增加农民财产性收入，赋予农民更多财产权利。农民工生活条件不断改善，关爱农村留守人员，农村人居环境极大改善。

妇女儿童老年人权益保障持续加强。国家建立了包括100多部法律法规在内的全面保障妇女儿童权益的法律体系，先后制定实施了3个周期的妇女、儿童发展纲要，有力推动了妇女儿童事业与经济社会协调发展。制定专门法律，预防和制止家庭暴力，保护家庭成员的合法权益。多次修改完善《刑法》和《刑事诉讼法》，加强对未成年人的保护，严厉打击侵害未成年人的犯罪行为，健全涉罪未成年人的特殊保护制度。《民法典》增设居住权，明确夫妻共同债务的范围，增加防止和制止性骚扰等条款，进一步提高了妇女儿童老年人等群体的保护水平。2016年，公安部建立“团圆”打拐系统，截至2018年9月，平台发布儿童失踪信息3419条，找回3367人，找回率达98.4%。[2]妇女经济社会参与能力不断提升，妇女儿童健康保障水平进一步提高，儿童得到特别关爱和特殊保护，老年人生活和权益保障状况持续改善。

少数民族权益保障进一步完善。少数民族参与国家事务管理权利得到有效保障。少数民族和民族地区生活水平大幅提升，居民人均可支配

---

〔1〕中华人民共和国国务院新闻办公室:《全面建成小康社会：中国人权事业发展的光辉篇章》(2021年8月12日)，载中国政府网2021年8月12日。

〔2〕中华人民共和国国务院新闻办公室:《改革开放40年中国人权事业的发展进步》(2018年12月12日)，载新华网2018年12月12日。

收入显著提高。少数民族和民族地区教育事业快速发展，少数民族文化事业蓬勃发展，在民族地区推广普及国家通用语言文字，依法保障各民族使用和发展自己的语言文字的自由，促进民族团结和社会和谐。在统一多民族的中国，不断铸牢中华民族共同体意识，坚持共同团结奋斗、共同繁荣发展，各民族共建美好家园，共创美好未来。

第三节　国家权力体系不断优化

一、深化国家监察体制改革

党的十八大以来，党中央就一直思考和谋划如何适应全面从严治党新形势，在强化党内各方面监督的同时，更好发挥监察机关职能作用，强化国家监察，把公权力关进制度的笼子。在党中央领导下，中央纪委组织协调，从北京、浙江、山西试点探索到全国推开，再到组建国家和省市县监察委员会，同纪律检查委员会合署办公，改革取得重要阶段性成果。党的十九大提出构建集中统一、权威高效的国家监察体系，把组建国家监察委员会列在深化党中央机构改革方案第一条，形成以党内监督为主、其他监督相贯通的监察合力。〔1〕

深化国家监察体制改革是党中央决策和推进的重大政治体制改革，需要在国家机构顶层设计上作出重要调整和完善，涉及宪法修改问题。为了贯彻和体现深化国家监察体制改革的精神，为成立监察委员会提供宪法依据，2018 年宪法修正案在《宪法》第三章“国家机构”第六节后增加一节，作为第七节“监察委员会”，就国家监察委员会和地方各级监察委员会的性质、地位、名称、人员组成、任期任届、领导体制、工

〔1〕习近平:《在新的起点上深化国家监察体制改革》，载习近平:《论坚持全面依法治国》，中央文献出版社 2020 年版，第 238—239 页。

作机制等作出规定，此外还对其他相关条款进行修改。上述修改，反映了党的十八大以来深化国家监察体制改革的成果，贯彻了党的十九大关于健全党和国家监督体系的部署，也反映了设立国家监察委员会和地方各级监察委员会后，全国人民代表大会及其常务委员会和地方各级人民代表大会及其常务委员会、国务院和地方各级人民政府职权的新变化以及工作的新要求。〔1〕从推进国家监察体制改革的过程看，比较好地处理了深化改革和推进法治的关系，贯彻凡属重大改革都要于法有据的要求，彰显了党坚持在宪法法律范围内活动的执政原则。〔2〕

二、赋予设区的市地方立法权

赋予设区的市地方立法权是回应地方治理需求的重要举措。2013年，党的十八届三中全会决定，逐步增加有地方立法权的较大的市数量。2014年，党的十八届四中全会决定，明确地方立法权限和范围，依法赋予设区的市地方立法权。2015年3月，第十二届全国人大第三次会议修改《立法法》，赋予所有设区的市、自治州和4个不设区的地级市（广东东莞、中山，海南三沙，甘肃嘉峪关）地方立法权。2018年宪法修正案在《宪法》第三章“国家机构”第100条增加一款，作为第2款：“设区的市的人民代表大会和它们的常务委员会，在不同宪法、法律、行政法规和本省、自治区的地方性法规相抵触的前提下，可以依照法律规定制定地方性法规，报本省、自治区人民代表大会常务委员会批准后施行。”增加这一规定，有利于设区的市在宪法法律的范围内，制定体现本行政区域实际的地方性法规，更为有效地加强社会治理、促进经济社会发展，也有利于规范设区的市制定地方性法规

〔1〕《王晨作关于〈中华人民共和国宪法修正案（草案）〉的说明（摘要）》，载新华网2018年3月6日。

〔2〕习近平：《深刻认识宪法修改的重大意义》，载习近平：《论坚持全面依法治国》，中央文献出版社2020年版，第198页。

的行为。[1]

为推动设区的市实现高质量立法，全国人大常委会法工委通过地方立法工作座谈会、法律询问答复、立法培训班、立法统计分析等多种有力措施，推进设区的市地方立法工作。《立法法》修改以来，省级人大和原49个有地方立法权的市人大根据《立法法》迅速着手修改地方立法条例，新赋权的设区的市积极启动各自立法条例的制定工作。截至2020年2月，省级人大立法条例全部完成修改工作，各设区的市、自治州共制定修改立法条例274件。山西、内蒙古、湖北、贵州等18个省、自治区所有设区的市全部制定通过立法条例，各地地方立法工作更加“有章可循”。[2]

三、加强全过程人民民主的法治保障

民主是全人类的共同价值。党的二十大报告指出，“人民民主是社会主义的生命，是全面建设社会主义现代化国家的应有之义”。[3]中国共产党始终坚持以人民为中心，不断推进社会主义民主政治建设。中国特色社会主义进入新时代，我国社会主义民主政治建设也开辟了新境界。全过程人民民主是中国共产党团结带领人民追求民主、发展民主、实现民主的伟大创造，是党不断推进中国民主理论创新、制度创新、实践创新的经验结晶。习近平总书记强调：“发展社会主义民主政治就是要体现人民意志、保障人民权益、激发人民创造活力，用制度体系保证人民当家作主。”[4]

---

〔1〕《王晨作关于〈中华人民共和国宪法修正案（草案）〉的说明（摘要）》，载新华网2018年3月6日。

〔2〕闫然：《立法法修改五周年设区的市地方立法实施情况回顾与展望》，载《中国法律评论》2020年第6期。

〔3〕习近平：《高举中国特色社会主义伟大旗帜 为全面建设社会主义现代化国家而团结奋斗——在中国共产党第二十次全国代表大会上的报告》，载《求是》2022年第21期。

〔4〕习近平：《决胜全面建成小康社会 夺取新时代中国特色社会主义伟大胜利——在中国共产党第十九次全国代表大会上的报告》（2017年10月18日），载人民网2017年10月27日。

实现人民当家作主、发展全过程人民民主，是我国宪法具有根本性质的宗旨、原则和价值。党领导人民制定实施宪法，坚持全面依法治国，就是为了实现好、维护好、发展好人民当家作主，新时代发展全过程人民民主的重大理念和实践要求与之既一脉相承又与时俱进。我国宪法以国家根本法的形式，确立了工人阶级领导的、以工农联盟为基础的人民民主专政的国体和人民代表大会制度的政体，确立了中国共产党领导的多党合作和政治协商制度等基本政治制度，规定了民主集中制等重要原则，构建了保证和实现人民当家作主的制度体系。这些都是我国宪法制度发展的历史逻辑、实践逻辑、理论逻辑的必然要求和集中体现，为发展全过程人民民主提供了系统有效的制度载体和运行机制。〔1〕

人民代表大会制度是实现我国全过程人民民主的重要制度载体。在我国，人民行使国家权力的机关是全国人民代表大会和地方各级人民代表大会；各级人大都由民主选举产生，对人民负责、受人民监督；各级国家机关都由人大产生，对人大负责、受人大监督；各级人大代表都由民主选举产生，忠实代表人民利益和意志，依法参加行使国家权力。人民代表大会制度作为宪法规定的根本政治制度，实现了人民民主与国家性质的统一，充分体现了“中华人民共和国的一切权力属于人民”的根本原则，不仅确立了人民当家作主的政治地位，而且明确了人民作为国家主人的经济和社会地位，不断发展经济民主和社会民主，为党领导人民创造经济快速发展和社会长期稳定奇迹提供了重要制度保障。〔2〕

除了要发挥好人民代表大会制度的主导作用外，党和国家还充分运用各种制度的力量来保证人民行使各项民主权利。进一步完善中国共产党领导的多党合作和政治协商制度、民族区域自治制度、基层群众自治

---

〔1〕沈春耀：《全面贯彻实施宪法　为发展全过程人民民主提供有力法治保障》，载《中国人大》2021年第24期。

〔2〕李林：《我国宪法为发展全过程人民民主提供根本法治保障》，载《光明日报》2021年12月3日，第11版。

制度等基本政治制度，形成了全面、广泛、有机衔接的人民当家作主制度体系，中国的民主呈现出蓬勃生机和旺盛活力。在党的领导下，人民有序政治参与不断扩大，实现了内容广泛、层次丰富的当家作主；最广泛的爱国统一战线得到巩固和发展，社会主义协商民主广泛多层制度化发展，有效保障了各党派、各团体、各民族、各阶层、各界人士共商国是、凝心聚力；建设了解民情、反映民意、集中民智、珍惜民力的决策机制，保证了决策符合人民利益和愿望；等等。〔1〕这些制度的不断完善和切实执行，能够充分保证人民群众以不同方式、不同角色参与国家和社会事务管理，从而实现当家作主，确保全过程人民民主在国家和社会各个层面得以有效实施。

第四节　宪法监督工作迈上新台阶

习近平总书记指出："宪法是国家的根本法。法治权威能不能树立起来，首先要看宪法有没有权威。必须把宣传和树立宪法权威作为全面推进依法治国的重大事项抓紧抓好，切实在宪法实施和监督上下功夫。"〔2〕党的十八届三中全会提出："维护宪法法律权威。宪法是保证党和国家兴旺发达、长治久安的根本法，具有最高权威。要进一步健全宪法实施监督机制和程序，把全面贯彻实施宪法提高到一个新水平。"党的十八届四中全会要求"健全宪法实施和监督制度"。"全国各族人民、一切国家机关和武装力量、各政党和各社会团体、各企业事业组织，都必须以宪法为根本的活动准则，并且负有维护宪法尊严、保证宪法实施的职责。一切违反宪法的行为都必须予以追究和纠正。"党的十九届四中全会提出，"坚持宪法法律至上，健全法律面前人人平等保障机制，维护国家

〔1〕支振锋：《全过程人民民主具有强大生命力》，载《人民日报》2022年3月15日，第9版。

〔2〕习近平：《关于〈中共中央关于全面推进依法治国若干重大问题的决定〉的说明》，载习近平：《论坚持全面依法治国》，中央文献出版社2020年版，第94页。

法制统一、尊严、权威，一切违反宪法法律的行为都必须予以追究”。党的二十大进一步明确指出，“加强宪法实施和监督，健全保证宪法全面实施的制度体系，更好发挥宪法在治国理政中的重要作用，维护宪法权威”。

一、积极稳妥推进合宪性审查工作

党的十九大提出，“加强宪法实施和监督，推进合宪性审查工作，维护宪法权威。”在此基础上，2018 年通过的宪法修正案将“全国人大法律委员会”更名为“全国人大宪法和法律委员会”。2018 年 6 月，第十三届全国人大常委会第三次会议通过《全国人民代表大会常务委员会关于全国人民代表大会宪法和法律委员会职责问题的决定》，规定“宪法和法律委员会在继续承担统一审议法律草案等工作的基础上，增加推动宪法实施、开展宪法解释、推进合宪性审查、加强宪法监督、配合宪法宣传等工作职责”。有中国特色的合宪性审查制度正式落地。

按照党中央关于推进合宪性审查工作的指导性文件要求，坚持事前、事中、事后全链条开展工作，确保法律法规和制度政策同宪法规定、原则、精神相符合，不断推进合宪性审查工作制度化、规范化、常态化、程序化。事前审查是指制定主体或起草单位在启动规范性文件制定工作之前，遇到有关宪法问题把握不准，比如，能否制定某个或某类法规，能否出台某方面政策或作出某种决定，等等，可以向全国人大常委会提前进行请示，由全国人大宪法和法律委员会提出意见。事中审查是指在起草或审议、讨论法律草案、法规草案、司法解释、政策文件的过程中，遇到有关宪法问题把握不准，可以向全国人大常委会提前进行请示，由全国人大宪法和法律委员会提出意见。比如，当前最常见的就是全国人大宪法和法律委员会在统一审议法律案的过程中，就其中涉及宪法的问题进行合宪性审查，作出合宪性判断或确认，或者作出符合宪法的制度安排。事后审查是指规范性文件已经制定、通过、颁布、生效，如法律草案已变成法律、法规草案已变成法规、司法解释已发布、有关政策已出台等，对其中涉及宪法问题的依申请或依职权进行审查。

这是针对已经生成的规范性文件进行的审查。[1]

根据党中央决策部署以及宪法法律规定，全国人大常委会积极稳妥地推进合宪性审查工作。2018 年，在修改《人民法院组织法》过程中，有意见认为，由于这次提出的《人民法院组织法》修订草案对现行《人民法院组织法》补充修改的内容比较多、幅度比较大，修订草案是由全国人大常委会审议通过还是由全国人民代表大会审议通过，需要研究、妥善处理。宪法和法律委员会经认真研究后认为，1979 年至今，全国人大常委会只对《人民法院组织法》作过一些小的修改。这次对《人民法院组织法》的修改，主要是适应司法体制改革的要求和司法实践发展的需要，对现行法律补充修改的内容较多，体例结构上需要有相应的安排，适宜采取修订的方式；同时，从《人民法院组织法》修订草案的内容看，这次修法没有改变我国人民法院的性质、地位、职权、基本组织体系、基本活动准则等，修改的内容都是属于补充、完善、调整、优化性质的，与人民法院组织法的基本原则不存在相抵触的情形。因此，《人民法院组织法》修订草案由全国人大常委会审议通过是可行的，符合宪法的有关规定。[2]

2021 年，在修改《人口与计划生育法》过程中，有意见提出，《人口与计划生育法》是根据宪法制定的，修改《人口与计划生育法》，涉及对宪法有关规定的理解和把握，需要研究合宪性问题，以利于顺利推进相关工作。宪法和法律委员会、法制工作委员会经研究认为，我国宪法有关计划生育的规定，特别是第 25 条关于“国家推行计划生育，使人口的增长同经济和社会发展计划相适应”的规定，体现了问题导向与目标导向相统一、指向性与方向性相统一，具有相当的包容性和适应性，可以涵盖不同时期实行的生育政策、相关工作及配套措施。修

---

〔1〕全国人大常委会法制工作委员会法规备案审查室:《规范性文件备案审查：理论与实务》，中国民主法制出版社 2020 年版，第 109—110 页。

〔2〕《全国人民代表大会宪法和法律委员会关于〈中华人民共和国人民法院组织法（修订草案）〉审议结果的报告》，载中国人大网 2018 年 10 月 26 日。

改《人口与计划生育法》，落实优化生育政策、促进人口长期均衡发展的决策部署，是与时俱进理解和把握宪法规定和精神的具体体现，也是与时俱进通过立法推动和保证宪法实施的生动实践，符合宪法规定和精神。[1]

此外，全国人大常委会还认真做好法规规章备案审查中的合宪性、涉宪性问题研究，切实维护国家法治统一。

二、依法撤销和纠正违宪违法的规范性文件

依法撤销和纠正违宪违法的规范性文件，是监督宪法实施的必要举措，也是维护宪法权威和尊严的重要机制。在我国，有权机关可以通过行政复议、行政诉讼、备案审查等方式撤销和纠正违宪违法的规范性文件。

2014 年 11 月，第十二届全国人大常委会第十一次会议完成了对《行政诉讼法》的第一次修改。根据修改后的《行政诉讼法》第 53 条，公民、法人或者其他组织认为具体行政行为所依据的国务院部门和地方人民政府及其部门制定的规章以外的规范性文件不合法，在对具体行政行为提起诉讼时，可以一并请求对该规范性文件进行审查。相应地，法院在审理行政案件中，发现上述规范性文件不合法的，不作为认定具体行政行为合法的依据，并应当转送有权机关依法处理。为此，最高人民法院陆续发布了一系列行政诉讼附带审查规范性文件典型案例，通过这些案例的发布，对各级法院审理行政诉讼附带审查规范性文件案件提供参考，引导社会公众更好地维护自身权益，规范行政机关制定规范性文件的行为，维护政府的执行力和公信力。

全国人大常委会依法履行备案审查职责，纠正了一批违宪违法的规范性文件，取得了良好的社会效果。最高人民法院司法解释规定，人身

---

〔1〕《全国人民代表大会宪法和法律委员会关于〈中华人民共和国人口与计划生育法（修正草案）〉审议结果的报告》，载中国人大网 2021 年 8 月 20 日。

损害赔偿案件中，对城镇居民和农村居民分别以城镇居民人均可支配收入和农村居民人均纯收入为标准计算残疾赔偿金和死亡赔偿金。有公民对此提出合宪性审查建议，认为因计算标准不一致导致司法审判实践中出现不公平现象，与宪法有关精神不一致。全国人大常委会法工委审查认为，随着社会发展进步，国家提出城乡融合发展，城乡发展差距和居民生活水平差距将逐步缩小，城乡居民人身损害赔偿计算标准的差异也应当随之取消。2019 年 9 月，最高人民法院授权各省、自治区、直辖市高级人民法院、新疆生产建设兵团分院开展统一城乡人身损害赔偿标准试点工作。经与最高人民法院沟通，建议在总结试点经验的基础上，适时修改完善人身损害赔偿制度，统一城乡居民人身损害赔偿标准。

2020 年全国“两会”期间，有全国政协委员提出提案，建议对民航发展基金的征收进行合宪性审查。全国人大常委会法工委审查认为，征收民航发展基金不属于《宪法》第 13 条第 3 款规定的对私有财产的征收或者征用，不存在与宪法相抵触的问题。但是，征收民航发展基金依据的是国务院文件和有关部门规章，与 2014 年修改后的《预算法》第 9 条第 1 款关于政府性基金依照法律、行政法规的规定征收的规定不符。全国人大常委会法工委向司法部提出，如果需要继续征收民航发展基金，应当及时完善相关法律或者行政法规依据。

有的地方性法规规定，有关行政部门为调查计划生育违法事实，可以要求当事人进行亲子鉴定；对拒不配合的，处以 1 万元以上 5 万元以下罚款。有公民对上述规定提出审查建议。全国人大常委会法工委审查认为，亲子关系涉及公民人格尊严、身份、隐私和家庭关系和谐稳定，属于公民基本权益，受宪法法律保护，地方性法规不宜规定强制性亲子鉴定的内容，也不应对此设定相应的行政处罚、处分、处理措施。经沟通，制定机关已对相关规定作出修改。

有的地方性法规规定，各级各类民族学校应当使用本民族语言文字或者本民族通用的语言文字进行教学；有的规定，经本地教育行政部门同意，有条件的民族学校部分课程可以用汉语言文字授课。全国人大常委会法工委审查认为，上述规定与《宪法》第 19 条第 5 款关于国家推广全国通用的普通话的规定和《国家通用语言文字法》《教育法》等有关法律的规定不一致，已要求制定机关作出修改。2021 年 1 月，国务院有关主管部门对有的民族自治地方民族教育条例等法规提出合宪性审查建议。全国人大常委会法工委经审查认为，有关法规中的相关内容应予以纠正。经沟通，制定机关已废止有关法规。

三、加强宪法解释工作，落实宪法解释程序机制

解释宪法是《宪法》赋予全国人大常委会的职责。党的十八大以来，党中央高度重视推进宪法解释工作，提出了一系列具体要求。习近平总书记指出："要健全宪法解释机制，加强宪法解释工作，积极回应涉及宪法有关问题的关切，努力实现宪法的稳定性和适应性的统一。"[1]党的十九届四中全会提出要"落实宪法解释程序机制"。为此，党中央于 2017 年 3 月转发了《中共全国人大常委会党组关于健全宪法解释工作程序的意见》，提出了明确要求、规定了工作规范。全国人大常委会作出正式宪法解释的条件越发成熟。

第五节　全社会的宪法意识普遍增强

党的十八大以来，党中央高度重视全民宪法意识的培育和引导工作，不断建立健全全社会忠于、遵守、维护、运用宪法法律的制度，宪法观念和宪法思维深入人心。

一、建立宪法宣誓制度，宪法信仰根植人心

党的十八届四中全会提出，建立宪法宣誓制度，凡经人大及其常委

〔1〕习近平：《切实尊崇宪法，严格实施宪法》，载习近平：《论坚持全面依法治国》，中央文献出版社 2020 年版，第 206 页。

会选举或者决定任命的国家工作人员正式就职时公开向宪法宣誓。宪法宣誓是世界上大多数有成文宪法的国家所采取的一种制度。在142个有成文宪法的国家中，规定相关国家公职人员必须宣誓拥护或效忠宪法的有97个。关于宪法宣誓的主体、内容、程序，各国做法不尽相同，一般都在有关人员开始履行职务之前或就职时举行宣誓。这样做，有利于彰显宪法权威，增强公职人员宪法观念，激励公职人员忠于和维护宪法，也有利于在全社会增强宪法意识、树立宪法权威。

2015年7月1日，第十二届全国人大常委会第十五次会议通过《全国人民代表大会常务委员会关于实行宪法宣誓制度的决定》，明确了宪法宣誓的范围、誓词、仪式和场所，以立法方式确立了我国宪法宣誓制度。依据这一决定，各级人民代表大会及县级以上各级人民代表大会常务委员会选举或者决定的国家工作人员，以及各级人民政府、人民法院、人民检察院任命的国家工作人员，在就职时应当公开进行宪法宣誓。

2018年2月24日，第十二届全国人大常委会第三十三次会议对宪法宣誓作出适当修改。根据党的十九大报告提出的两个一百年奋斗目标，修改完善宣誓誓词，将“为建设富强、民主、文明、和谐的社会主义国家努力奋斗”修改为“为建设富强民主文明和谐美丽的社会主义现代化强国努力奋斗”。为适应深化国家监察体制改革的需要，明确了监察委员会组成人员依法产生后应当进行宪法宣誓。为与全国人大常委会2017年9月通过的国歌法有关规定相衔接，增加了宣誓仪式应当奏唱中华人民共和国国歌。这些修改不但有力贯彻落实十九大精神，助力国家监察体制改革，而且有利于强化宪法宣誓氛围，激发全国各族人民对宪法的遵从和信仰，形成广泛而有效的宪法认同，强化宪法的凝聚力、感召力和生命力。

2018年3月11日，第十三届全国人大第一次会议通过的宪法修正案增加了相关条款，明确了“国家工作人员就职时应当依照法律规定公开进行宪法宣誓”。把宪法宣誓制度在《宪法》中正式确立下来，有利于促使国家工作人员更自觉地树立宪法意识，履行宪法使命。

二、设立国家宪法日，大力弘扬宪法精神

国家宪法日是以纪念现行宪法为主题的法定纪念日。党的十八届四中全会提出，“将每年十二月四日定为国家宪法日”。2014 年 11 月 1 日，第十二届全国人大常委会第十一次会议决定：将 12 月 4 日设立为国家宪法日。设立国家宪法日的目的，不仅是纪念我国现行宪法的诞生，更重要的是增强全社会的宪法意识，弘扬宪法精神，加强宪法实施，全面推进依法治国，建设社会主义法治国家。

2014 年，在第一个国家宪法日来临之际，习近平总书记作出重要指示，强调宪法是国家的根本法，在依法治国中具有突出地位和首要意义；指出我国宪法是符合国情、符合实际、符合时代发展要求的好宪法，是我们国家和人民经受住各种困难和风险考验、始终沿着中国特色社会主义道路前进的根本法制保证；提出要坚持党的领导、人民当家作主、依法治国有机统一，坚定不移走中国特色社会主义法治道路，坚决维护宪法法律权威；要求以设立国家宪法日为契机，深入开展宪法宣传教育，大力弘扬宪法精神，切实增强宪法意识，更好发挥宪法在全面建成小康社会、全面深化改革、全面推进依法治国中的重大作用。习近平总书记的重要指示，深刻阐述了宪法的重要地位，明确指出了宪法的重要作用，对新形势下加强宪法宣传教育、维护宪法法律权威、全面贯彻实施宪法、更好发挥宪法作用，提出了新的更高要求。

时至今日，在国家宪法日举行多种形式的宪法宣传活动，大力弘扬宪法精神，已经成为全国各地的普遍做法。这有助于普及宪法知识与价值，培养广大人民群众和国家公职人员的宪法意识，进而在全社会树立宪法权威。能够让民众在日常生活中感受到宪法的价值，使民众认识到宪法是保护自己权利的一种最有力的武器，巩固和扩大宪法实施的社会基础和群众基础。有助于进一步推动宪法文化的形成，以宪法教育为核心进行爱国主义教育，实现社会主义核心价值观，为宪法权威的树立和宪法的实施提供强大的文化保障。这也彰显了我国依宪治国、依宪执政

的理念与自信，有助于在国际社会树立依法治国的良好形象。[1]

三、广泛开展宪法宣传教育，扎实培育宪法观念

开展宪法宣传教育是培育宪法观念的重要方法。习近平总书记指出："我们要在全社会加强宪法宣传教育，提高全体人民特别是各级领导干部和国家机关工作人员的宪法意识和法制观念，弘扬社会主义法治精神，努力培育社会主义法治文化，让宪法家喻户晓，在全社会形成学法尊法守法用法的良好氛围。"[2]党的十八大以来，国家采取多种方式在全社会开展宪法宣传教育，党员干部的宪法思维更加科学，人民群众的宪法意识更加强烈。

国家把宪法教育作为党员干部教育的重要内容，使各级领导干部和国家机关工作人员掌握宪法的基本知识，树立忠于宪法、遵守宪法、维护宪法的自觉意识。党的十八届四中全会提出，坚持把领导干部带头学法、模范守法作为树立法治意识的关键，完善国家工作人员学法用法制度，把宪法法律列入党委（党组）中心组学习内容，列为党校、行政学院、干部学院、社会主义学院必修课。近年来，从中央到地方各级领导干部均重视宪法学习，通过法制讲座、专题培训班等形式学习宪法的规则、原则与精神。做到学用结合、理论联系实践，以所学宪法知识来解决在国家治理中遇到的问题。与此同时，在国家治理实践过程中不断丰富自己的经验，以自己的工作实践来认识宪法学习教育的必要性和重要性，从而形成了对宪法的敬畏之心，维护宪法权威和树立宪法至上意识，提高了以宪法来统揽社会治理全局的意识和能力。

国家通过不懈努力，在全社会牢固树立宪法和法律的权威，让广大人民群众充分相信法律、自觉运用法律，使广大人民群众认识到宪法

---

〔1〕韩大元:《设立国家宪法日　进一步树立宪法权威》，载《人民法院报》2014 年 12 月 4 日，第 5 版。

〔2〕习近平:《在首都各界纪念现行宪法公布施行三十周年大会上的讲话》，载习近平:《论坚持全面依法治国》，中央文献出版社 2020 年版，第 14 页。

不仅是全体公民必须遵循的行为规范，而且是保障公民权利的法律武器。党的十八届四中全会提出，坚持把全民普法和守法作为依法治国的长期基础性工作，深入开展法治宣传教育，引导全民自觉守法、遇事找法、解决问题靠法。2016 年 4 月 28 日，第十二届全国人大常委会第二十次会议审议通过了《关于开展第七个五年法治宣传教育的决议》。在习近平新时代中国特色社会主义思想特别是习近平法治思想的科学指引下，在党中央、国务院正确领导下，《中央宣传部、司法部关于在公民中开展法治宣传教育的第七个五年规划（2016—2020 年）》顺利实施完成，取得重要成果。以宪法为核心的中国特色社会主义法律体系学习宣传深入开展，“谁执法谁普法”等普法责任制广泛实行，法治文化蓬勃发展，全社会法治观念明显增强，社会治理法治化水平明显提高。2021 年 6 月，中共中央、国务院转发了《中央宣传部、司法部关于开展法治宣传教育的第八个五年规划（2021—2025 年）》。规划明确提出要“突出宣传宪法”，要求在全社会深入持久开展宪法宣传教育活动，阐释好“中国之治”的制度基础，阐释好新时代依宪治国、依宪执政的内涵和意义，阐释好宪法精神。加强《国旗法》《国歌法》等宪法相关法的学习宣传，强化国家认同。全面落实宪法宣誓制度。加强宪法实施案例宣传。结合“12・4”国家宪法日，开展“宪法宣传周”集中宣传活动。加强宪法理论研究，推动宪法类教材和图书的编写、修订、出版。在新市民仪式、青少年成人仪式、学生毕业仪式等活动中设置礼敬宪法环节，大力弘扬宪法精神。在“五四宪法”历史资料陈列馆基础上建设国家宪法宣传教育馆。在规划的科学指引下，我国的宪法宣传教育工作必将行稳致远。

第三章　中国特色社会主义法律体系更加完善

"立善法于天下，则天下治；立善法于一国，则一国治。"良法是善治的前提，以良法促进发展、保障善治，要加快完善中国特色社会主义法律体系。习近平总书记指出，改革开放以来，在党的领导下，经过各方面努力，我国用30多年时间形成了中国特色社会主义法律体系，这是人类法治史上一项了不起的成就。同时，也要看到，时代在进步，实践在发展，不断对法律体系建设提出新需求，法律体系必须与时俱进加以完善。

中国特色社会主义进入新时代，党中央要求，要抓住提高立法质量这个关键，发挥好人大及其常委会在立法工作中的主导作用，坚持尊重和体现客观规律，坚持为了人民、依靠人民，坚持严格依照法定权限和法定程序，深入推进科学立法、民主立法、依法立法，[1]使每一项立法都符合宪法精神、反映人民意志、得到人民拥护。把公正、公平、公开原则贯穿立法全过程，完善立法体制机制，坚持立改废释并举，

〔1〕习近平:《在中央人大工作会议上的讲话》，载《求是》2022年第5期。

增强法律法规的及时性、系统性、针对性、有效性。[1]要丰富立法形式，增强立法的针对性、适用性、可操作性。要严格按照法定权限和程序制定行政法规、监察法规、部门规章，保证法规、规章的质量。有立法权的地方人大要严格遵循立法权限，围绕贯彻落实党中央大政方针和决策部署，做好地方立法工作，着力解决实际问题。[2]

党的十八大以来，中国特色社会主义法律体系不断完善，《民法典》的颁布和大量民商经济法律的制定与修订，使我国人民合法民商经济权益得到更好保护，社会主义市场经济体制不断得到完善；重点领域、新兴领域、涉外领域立法不断加强，国家安全、社会民生、生态环境、反腐廉政、信息技术等领域新法频出，对国家安全、人民权益的保障更加有力；备案审查制度取得重大进展，成为维护国家法治统一强而有力的机制。

第一节　颁布实施《民法典》，完善民商经济领域立法

党的十八大以来，我国民商经济立法取得了重大成就，有利于促进人、财、物各种社会主义市场经济要素的流转，为国民经济发展创造良好的法治环境，建设藏富于民、民富国强的社会主义法治国家。习近平总书记指出，共同富裕是社会主义的本质要求，是中国式现代化的重要特征。要保护产权和知识产权，保护合法致富。在依法保护合法收入的同时，要防止两极分化、消除分配不公。要合理调节过高收入，完善个人所得税制度，规范资本性所得管理。要支持中小企业发展，构建大中小企业相互依存、相互促进的企业发展生态。要增加城乡居民住房、农

〔1〕中共中央宣传部编:《习近平新时代中国特色社会主义思想学习纲要》，学习出版社、人民出版社 2019 年版，第 101 页。

〔2〕习近平:《在中央人大工作会议上的讲话》，载《求是》2022 年第 5 期。

村土地、金融资产等各类财产性收入。要强化行业发展的协调性，加快垄断行业改革，推动金融、房地产同实体经济协调发展。要加快完善社会主义市场经济体制，推动发展更平衡、更协调、更包容。〔1〕

一、编纂《民法典》，依法更好保障人民合法权益

2020 年 5 月 28 日，第十三届全国人大第三次会议审议通过《民法典》，自 2021 年 1 月 1 日起施行。《民法典》是新中国成立以来第一部以“法典”命名的法律，是我国新时代社会主义法治建设的重大成果。《民法典》以《民法通则》《物权法》《合同法》《担保法》《婚姻法》《收养法》《继承法》《侵权责任法》等为基础，结合我国经济社会对民事法律发展提出的新需求，形成了包括总则和物权、合同、人格权、婚姻家庭、继承、侵权责任共 7 个分编在内的民法典各分编，共计 1260 条。民法典在中国特色社会主义法律体系中具有重要地位，是一部固根本、稳预期、利长远的基础性法律，对推进全面依法治国、加快建设社会主义法治国家，对发展社会主义市场经济、巩固社会主义基本经济制度，对坚持以人民为中心的发展思想、依法维护人民权益、推动我国人权事业发展，对推进国家治理体系和治理能力现代化，都具有重大意义。〔2〕

《民法典》是在党中央高屋建瓴的领导下制定出台的。党的十八大以来，顺应实践发展要求和人民群众期待，把编纂民法典摆上重要日程。党的十八届四中全会作出关于全面推进依法治国若干重大问题的决定，编纂民法典是其中一项重大政治任务和立法任务，是以习近平同志为核心的党中央作出的重大法治建设部署。全国人大常委会党组先后多次向党中央请示和报告，就民法典编纂工作的总体考虑、工作步骤、体例结构等重大问题进行汇报。2016 年 6 月、2018 年 8 月、2019 年 12 月，习近平总书记三次主持中央政治局常委会会议，听取并原则同意全国人

---

〔1〕习近平:《扎实推动共同富裕》，载《求是》2021 年第 20 期。

〔2〕习近平:《充分认识颁布实施民法典重大意义 依法更好保障人民合法权益》，载《求是》2020 年第 12 期。

大常委会党组就民法典编纂工作所作的请示汇报，对民法典编纂工作作出重要指示，为民法典编纂工作提供了重要指导和基本遵循。[1]

编纂民法典，就是通过对我国现行的民事法律制度规范进行系统整合、编订纂修，形成一部适应新时代中国特色社会主义发展要求，符合我国国情和实际，体例科学、结构严谨、规范合理、内容完整并协调一致的法典。这是一项系统的、重大的立法工程。[2]民法典系统整合了新中国成立70多年来长期实践形成的民事法律规范，汲取了中华民族5000多年优秀法律文化，借鉴了人类法治文明建设有益成果，是一部体现我国社会主义性质、符合人民利益和愿望、顺应时代发展要求的民法典，是一部体现对生命健康、财产安全、交易便利、生活幸福、人格尊严等各方面权利平等保护的民法典，是一部具有鲜明中国特色、实践特色、时代特色的民法典。[3]

编纂民法典是坚持和完善中国特色社会主义制度的现实需要，是具有重要标志意义的法治建设工程，是一个国家、一个民族走向繁荣强盛的象征和标志。编纂一部具有中国特色、体现时代特点、反映人民意愿的民法典，不仅能充分彰显中国特色社会主义法律制度成果和制度自信，促进和保障中国特色社会主义事业不断发展，也能为人类法治文明的发展进步贡献中国智慧和中国方案。[4]

《民法典》的颁布是推进全面依法治国、推进国家治理体系和治理能力现代化的重大举措。民法被称为“社会生活的百科全书”，它规范各类民事主体的各种人身关系和财产关系，涉及社会和经济生活的方方

〔1〕王晨:《关于〈中华人民共和国民法典（草案）〉的说明——2020年5月22日在第十三届全国人民代表大会第三次会议上》，载中国人大网2020年5月22日。

〔2〕王晨:《关于〈中华人民共和国民法典（草案）〉的说明——2020年5月22日在第十三届全国人民代表大会第三次会议上》，载中国人大网2020年5月22日。

〔3〕习近平:《充分认识颁布实施民法典重大意义 依法更好保障人民合法权益》，载《求是》2020年第12期。

〔4〕王晨:《关于〈中华人民共和国民法典（草案）〉的说明——2020年5月22日在第十三届全国人民代表大会第三次会议上》，载中国人大网2020年5月22日。

面面，通过确立民事主体、民事权利、民事法律行为、民事责任等民事总则制度，确立物权、合同、人格权、婚姻家庭、继承、侵权责任等民事分则制度，来调整各类民事关系。民法是中国特色社会主义法律体系的重要组成部分，是民事领域的基础性、综合性法律。《民法典》对于以法治方式推进国家治理体系和治理能力现代化，更好地发挥法治固根本、稳预期、利长远的保障作用，具有重要意义。

《民法典》坚持和完善社会主义基本经济制度，它的颁布能够推动经济高质量发展。社会主义市场经济本质上是法治经济。我国民事主体制度中的法人制度，规范民事活动的民事法律行为制度、代理制度，调整各类财产关系的物权制度，调整各类交易关系的合同制度，保护和救济民事权益的侵权责任制度，都是坚持和完善社会主义基本经济制度不可或缺的法律制度规范和行为规则。

编纂《民法典》是增进人民福祉、维护最广大人民根本利益的必然要求。中国特色社会主义法治建设的根本目的是保障人民权益。改革开放以来，我国民事法律制度逐步得到完善和发展，公民的民事权利也得到越来越充分的保护。中国特色社会主义进入新时代，随着我国社会主要矛盾的变化，随着经济发展和国民财富的不断积累，随着信息化和大数据时代的到来，人民群众在民主、法治、公平、正义、安全、环境等方面的要求日益增长，希望对权利的保护更加充分、更加有效。党的十九大明确提出，要保护人民人身权、财产权、人格权。而当时民事立法中的有些规范已经滞后，难以适应人民日益增长的美好生活需要。编纂《民法典》，健全和充实民事权利种类，形成更加完备的民事权利体系，完善权利保护和救济规则，形成规范有效的权利保护机制，对于更好地维护人民权益，不断增加人民群众获得感、幸福感和安全感，促进人的全面发展，具有十分重要的意义。

习近平总书记强调，有关国家机关要适应改革开放和社会主义现代化建设要求，加强同《民法典》相关联、相配套的法律法规制度建设，不断总结实践经验，修改完善相关法律法规和司法解释。对同《民法典》规定和原则不一致的国家有关规定，要抓紧清理，该修改的修改，该废止的废止。要发挥法律解释的作用，及时明确法律规定含义和适用法律依据，保持《民法典》稳定性和适应性相统一。随着经济社会不断发展、经济社会生活中各种利益关系不断变化，《民法典》在实施过程中必然会遇到一些新情况新问题。要坚持问题导向，适应技术发展进步新需要，在新的实践基础上推动《民法典》不断完善和发展。

民事法律体系随着《民法典》的公布实施而不断完善，全国人大常委会推动相关配套法规和司法解释的修改完善，最高人民法院已全面完成591件司法解释及相关规范性文件清理工作，并及时出台多部与《民法典》配套施行的司法解释，进一步充实民事法律体系，贯彻《民法典》的相关规定。

民法理论研究也需要随着《民法典》的发展而不断深化。习近平总书记强调，要坚持以中国特色社会主义法治理论为指导，立足我国国情和实际，加强对民事法律制度的理论研究，尽快构建体现我国社会主义性质，具有鲜明中国特色、实践特色、时代特色的民法理论体系和话语体系，为有效实施《民法典》、发展我国民事法律制度提供理论支撑。

当前我国已广泛开展《民法典》普法工作，将其作为“十四五”时期普法工作的重点来抓，引导群众认识到《民法典》既是保护自身权益的法典，也是全体社会成员都必须遵循的规范，养成自觉守法的意识，形成遇事找法的习惯，培养解决问题靠法的意识和能力。在围绕《民法典》开展的宣传和教育活动中，聚焦《民法典》总则编和分则各编的核心要义和重点问题，阐释了《民法典》关于民事活动平等、自愿、公平、诚信等基本原则，阐释了《民法典》关于坚持主体平等、保护财产权利、便利交易流转、维护人格尊严、促进家庭和谐、追究侵权责任等基本要求，阐释了《民法典》一系列新规定新概念新精神。我国全国人大及其常委会等国家机关带头做好《民法典》的宣传、推进、保障实施工作，让《民法典》走到群众身边、走进人民心里。

二、完善民商事立法，优化营商环境

党的十八大以来，全国人民代表大会及其常务委员会两次修订《商标法》《公司法》《保险法》《证券法》《电子签名法》，修订《专利法》《著作权法》《消费者权益保护法》《商业银行法》《拍卖法》《招标投标法》《农村土地承包法》《证券投资基金法》《农民专业合作社法》等。在除《民法典》之外的现有其他 22 部民商法律中，14 部已经予以修改，占 63.6%，以适应社会主义市场经济发展的现实需要。

以《公司法》为例，《公司法》通过修改完善了有关公司资本制度的规定，赋予公司更多自主权，有利于完善公司治理，推动资本市场的稳定、长远发展。又如，《农村土地承包法》的修改，保护了进城农民和农村妇女的土地承包经营权，深化了农村土地制度改革，从法律上稳定和完善了农村土地承包关系，给广大土地承包者和经营者吃下了“定心丸”，对促进农业农村发展具有重要意义。

同时，我国民商事法律制度建设一直秉持“民商合一”的传统，把许多商事法律规范纳入民法之中。我国《民法典》进一步完善民商事领域基本法律制度和行为规则，最高人民法院随之修正民事类司法解释 27 件、商事类司法解释 29 件，为各类民商事活动提供基本遵循，有利于充分调动民事主体的积极性和创造性、维护交易安全、维护市场秩序，有利于营造各种所有制主体依法平等使用资源要素、公开公平公正参与竞争、同等受到法律保护的市场环境，优化营商环境，推动经济高质量发展。

三、完善经济法，巩固社会主义市场经济制度

围绕在新的历史起点上推进改革开放和社会主义现代化建设，着眼于完善社会主义市场经济法律制度，党的十八大以来，我国加快了经济领域立法，对多部法律作出修改，及时解决法律规定与实践发展不相适应的问题，使我国经济法立法进入完善阶段，若干旧法等得到修正，同时也不断制定新法。截至 2022 年 3 月，我国已有 81 部经济法律。

首先，我国不断完善在各个经济领域、行业的立法，例如，在保护消费者方面，先后修改《消费者权益保护法》《食品安全法》《药品管理法》《广告法》《计量法》，制定《特殊设备安全法》《旅游法》《电子商务法》。在金融领域，修改《保险法》《商业银行法》，制定《证券投资

基金法》《期货法》。在环保领域，修改《环境保护法》《清洁生产促进法》《大气污染防治法》。在政府宏观调控方面，修改《预算法》《促进科技成果转化法》《个人所得税法》《企业所得税法》，制定《环境保护税法》《烟叶税法》《船舶吨税法》《城市维护建设税法》《契税法》《乡村振兴促进法》《耕地占用税法》《车辆购置税法》《印花税法》。在相关行业规制方面，修改《邮政法》《农业法》《种子法》《民用航空法》《电力法》《港口法》《中小企业促进法》《会计法》《反不正当竞争法》《标准化法》，制定了《资产评估法》《电影产业促进法》。此外，还作出关于设立成渝金融法院、上海金融法院、北京金融法院的决定，出台《期货交易管理条例》《农业保险条例》《外资保险公司管理条例》《外资银行管理条例》《存款保险条例》《征信业管理条例》等行政法规。这些立法涉及财税、金融、知识产权保护、农业农村发展、对外开放等各领域，为推动经济发展提质增效提供法律保障。

其次，贯彻落实党的开放政策，推进经济领域对外开放立法。党的十八届三中全会提出，构建开放型经济新体制，统一内外资法律法规，保持外资政策稳定、透明、可预期。十八届四中全会提出，适应对外开放不断深化，完善涉外法律法规体系，促进构建开放型经济新体制。党的十八届五中全会关于国民经济和社会发展“十三五”规划建议提出，坚持开放发展，完善法治化、国际化、便利化的营商环境，健全有利于合作共赢并同国际贸易投资规则相适应的体制机制。党的十九大报告提出，要推动形成全面开放新格局，实行高水平的贸易和投资自由化便利化政策，全面实行准入前国民待遇加负面清单管理制度，大幅度放宽市场准入，扩大服务业对外开放，保护外商投资合法权益。

按照党中央的决策部署，坚持开放发展理念，我国积极做好新时代对外开放立法工作，继续为对外开放提供坚实的法治保障，围绕推进高质量发展和高水平对外开放立法。一是早期制定的“外资三法”（《中外合资经营企业法》《外资企业法》《中外合作经营企业法》）对推动改革开放进程作出了历史性贡献，但随着全球引资竞争日趋激烈，“外资三法”已难以完全适应实践要求，我国迫切需要加强外资法治建设，营造法治化、可预期的营商环境，培育引资竞争新优势，巩固外资管理改革创新成果，突出扩大对外开放和积极利用外资的主基调，鲜明展现我国坚定不移推动新一轮高水平对外开放的原则和立场。党中央高度重视“外资三法”统一，推动《外商投资法》的制定工作。习近平总书记指出，要加快出台外商投资法规，完善公开、透明的涉外法律体系，全面实施准入前国民待遇加负面清单管理制度，营造国际一流营商环境。我国为此制定了《外商投资法》，废止了“外资三法”，并打包修改了《建筑法》《台湾同胞投资保护法》等法律以与其一致，全面反映我国改革开放的新理念新思路新举措，为新形势下积极有效利用外资、扩大对外开放提供有效法律保障，对新时代推动形成我国新一轮高水平对外开放新格局具有重要促进作用。二是我国制定了《海南自由贸易港法》，作出关于设立海南自由贸易港知识产权法院的决定，建设海南自由贸易试验区和自由贸易港，这是以习近平同志为核心的党中央在新时代推进高水平对外开放的战略举措。制定这部反映时代要求、符合国际惯例的中国特色自由贸易港法，有利于在法治轨道上打造辐射作用更强、开放层次更高的开放新高地。

最后，法治是最好的营商环境，我国经济立法注重营商环境的完善。例如，我国电子商务交易市场规模全球第一，为数千万人提供了就业机会，为亿万消费者提供服务。《电子商务法》是一部电子商务健康发展的促进法，一部平台经营者、广大消费者、线上经营者合法权益的维护法，是一部市场秩序和公平竞争的保障法，对促进电子商务长远健康发展、维护交易市场公平、维护消费者合法权益意义重大。又如，国务院出台《优化营商环境条例》《政府投资条例》，以满足市场主体需求，深刻转变政府职能，理顺市场和政府的关系，弥补营商环境的突出短板，解决市场主体反映强烈的痛点、难点、堵点，为市场主体投资营运创建稳定、透明、公平、可预期的法治环境。

习近平总书记多次强调，过去 40 年中国经济发展是在开放条件下取得的，未来中国经济实现高质量发展也必须在更加开放的条件下进行，中国开放的大门不会关闭，只会越开越大。在党中央的坚强领导下，在新的历史起点上积极推动对外开放立法工作有利于充分发挥立法的引领和规范作用，为进一步扩大开放，推动形成全面开放新格局提供更加坚实的法治保障。

第二节　加强重点领域、新兴领域、涉外领域立法

习近平总书记指出，要加强重点领域、新兴领域、涉外领域立法，注重将社会主义核心价值观融入立法，健全国家治理急需、满足人民日益增长的美好生活需要必备的法律制度。要在条件成熟的立法领域继续开展法典编纂工作。[1]习近平总书记要求，全国人大及其常委会是国家立法机关，要在确保质量的前提下加快立法工作步伐，增强立法的系统性、整体性、协同性，使法律体系更加科学完备、统一权威。[2]

一、推进国家安全领域立法

当今世界正处于百年未有之大变局，维护国家安全比任何时候都更为紧要。贯彻总体国家安全观，加快重点领域国家安全立法势在必行。在此背景下，我国国家安全立法取得重要进展。

第一，我国全面推进国家安全立法，制定《国家安全法》《国家情报法》《反间谍法》《反恐怖主义法》《国防交通法》《深海海底区域资源勘探开发法》《核安全法》《生物安全法》《出口管制法》《密码法》《境外非政府组织境内活动管理法》等，根据实践需要及时修订《刑法》，修改《档案法》《海上交通安全法》《突发事件应对法》《安全生产法》等，为维护国家核心利益和其他重大利益提供坚实法制保障。

〔1〕习近平：《在中央人大工作会议上的讲话》，载《求是》2022年第5期。
〔2〕习近平：《在中央人大工作会议上的讲话》，载《求是》2022年第5期。

第二，军队是国家安全的重要保障力量，加强军事法建设是重要的国家安全战略。我国立法机关贯彻落实习近平强军思想，适应新时代国防和军队建设需要，修改《国防法》《人民武装警察法》，制定《海警法》《退役军人保障法》《兵役法》《军事设施保护法》《军人地位和权益保障法》，为军事安全、国家领土安全、国民安全提供法律保障。通过制定《英雄烈士保护法》，推动社会主义核心价值观融入立法，有力抵制了历史虚无主义，打击了各类歪曲、亵渎、丑化、诋毁英雄烈士的行为，促进了爱国主义精神和英雄烈士事迹的传承弘扬，为维护国家安全特别是意识形态安全提供了法律保障。制定《陆地国界法》，依法规范陆地国界管理制度，体现了军队和国防体制机制改革成果，总结了长期以来国界及边境防卫和管理、国界确定、国界事务国际合作的基本原则和成功经验，为构建规范的统一国界管理制度搭建了法律框架，为新时代边境地区的长远发展以及党政军警民合力强边固防奠定了制度基础，有效应对这一领域的国家安全风险与挑战。

第三，在网络安全方面，网络安全牵一发而动全身，深刻影响政治、经济、文化、社会、军事等各领域安全。没有网络安全就没有国家安全，就没有经济社会稳定运行，广大人民群众利益也难以得到保障。我国先后制定《网络安全法》《数据安全法》等，建立健全网络数据方面的国家安全法治体系。

第四，在国际政治经济交往中加强国家安全。例如，国际制裁与反制裁是国家安全法律体系的重要组成部分。我国制定《反外国制裁法》，完善反制裁、反干涉、反制“长臂管辖”的法律制度，为国家经济安全建设法治后盾。

这些法律涵盖了资源安全、核安全、生态安全、信息安全、经济安全、海外利益保护等领域，既是国家应对风险挑战的重要法律，也是人民群众关心关注的重大问题。

二、完善民生社会领域立法

以习近平同志为核心的党中央高度重视民生保障和社会建设工作，

社会法的调整对象和范围进一步拓宽，社会法理论研究和立法实践蓬勃发展。党的十八大报告明确提出中国特色社会主义事业“五位一体”总体布局，社会建设与经济建设、政治建设、文化建设、生态文明建设一道，成为“五位一体”总体布局的重要组成部分。党的十九大报告从就业、社会保障、教育、脱贫攻坚、医疗卫生、社会治理等多个方面对社会建设作了全面部署，这些方面基本对应了社会法的范围，为新时代社会建设事业和社会法发展指明了方向，提出了更高要求。社会法作为以社会建设为调整对象的重要的部门法，必将在全面建成小康社会中发挥越来越重要的作用。全国人大及其常委会全面贯彻落实党的十九大精神，以习近平新时代中国特色社会主义思想为指导，全面加强和改进新形势下的立法工作，进一步加强社会立法工作，为解决人民日益增长的美好生活需要和不平衡不充分的发展之间的矛盾提供法治保障。为此，我国社会建设、保障改善民生领域的立法获得快速推进，进一步贯彻以人民为中心的思想，用法治保障人民权益、增进民生福祉，运用法治方式推动解决老百姓最关心、最期盼的问题。

第一，劳动就业、安全保障领域立法蓬勃发展。我国修改《劳动法》《劳动合同法》，进一步规范劳务派遣用工，完善《劳动合同法》部分条文。2013 年制定了《特种设备安全法》，2014 年对《安全生产法》作了修改，预防特种设备事故，确保作业安全，保障劳动者和人民群众人身和财产安全。2018 年修改《个人所得税法》，推进税制改革，优化税负结构，目前已有大量劳动群众工薪所得依法免缴个人所得税。

党的十八大以来，党中央把社会保障体系建设摆上更加突出的位置，推动我国社会保障体系建设进入“快车道”。中央政治局会议、中央政治局常委会会议、中央全面深化改革委员会会议等会议多次研究审议改革和完善基本养老保险制度总体方案、深化医疗保障制度改革意见等，对我国社会保障体系建设作出顶层设计，改革的系统性、整体性、协同性进一步增强。我国修改《社会保险法》，将生育保险和职工基本医疗保险合并实施在全国推开；完善社会保障领域的行政法规和其他规范性文件，建设包括医疗保险和养老保险在内的社会保障体系。我国以社会保险为主体，包括社会救助、社会福利、社会优抚等制度在内，功能完备的社会保障体系基本建成，基本医疗保险覆盖13.6亿人，基本养老保险覆盖近10亿人，是世界上规模最大的社会保障体系。〔1〕

第二，教育领域立法长足发展，2021年出台《家庭教育促进法》，极富开创性地确立了国治理家、社会协同、依法治家的家庭教育新模式，为促进家庭教育走向法治化奠定了坚实的基础。另外，还修改《高等教育法》《民办教育促进法》《教育法》《义务教育法》《国防教育法》《公共图书馆法》等法律，并将《职业教育法》等法律修改列入立法日程，建立健全国家教育法律体系。

第三，医疗卫生领域立法关系人民群众根本利益，相关立法不断完善。我国制定《基本医疗卫生与健康促进法》《医师法》《中医药法》，修改《精神卫生法》《人口与计划生育法》《红十字会法》《国境卫生检疫法》，保障人民群众基本医疗健康，弘扬传统医药文化。为适应人口结构和发展预期出现的重大变化，我国对《人口与计划生育法》作了重要修改。2020年以来我国加强公共卫生立法修法，应对突如其来的新冠肺炎疫情，着眼于构建相互协调、衔接的法律体系，加快推进了公共卫生法治保障立法修法工作。截至2021年3月，修改《动物防疫法》《野生动物保护法》《传染病防治法》等法律。通过完善法律制度，加强法律宣传，推动法律落地实施，依法做好疫情信息公布、应急物资调配、矛盾纠纷化解、市场秩序维护等工作，用法治的力量守护人民生命安全和身体健康。

第四，我国保护特殊群体和弱势群体的立法不断完善。一是修改《未成年人保护法》《预防未成年人犯罪法》，加强多部门合作，开展对未成年人的综合全面双向保护。二是《妇女权益保障法》历经修改，有力推动了妇女解放事业发展和男女平等。三是随着针对老年人权益保障方面出现的新情况、新问题，我国对《老年人权益保障法》作了全面修

〔1〕习近平:《促进我国社会保障事业高质量发展、可持续发展》，载《求是》2022年第8期。

改，经过修改的《老年人权益保障法》，旨在弘扬中华民族传统美德，为保护老年人的合法权益和在全社会形成敬老、养老、助老的良好风尚提供了法律依据。四是2015年制定的《反家庭暴力法》，不仅在预防和制止家庭暴力、维护平等和睦文明的家庭关系等方面发挥着重要作用，也是消除性别暴力的里程碑式立法和有重大意义的人权法。

第五，我国慈善事业发展和社会组织立法逐步加强。2016年第十二届全国人大第四次会议通过的《慈善法》是社会法领域的重要法律，是慈善制度建设的基础性、综合性法律。制定《慈善法》是发展慈善事业、调整慈善活动、规范慈善组织的重要法治根基和法治保障，是加强社会领域立法和全面推进依法治国的重要举措，是培育和践行社会主义核心价值观的内在要求，有利于脱贫攻坚和全面建成小康社会目标的实现。

第六，我国食品药品安全领域立法逐步完善。一是通过制定《反食品浪费法》，杜绝“舌尖上的浪费”。二是通过三次修改《食品安全法》和《药品管理法》，保障人民群众食物、药物安全。三是全国人大常委会加快疫苗管理专门立法，制定了《疫苗管理法》，建立覆盖研制、生产、流通、预防接种全链条的全过程疫苗监管法律制度。这些立法切实保障了人民群众食药健康安全。

第七，在党中央的推动下，民生社会领域的地方立法也取得了巨大进展。例如，福建出台餐饮服务从业人员佩戴口罩条例、儿童乘坐机动车使用安全座椅规定等。甘肃制定中小学校安全条例，强化校园安全管理、有效预防和妥善处置各类校园安全事故。陕西修订全民健身条例，推动提高公民身体素质和健康水平。宁夏制定的公共卫生服务促进条例，依法促进人人享有均等公共卫生服务。河北民生领域立法达38件，占全省法规总数的一半以上。[1]

与民商经济法、刑法、诉讼法等法律部门相比，我国社会法的发展

〔1〕栗战书:《在第二十七次全国地方立法工作座谈会上的讲话》(2021年12月2日)，载中国人大网2022年1月17日。

历史相对较短，在理念原则、立法基础以及调整对象、调整方法等方面都有自身的特点，且处于不断探索完善的过程中。10年来，随着我国经济快速发展，社会需求与社会主要矛盾发生变化，社会立法进入了新的快速发展时期。近年来社会法发展的历程体现出以下特点和趋势：第一，社会法由附属立法逐步发展成为独立的部门法，通过为国家设定一定的积极义务，以及对当事人之间的关系进行调节和干预，社会法的内涵、外延和领域不断得到拓展。第二，社会法由劳动就业社保的单一类型立法逐步向多元化立法发展，特殊群体保护、教育、医疗卫生、社会保险、社会组织等方面的立法与日俱增，综合性不断增强。第三，社会法调整的社会关系涉及面广，越来越复杂，立法难度不断增加。社会法设定国家义务，多数是直接涉及财政支出的法，在推动民生建设方面对国家投入的要求越来越高。很多社会立法直接涉及利益关系调整，在形成社会共识方面往往会遇到一些困难，给立法工作带来较大的挑战。为此，党的十八大以来，党和国家高度重视社会民生工作，社会建设各项事业加快推进，法律制度建设需要不断跟进，应当始终坚持党的领导，坚持以人民为中心，妥善处理好社会立法中遇到的困难和问题，切实维护好最广大人民群众的根本利益。

三、加强反腐廉政领域立法

加强反腐廉政领域立法、深化国家监察体制改革，根本目的是加强党对反腐败工作的领导，加强党中央对纪检监察工作的集中统一领导。坚持和加强党的领导，体现在监察机关履行监督、调查、处置等职责中。明确党对监察制度的领导，规范选人用人、职能职责、管理监督等环节，对于建设一支党领导下忠诚干净担当的公职人员队伍具有重要意义。

（一）制定《公职人员政务处分法》

为了强化对公职人员的管理监督，实现党纪与国法的有效衔接，推进政务处分的法治化、规范化，2020年6月20日，第十三届全国人大常委会第十九次会议表决通过《公职人员政务处分法》。《公职人员政务处分法》强化对公职人员的管理监督，使政务处分匹配党纪处分、衔接刑事处罚，构筑起惩戒公职人员违法行为的严密法网。

《公职人员政务处分法》适用于监察机关对违法的公职人员给予政务处分的活动。政务处分对象包括所有行使公权力的公职人员，包括：公务员以及参照《公务员法》管理的人员；法律、法规授权或者受国家机关依法委托管理公共事务的组织中从事公务的人员；国有企业管理人员；公办的教育、科研、医疗卫生、文化、体育等单位中从事管理的人员；基层群众性自治组织中从事管理的人员；其他依法履行公职的人员。

监察机关和公职人员的任免机关、单位都可以适用《公职人员政务处分法》。政务处分奉行事由法定的原则，从《公务员法》《法官法》《检察官法》《行政机关公务员处分条例》等法律法规中归纳出适用政务处分的违法情形。这些违法行为，既包括贪污贿赂、滥用职权，也包括篡改伪造本人档案资料、违反个人有关事项报告规定、诬告陷害等行为。根据行为的轻重程度规定了警告、记过、记大过、降级、撤职、开除六种处分档次，明确从重、从轻或减轻、免予处分等规则。

《公职人员政务处分法》规范处分程序，并明确了对处分决定被撤销的公职人员的救济途径。严禁以威胁、引诱、欺骗及其他非法方式收集证据，不得因被调查人的申辩而加重政务处分，还设置了不服对本人的政务处分决定的“复审、复核”专章，同时规定复审、复核不加重处分原则。政务处分决定被撤销的，应恢复级别待遇、恢复名誉，返还赔偿财物，以保障公职人员合法权益。

（二）制定《监察法》，深化国家监察体制改革

2018 年 3 月 20 日，第十三届全国人大第一次会议通过《监察法》，同日公布并施行。《监察法》强化党和国家自我监督，事关全局，贯彻落实了以习近平同志为核心的党中央作出的深化国家监察体制改革的重大政治体制改革和重大决策部署。《监察法》坚持和加强党对反腐败工作的领导，是建构集中统一、权威高效的国家监察体系的基本法和奠基性法律；通过总结党的十八大以来反腐败实践经验，《监察法》为新形

势下反腐败斗争提供坚强法治保障;《监察法》立法是坚持党内监督与国家监察有机统一，坚持走中国特色监察道路的创新之举;《监察法》立法丰富和发展了人民代表大会制度，是推进国家治理体系和治理能力现代化的战略举措。

党的十九大明确提出要制定国家监察法，依法赋予监察委员会职责权限和调查手段。我国通过《监察法》立法，整合反腐败资源力量，构建中国特色国家监察体制，实现对所有行使公权力的公职人员监察全覆盖。《监察法》共 9 章 69 条，规定了技术调查、通缉、限制出境等措施，是我国的国家反腐败立法，是一部对国家反腐败监察工作起统领性和基础性作用的法律。《监察法》对于创新和完善国家监察制度，实现立法与改革相衔接，以法治思维和法治方式开展反腐败工作，意义重大、影响深远。

2019 年 10 月 26 日，第十三届全国人大常委会第十四次会议通过《全国人民代表大会常务委员会关于国家监察委员会制定监察法规的决定》，根据监察工作实际需要，为了保障国家监察委员会依法履行最高监察机关职责，国家监察委员会根据宪法和法律制定监察法规，但不得与宪法、法律相抵触。经 2021 年 7 月 20 日国家监察委员会全体会议决定，2021 年 9 月 20 日将《监察法实施条例》予以公布并施行，进一步完善了我国监察法律体系。

（三）制定《监察官法》

2021 年 8 月 20 日，第十三届全国人大常委会第三十次会议通过《监察官法》，同日公布，自 2022 年 1 月 1 日起施行。《监察官法》共 9 章 68 条，围绕提升监察官的政治素质和专业能力，高标准设立监察官条件，强调严格准入、择优选用，规范等级设置、评定晋升、培训交流等制度，是坚持和加强党对国家监察工作领导的必然要求，是促进监察官依法履行职责的重要保障，是建设高素质专业化监察官队伍的现实需要。为了落实《宪法》和《监察法》规定而出台的《监察官法》，有利于进一步深化国家监察体制改革，健全反腐败领导体制和工作机制，完善党和国家监督体系，推进国家治理体系和治理能力现代化。

党的十八大以来，习近平总书记多次谈到“谁来监督纪委监委”的问题，并指出纪检监察机关不是天然的保险箱，监察权也要关进制度的笼子，严格依纪依法行使。制定《监察官法》，将监察官的履职要求具体化、制度化、法律化，有利于进一步明确权力边界、强化自我约束、严格内控机制，加强外部监督，有利于促进国家监察权规范正确行使。

（四）制定《国际刑事司法协助法》

2018 年 10 月 26 日，第十三届全国人大常委会第六次会议通过《国际刑事司法协助法》，同日公布并施行。该法明确了最高人民法院、最高人民检察院、外交部、公安部、司法部参与刑事司法协助的职责，确立了刑事案件诉讼各阶段以及对外承诺等司法协助活动的法律依据，对司法协助程序等作出明确规定，以司法部等部门为对外联系机关，以外交部或对外联系机关为承诺机关。该法有利于完善中国国际刑事司法协助制度体系，提高中国司法机关开展国际刑事合作的意识和能力。

制定《国际刑事司法协助法》是落实党的十九大精神，全面推进依法治国、推进反腐败国家立法、推进国际追逃追赃工作的需要。党中央高度重视反腐败和国际追逃追赃的法律制度建设，《国际刑事司法协助法》是反腐败国家立法的重要内容。党的十八大以来，习近平总书记就制定《国际刑事司法协助法》先后两次作出重要指示，在重大外交活动中先后 80 余次就反腐败和国际追逃追赃发表重要谈话。党的十九大报告指出，全面依法治国是中国特色社会主义的本质要求和重要保障，强调要完善以宪法为核心的中国特色社会主义法律体系，建设中国特色社会主义法治体系；报告进一步强调“推进反腐败国家立法”，不管腐败分子逃到哪里，都要缉拿归案、绳之以法。《国际刑事司法协助法》立法是贯彻落实党的十九大精神的具体体现，有利于规范和完善我国刑事司法协助体制，填补刑事司法协助国际合作的法律空白，完善追逃追赃有关法律制度，为推进全面依法治国、全面从严治党作出应有贡献。

四、加强生态文明环境领域立法

党的十八大以来，以习近平同志为核心的党中央把生态文明建设纳入“五位一体”总体布局，把美丽中国作为生态文明建设的宏伟目标，谋划开展了一系列根本性、开创性、长远性工作。党中央密集出台《关于加快推进生态文明建设的意见》《生态文明体制改革总体方案》《关于全面加强生态环境保护、坚决打好污染防治攻坚战的意见》等重要文件，对生态文明建设进行全面系统部署安排。2018 年 5 月，党中央召开全国生态环境保护大会，正式确立习近平生态文明思想，为保护生态环境、建设美丽中国提供了强大思想武器。10 年来我国生态文明建设的观念、理论与实践，在习近平新时代中国特色社会主义思想特别是习近平生态文明思想科学指引下，发生了历史性、转折性、全局性的变化。

党的十八大以来，我国先后制定《土壤污染防治法》《生物安全法》《长江保护法》《湿地保护法》《噪声污染防治法》《核安全法》《深海海底区域资源勘探开发法》《环境保护税法》等生态环境保护法律，修改《环境保护法》《海洋环境保护法》《环境影响评价法》《大气污染防治法》《固体废物污染环境防治法》《水污染防治法》《野生动物保护法》《防沙治沙法》《草原法》《渔业法》《水法》《节约能源法》《电力法》《煤炭法》《循环经济促进法》等 10 余部生态环境保护法律，《民法典》《民事诉讼法》等法律也对有关生态环境保护的内容作了规定或者修改。《土壤污染防治法》为推进净土保卫战提供有力法治保障，与《大气污染防治法》《水污染防治法》一起，构建起“三位一体”立体管控的生态环保法治网。全国人大及其常委会还在推动有关地区和部门对生态环保领域规范性文件进行集中审查清理，并推进《黑土地保护法》《黄河保护法》《青藏高原生态保护法》等立法。

我国生态环保立法实现了从量到质的全面提升。以《环境保护法》为例，修订后的《环境保护法》贯彻习近平生态文明思想和党中央生态环境领域的重大决策部署。其一，它成为一部统领生态环保领域的基础性、综合性法律，将生态文明建设必须遵循的基本理念、基本原则、基本制度以法律形式确立下来，对涉及污染防治、生态保护、绿色发展的各环节各方面作出严格、严密、有针对性的规定。其二，《环境保护法》坚持生态环境保护和经济发展相统一，明确立法目的为“推进生态文明建设，促进经济社会可持续发展”，要求“使经济社会发展与环境保护相协调”，对制定实施促进绿色低碳发展的环境经济政策作出具体规定。其三，《环境保护法》增强了可操作性，确立了各类污染物的防治都要遵循的基本制度，包括环境影响评价制度、环境质量标准制度、环境监测制度、跨行政区污染防治制度、排污许可管理制度、重点污染物总量控制制度等。同时，规定了针对废气、废水、废渣、生活垃圾、农业面源污染等不同污染物的防治具体措施。在《环境保护法》的推动下，有关部门深入贯彻绿色低碳政策体系，加强科技、投资、财税、金融等政策措施的衔接协调，全面促进经济发展向绿色转型，以实现可持续发展。

目前，中国特色社会主义生态环保法律体系已经初步形成，包括全国人大及其常委会的立法、行政法规、地方性法规等。我国现有生态环保相关的行政法规 100 多件、地方性法规 1000 多件、国家标准 2200 多项。[1] 近年来，有立法权的地方人大及其常委会立足地方实际，出台了一批精细化、“小切口”、有地方特色的生态环保地方性法规，围绕生态环保领域的地方性立法明显增多。安徽制定我国首个省级林长制法规，江西出台实施河长制湖长制条例，创新了林、河、湖管护体制机制。河北制定白洋淀生态环境治理和保护条例，强化京津冀晋全流域协作。山东启动黄河三角洲生态保护立法，统筹省内和沿河设区的市开展黄河相关立法。云南出台国家公园管理、生物多样性保护等专项地方性法规，建设生态安全屏障。吉林、黑龙江制定黑土地保护利用条例，突出深松深耕、秸秆还田、少耕免耕等保护性措施，切实利用好、保护宝贵土地资源。青海生态领域地方性法规有 70 多件，约占法规总数的 26%，建设富有地方特色的生态保护制度体系。这些立法贯彻习近平生态文明思想，是地方积极落实中央生态环保重大决策部署的具体举措，是对国家生态环保法律的重要的补充和完善，有效增强了生态环保法律体系的系

---

〔1〕栗战书：《在环境保护法执法检查组第一次全体会议上的讲话》（2022 年 3 月 23 日），载中国人大网 2022 年 3 月 30 日。

统性、整体性、协同性。

我国生态环境保护法律制度体系的迅速发展和高质量完善，体现出这一时期本领域立法的特点和趋势。其一，经济发展产生的生态环境问题成为经济社会可持续发展的瓶颈制约，需要立法规制经济发展与生态环境保护的协调统一，坚持人与自然和谐共生，良好生态环境是最普惠的民生福祉。其二，立法形式以高质量修改现有法律为主，实现升级换代；法律规定尽量具体，同时为改革留下空间。其三，建设生态环境保护法律制度严密法网，采取最严格、严密法治保护方式，将生态环境保护融入所有立法，强调源头污染防治和全过程控制、重视风险管控。其四，建设生态环境保护十大制度，包括环境监测制度、环境影响评价制度、排污许可制度、总量控制和区域限批制度、联合防治制度、生态保护红线制度、政府责任制度、信息公开和公众参与制度、环境公益诉讼制度、法律责任制度，并建立了规划、标准、总量控制、河长制、生态环境税费、生态保护补偿、核安全监管、突发生态环境事件应急、土壤污染风险管控和修复、野生动物保护分类分级保护等制度。

通过全面有效实施生态环境领域的各项法律，我国生态环境保护取得成效。其一，生态环境质量持续改善，解决了关系民生的一大批突出生态环境问题，生态环境质量总体向好。其二，“绿水青山就是金山银山”等理念逐步深入人心，生态环境治理水平、治理能力和执法力度显著加强，环境保护督察、考核评价、行政强制、行政处罚等多种措施并用，一大批高污染企业有序退出。其三，公众生态环境保护意识明显增强。信息公开和公众参与为人民群众积极参与生态环境保护提供了制度保障，社会大众守法用法意识明显增强，自觉践行绿色生活。

五、完善网络数据信息技术领域立法

习近平总书记多次强调，互联网不是法外之地，要求依法治网、依法办网、依法上网，让互联网在法治轨道上健康运行。党的十九大报告提出，推动互联网、大数据、人工智能和实体经济深度融合，党的十九届四中全会决定明确将数据作为新的生产要素。我国立法机关相继研究制定数字经济、互联网金融、人工智能、大数据、云计算等新技术新应用领域的相关法律制度，以法治促进和保障新业态、新模式健康发展。

（一）制定《个人信息保护法》

2021年8月20日，第十三届全国人大常委会第三十次会议通过《个人信息保护法》，自2021年11月1日起施行。这标志着我国个人信息保护立法体系更上一个台阶。该法针对收集个人信息的限度、大数据杀熟、对人脸信息等敏感个人信息的处理等问题作出规制，将生物识别、医疗健康、宗教信仰、特定身份、金融账户、行踪轨迹、不满十四周岁未成年人的个人信息等信息，列为敏感个人信息，只有在具有特定的目的和充分的必要性，并采取严格保护措施的情形下，方可处理敏感个人信息。同时，应当事前进行影响评估，并向个人告知处理的必要性以及对个人权益的影响。

（二）制定《数据安全法》

2021年6月10日，第十三届全国人大常委会第二十九次会议通过《数据安全法》，自2021年9月1日起施行。这部法律既是数据领域的基础性法律，也是国家安全领域的一部重要法律。

制定《数据安全法》是维护人民群众合法权益的客观需要。当前各类数据的拥有主体更加多样化复杂化，有的企业、机构忽视数据安全保护，非法利用数据侵害人民群众合法权益的问题十分突出。《数据安全法》通过严格规范数据拥有者处理数据的活动，切实加强个人数据安全保护，让广大人民群众在数字经济中安全获益。

制定《数据安全法》有利于促进数字经济健康发展。近年来，我国不断推进数字中国、网络强国、智慧社会建设，数据成为新生产要素，数据竞争已成为国际竞争的重要领域。《数据安全法》可以促进个人数据的安全处理、推进政务数据开放利用，将数据作为基础资源和创新引擎，保障数字经济更好服务经济社会发展。

制定《数据安全法》也是贯彻落实总体国家安全观、维护国家安全的必然要求。数据是国家基础性战略资源，没有数据安全就没有国家安全。《数据安全法》致力于消除数据安全领域的风险隐患，加强国家数据安全工作的统筹协调，通过建立健全数据分类分级管理、数据安全审查、监测预警、风险评估和应急处置等基本制度和具体措施，有效应对数据这一新兴领域的国家安全风险与挑战，切实维护国家主权、安全和发展利益。

（三）制定《网络安全法》

2016 年 11 月 7 日，第十二届全国人大常委会第二十四次会议通过《网络安全法》，自 2017 年 6 月 1 日起施行。《网络安全法》是网络安全领域的基础性法律，事关国家长治久安、经济社会发展和人民群众福祉。网络安全立法加大对用户个人信息的保护力度，严厉打击侵犯个人信息安全的违法犯罪活动，切实维护公民隐私、财产等合法权益。通过制定用户个人信息采集和应用标准，实行分级分类管理，明确区分一般信息、在特定领域使用的信息、仅供本人使用或者本人同意才能使用的信息等，避免信息采集主体滥采信息。运用资质审核、监督检查、第三方评估等手段，督促网络运营者严格依法收集用户信息，切实履行保密和保护义务，纠正强制收集使用用户信息的权利滥用行为，有效防止个人信息泄露和滥用。

《网络安全法》结合刑法、民法，健全了对窃取、倒卖、盗用个人信息行为的打击范围，畅通了案件投诉和办理渠道，依法严肃追究相应的刑事和民事法律责任，对网络违法犯罪行为形成高压态势，牢固建设保护国家安全信息和个人信息的法治基础。

六、出台刑法修正案

党的十八大以来，适应国际国内形势变化，我国通过刑法第九、第十、第十一修正案。在三个刑法修正案中，《刑法修正案（十一）》是近年来社会关注度最高的一次修改，补充修改了 47 个条文，涉及食品药品、安全生产、金融秩序、营商环境、生物安全、公共卫生、生态环保等方面，对冒名顶替上学就业、非法集资、抢控公交车方向盘、高空抛物、刑事责任年龄等社会关注的新情况新问题作出直接回应。

10 年来刑法修改的重要成果和进步主要体现在：其一，减少死刑罪名。2015 年《刑法修正案（九）》进一步取消了 9 个罪名的死刑。目前，除贪污、受贿罪外，我国对经济性非暴力犯罪基本上不再保留死刑，死刑罪名基本上与国家安全、公共安全、人民生命安全相关。此外，刑法修改还严格了死缓执行死刑的条件，对老年人一般不适用死刑、将终身监禁作为贪污受贿犯罪的死刑替代措施、取消绑架罪绝对死刑规定等。

其二，调整刑罚结构。科学的刑罚设置和有效执行是惩治和预防犯罪的关键一环，是提升刑罚效果的重要举措。《刑法修正案（九）》对我国刑罚结构做了较大调整。调整死刑、无期徒刑和有期徒刑的结构关系，严格死缓执行刑期，增设死缓限制减刑制度，延长无期徒刑最低服刑年限，适当提高有期徒刑数罪并罚的最高刑期；完善数罪并罚制度，使各刑种并罚都可以落实；建立社区矫正制度，使监禁和非监禁的刑罚方法更为衔接、配套；创设职业禁止、禁止令等预防性、保护性措施，进一步完善了刑法治理犯罪的措施体系；还对缓刑、假释、累犯、坦白、减轻处罚幅度、立功等量刑制度作了修改和完善。

其三，及时修改补充罪名。一方面增加了新罪名，另一方面对原有一些犯罪的构成要件、法定刑作出调整。修改补充分则罪名的范围非常广泛，涵盖了分则各章、各领域犯罪。一是不断完善有关经济犯罪规定，修改补充了外汇、证券期货和其他金融领域，海关、税收等领域的犯罪规定。二是完善恐怖活动犯罪规定，适应反恐斗争新形势。《刑法修正案（九）》修改补充了 8 条有关恐怖主义、极端主义犯罪规定。三是完善反腐败刑法规定，对非国家工作人员贿赂、影响力交易、外国公职人员贿赂犯罪等作了补充，严密腐败犯罪法网，调整贪污受贿定罪量刑标准，加大行贿处罚力度等。四是对互联网违法犯罪、破坏环境资源犯罪、危害人民群众切身安全的犯罪作出补充规定，修改补充有关食品、药品、安全生产、危险驾驶、邪教、黑社会性质组织相关犯罪规定等，加强对弱势群体人身权利保护，修改补充有关妨害社会诚信、盗窃、抢夺、毒品、赌博等犯罪规定，与劳动教养废除相衔接等。

从维护国家安全到保障金融稳定，从食品药品安全到生态环境保护，从保护弱势群体权益到维护司法权威，从维护网络安全到加强社会诚信，从反恐到反腐败等，刑法的修改完善涉及国计民生、社会管理的各个方面。

其四，对刑法立法技术的积极探索取得创新性进展，确立了刑法修正案作为刑法修改的基本方式的地位。刑法修正案对《刑法》的修改，不改变原《刑法》条文序号，增加的条文在相关条文后用之一、之二等表述，维护了《刑法》的完整性和统一性。同时，全国人大常委会的立法解释成为刑法的又一重要渊源。

刑法始终是社会治理的重要手段，在社会治理体系中处于活跃状态，发挥了重要作用。在国家和社会发展遇到挑战时，经常会考虑到刑法手段，适时修改完善刑法加以应对。针对社会转型期的各种风险矛盾，国家对刑法较为倚重，人民对刑法积极参与社会治理的呼声较为强烈。重视刑法在保障国家安全、社会稳定和保护人民利益方面发挥的基础性作用，重视刑法在国家综合治理体系中的特殊作用，是我国不断完善社会主义法治体系的重要方略。

七、不断完善诉讼法与非诉讼程序法

程序法是否完善，是衡量一个国家法治发达程度的重要标尺。自党的十八大以来，我国诉讼法和非诉讼程序法不断完善，以加强人权的司法保障，充分发挥法律的纠纷解决功能，维护良好的法律秩序和社会秩序。

（一）修改《刑事诉讼法》

2012 年，我国对《刑事诉讼法》作了比较全面的修改，是我国刑事诉讼制度的一次重大完善和发展。这次修改进一步强化了《刑事诉讼法》在打击犯罪、保护人民方面的功能，同时进一步彰显和落实了尊重与保障人权的宪法原则，适应加强和创新社会管理，维护社会和谐稳定的需要，进一步推进了国家民主法治的进步。2014 年 4 月，第十二届全国人大常委会第八次会议根据司法实践中出现的情况，对《刑事诉讼法》有关条款的含义和适用问题作出了 3 个法律解释。全国人大常委会对《刑事诉讼法》作出的法律解释，起到了回应实践需要，统一理解认识，增强法律规定的可执行性、可操作性的作用。这些法律解释是我国刑事诉讼法律制度的重要组成部分。全国人大及其常委会制定的其他法律和有关法律问题的决定中，也有关于刑事诉讼制度的规定。

2018 年修改《刑事诉讼法》标志着我国新时代刑事诉讼法律制度的新发展。党的十八大以来，以习近平同志为核心的党中央全面推进依法治国，在深化国家监察体制改革、反腐败追逃追赃、深化司法体制改革等方面作出了一系列重大决策部署，取得了重大成果和进展，需要刑事诉讼制度及时调整跟进。一是为了保障国家监察体制改革顺利进行，需要完善监察与刑事诉讼的衔接机制。二是为了加强境外追逃力度和手段，需要建立刑事缺席审判制度。三是对于认罪处罚从宽制度、速裁程序试点中总结出的可复制、可推广经验和行之有效做法，需要上升为法律规范，在全国范围内实行。

2018 年修改《刑事诉讼法》的决定共 26 条，修订后的《刑事诉讼法》共 308 条。这次修改的主要内容体现在：一是完善与《监察法》的衔接机制，调整人民检察院侦查职权，对留置措施与刑事强制措施之间的衔接机制作出规定。二是建立刑事缺席审判制度，对被追诉人在境外，犯罪事实已经查清，证据确实、充分，依法应当追究刑事责任的贪污贿赂犯罪案件和经最高人民检察院核准的严重危害国家安全犯罪、恐怖活动犯罪案件，可以进行缺席审判，并规定了由中级人民法院审判管辖，明确送达等特殊审判程序，并对委托辩护和提供法律援助作出规定，赋予被告人的近亲属上诉权，规定了重新审判。根据司法实践情况和需求，增加对被告人患有严重疾病中止审理和被告人死亡案件可以缺席审判的规定。三是完善刑事案件认罪认罚从宽制度，增加速裁程序。党的十八届四中全会提出，完善刑事诉讼中认罪认罚从宽制度。新增刑事案件认罪认罚可以依法从宽处理的原则，完善刑事案件认罪认罚从宽的程序规定，涉及强制措施、值班律师等，增设速裁程序并明确其与普通程序或者简易程序之间的转换。四是作出与其他法律衔接的规定，例如，为与 2018 年 6 月第十三届全国人大常委会第三次会议通过的《关于中国海警局行使海上维权执法职权的决定》一致，在《刑事诉讼法》附则中增加规定，中国海警局对海上发生的刑事案件行使侦查权，明确了中国海警局的侦查主体地位。

2018 年《刑事诉讼法》修改深入贯彻习近平新时代中国特色社会主义思想和党的十九大精神，紧紧围绕推进全面深化改革、全面依法治国、全面从严治党，坚决贯彻落实党中央关于深化国家监察体制改革、建立刑事缺席审判制度、实行认罪认罚从宽制度和速裁程序的决策部署，对进一步完善中国特色刑事诉讼制度，深化刑事司法体制改革，加强反腐败刑事程序法律制度建设，推进国家治理体系和治理能力现代化，具有重要意义。

（二）修改《民事诉讼法》

党的十八大以来，我国两次修改《民事诉讼法》，对于民事公益诉讼制度的完善、民事案件繁简分流等程序建设和智慧司法在线诉讼的发展具有重要意义。

第一，2017 年对《民事诉讼法》的局部内容进行个别调整，完善民事公益诉讼制度。全国人大常委会在总结检察机关提起公益诉讼试点工作经验的基础上，再次对《民事诉讼法》作出修改，在已有的民事公益诉讼制度基础上，增加检察机关提起民事公益诉讼的规定，对人民检察院提起民事公益诉讼的适用范围、条件等作了规定。对污染环境、侵害众多消费者合法权益等损害社会公共利益的行为，法律规定的机关和有关组织可以向人民法院提起诉讼；人民检察院在履行职责中发现对于这些行为，没有相关机关和组织或者这些机关和组织不提起诉讼的情况下，可以向人民法院提起诉讼。相关机关或者组织提起诉讼的，人民检察院可以支持起诉。随后 2013 年《消费者权益保护法》修改、2014 年《环境保护法》修改分别对民事公益诉讼和环境民事公益诉讼作了进一步的规定，2017 年在《民事诉讼法》修改中明确赋予检察机关提起民事公益诉讼的主体资格，分步骤、分阶段完善了公益诉讼制度。

第二，2021 年《民事诉讼法》再次修改，一是优化司法确认程序，合理扩大该程序的适用范围，优化这类案件的管辖规则。二是完善小额诉讼程序，简化小额诉讼案件审理方式。三是调整简易程序适用条件，完善简易程序规定。四是将独任制适用范围扩大到一审普通程序和二审程序。五是完善在线诉讼及送达规则。确立在线诉讼法律效力，完善电子送达规则，合理缩短公告送达时间。

（三）修订《仲裁法》《公证法》等非诉讼程序法

党的十八届四中全会提出，要完善仲裁制度，提高仲裁公信力。中共中央办公厅、国务院办公厅印发《关于完善仲裁制度提高仲裁公信力的若干意见》，第十三届全国人大常委会将《仲裁法》修改列入立法规划，国务院也将其纳入2021年度立法工作计划。我国启动了对《仲裁法》的修订，由司法部组织起草了《仲裁法（修订）（征求意见稿）》，除了在修法中注意法治统一，避免援引条文上的法律冲突以外，主要从以下八个方面对仲裁法予以完善。

第一，完善总则。一是立法宗旨增加“促进国际经济交往”表述，二是增加“诚信仲裁”“法院依法支持和监督仲裁”两项原则。

第二，完善仲裁机构制度。一是自治州、不设区的地级市等可设立仲裁机构，并建立仲裁机构统一登记制度。二是明确了仲裁机构经登记取得法人资格，属公益性非营利法人，以及仲裁委员会是仲裁机构的主要组织形式，并增加了其法人治理结构和建立信息公开机制的规定。

第三，完善仲裁员、中国仲裁协会的规定。一是增加负面清单规定，尊重当事人对仲裁员的选择权。二是完善仲裁员签署独立公正仲裁声明书、披露和回避制度。三是将中国仲裁协会的定位从“仲裁委员会的自律性组织”改为“仲裁行业的自律性组织”。

第四，完善仲裁协议规定。一是确立以仲裁意思表示为核心的仲裁协议效力制度，仲裁条款无须明确仲裁机构。二是对主从合同纠纷、公司企业代表诉讼等特殊情形下，仲裁协议效力的认定予以明确规定。三是明确只要其他法律对仲裁没有禁止性规定的，当事人订立的仲裁协议依法有效。四是规定了“仲裁地”标准。五是明确仲裁庭对仲裁协议效力及其管辖权问题的自主审查权。

第五，完善仲裁程序规范。一是新增“正当程序”“程序自主”“仲裁与调解相结合”“放弃异议权”“送达”等一般规定。二是增加“临时措施”，如行为保全和紧急仲裁员制度。三是增加仲裁可以通过网络方式进行，为互联网仲裁提供法律依据。四是创新发展仲裁与调解相结合的中国特色制度，增加“仲裁确认”条款，允许当事人选择仲裁庭之外的调解员进行单独调解，并规定了与原有仲裁程序的衔接。五是增加了中间裁决的规定，并与部分裁决相结合。

第六，完善撤销裁决及其重新仲裁制度。一是统一了法院撤销国内和涉外仲裁裁决的规定，增加了对恶意串通、伪造证据等欺诈行为的撤销等。二是确立能够通过重新仲裁弥补的问题就不撤销的原则。三是当事人申请撤销的时间由 6 个月缩短为 3 个月。赋予当事人对撤销裁决裁定可以申请上一级法院复议的规定。

第七，完善裁决执行制度。一是贯彻审执分离原则。二是统一了执行法院对国内和涉外案件的执行审查标准。三是对案外人的救济设计，其可在执行程序中对执行标的提出异议，也可以另行提起侵权之诉。四是增加承认和执行外国仲裁裁决的条款。

第八，完善涉外仲裁规定，增加临时仲裁制度。一是规定具有“涉外因素”的纠纷适用涉外仲裁规定。二是规定涉外仲裁协议效力认定法律适用标准。三是增加并规范涉外商事纠纷的“临时仲裁”制度。

此外，我国修改了《公证法》的相应内容，与其他法律法规的变化相适应。例如，被吊销公证员执业证书的人不得担任辩护人、诉讼代理人，被追诉人的监护人或近亲属除外。我国还修改了《公证程序规则》，适应社会对公证制度的现实需求。

八、不断完善行政法

党的十八大以来，以习近平同志为核心的党中央从关系党和国家前途命运的战略全局出发，全面推进依法治国，建设中国特色社会主义法治体系。行政立法根据新形势和新要求，综合运用重点领域立法、修法、授权决定等方式，完善行政法律规范框架体系。

第一，适应党和国家机构改革实践需要，注重机构设立与重组、职责调整和管理执法的合法性，及时作出决定和修改法律，确保机构改革的法治化推进。2018 年出台了《关于国务院机构改革涉及法律规定的行政机关职责调整问题的决定》《关于中国海警局行使海上维权执法职权的决定》，贯彻中共中央《关于深化党和国家机构改革的决定》和第十三届全国人大第一次会议批准的《国务院机构改革方案》。同时，对 21 部法律中行政管理机关名称进行了相应修改。

第二，适应“放管服”改革实践的需要，修改法律、作出授权决定。自 2013 年起，14 次对 112 部法律进行规模化修改，依法取消调整大量行政审批事项。出台《关于授权国务院在广东省暂时调整部分法律规定的行政审批的决定》，两次作出有关国务院在上海、天津、广东、福建自由贸易试验区暂时调整有关法律规定的行政审批的授权决定。试点后对《外资企业法》等 4 部法律作出统筹修改，将自由贸易试验区试点的改革经验上升为法律。

第三，两次修改《行政诉讼法》，完善行政诉讼制度。2014 年第一次修法，保障当事人诉讼权利，着力回应“立案难、审理难、执行难”问题。2017 年第二次修法，增设了检察机关提起行政公益诉讼制度。

第四，修改《立法法》，进一步明确行政机关立法权限。2015 年《立法法》修改，落实税收法定原则，规定税种的开征、停征和税收征收管理的基本制度只能由法律规定，赋予设区的市地方立法权，对部门规章和地方政府规章权限进行规范，规章没有上位法依据，不得设定减损公民、法人和其他组织权利或者增加其义务，不得增加本部门的权力、减少本部门的法定职责。

此外，我国还将《行政监察法》改为《监察法》，完善监察制度，贯彻落实中央反腐廉政重大战略部署。

第三节　加强备案审查，维护国家法治统一

党的十八届三中全会以来，随着全面深化改革和推进全面依法治

国进程不断深入，人民群众对良法善治的需求日益提高。党的十八届三中、四中全会对健全规范性文件备案审查制度、加强备案审查制度和能力建设、将所有规范性文件纳入备案审查范围提出明确要求。2015年《立法法》修改对国家立法体制作出重大调整，赋予设区的市人大及其常委会地方立法权，地方立法主体大幅增加，全国人大常委会通过备案审查制度维护法制统一的任务加重。全国人大常委会在完善备案审查制度和工作机制、推进备案审查信息化建设等方面作出新的探索和调整，备案审查工作取得了新的成绩，切实维护了国家法制统一、尊严、权威。

一、完善备案审查体制

党的十八届三中、四中全会提出健全法规、规章、规范性文件备案审查制度；加强备案审查制度和能力建设，把所有规范性文件纳入备案审查范围，依法撤销和纠正违宪违法的规范性文件。2015年，《立法法》修改，增加了全国人大专门委员会和常委会工作机构对法规、司法解释开展主动审查的审查体制，常委会工作机构可以向制定机关发出书面审查研究意见。2017年，党的十九大报告提出加强宪法实施和监督，推进合宪性审查工作。合宪性审查是保证宪法有效实施、维护宪法权威的关键性制度，与备案审查制度具有十分密切的联系。党中央作出的这一重大关键决策，将为新时代备案审查制度的发展注入新的内容，提供新的广阔空间，备案审查各项制度将更加成熟、定型。

二、健全备案审查联动机制等工作机制

备案审查各项制度和工作机制更加健全。

第一，建立健全备案审查衔接联动工作机制。2014年9月，全国人大法制工作委员会研究制定了《对提出审查建议的公民、组织进行反馈的工作办法》。2015年以来，全国人大法制工作委员会与中共中央办公厅、司法部、中央军委办公厅法制局等各单位备案审查工作机构之间沟

通协作，通过移送审查、规范报备内容、征求意见、协调审查标准、开展业务交流等方式，逐步探索并初步形成了一套协同各方的可操作衔接联动工作机制，为对所有规范性文件备案审查实现全覆盖提供了工作机制保障，并制定了法制工作委员会《关于建立健全备案审查衔接联动机制的若干规定》，为顺畅有效开展备案审查衔接联动工作提供制度保障。

第二，备案审查工作进一步制度化、规范化。2016 年 12 月，为贯彻落实修改后的《立法法》，法制工作委员会研究制定了《法规、司法解释备案审查工作规程（试行）》，具体规定审查建议的接收登记与移交、审查研究、处理与反馈等环节。2017 年以来，法制工作委员会着手研究起草统一的备案审查工作规定，为地方各级人大常委会开展规范性文件备案审查工作提供具体指导和参照依据，尝试统一各地备案范围和审查标准，规范审查程序和纠正方式等问题。

2019 年 12 月 16 日，第十三届全国人大常委会第四十四次委员长会议通过了《法规、司法解释备案审查工作办法》，据此，法制工作委员会进一步梳理总结近年来备案审查工作的实践做法，对法制工作委员会《法规、司法解释备案审查工作规程（试行）》作了全面修订，对备案审查工作各环节作了详细明确的规定，促进备案审查工作规范化。

第三，备案审查信息化水平大幅提升。2016 年底，全国人大开通运行备案审查信息平台。当时现行有效的行政法规、司法解释、地方性法规已经按照统一的格式全部上传至该平台。2017 年 1 月 1 日以后新制定的地方性法规、2018 年 1 月 1 日以后新制定的行政法规、司法解释已经逐件开展电子报送备案。省级地方人大备案审查信息平台建设获得迅速发展，即将实现省级与全国人大之间互联互通。国家法律法规数据库已建成发布，面向社会提供规范性文件查询查看下载服务，并开设审查建议受理平台，回应新时代人民群众的法治需求。

第四，备案审查工作获得常委会审议并肯定，成为全国人大常委会面向全社会的重要工作。2017 年 12 月，第十二届全国人大常委会第三十一次会议首次听取和审议了法制工作委员会所作的备案审查工作情况报告。工作报告全面总结了 5 年来备案审查工作所取得的成效和进展，首次向社会公布了全国人大常委会通过备案审查制度纠正法规、司法解释的案例，标志着备案审查成为全国人大常委会的一项重要工作，是备案审查制度的一项历史性突破。备案审查制度发展到现在的“有件必备、有备必审、有错必纠”，经历了长期的过程，实现了有意义的历史性突破，实现了备案审查在常委会层面的显性化，加强了全国人大常委会组成人员对备案审查工作的关注、理解和支持，对推动备案审查工作深入发展发挥了突出重要的作用，在地方各级人大当中也产生了极大的示范和带动作用。报告工作 1 年来，社会上对备案审查制度的关注度空前提高，备案审查制度的影响日益广泛。相当数量的省级、市级人大常委会也安排听取和审议了备案审查工作报告，带动了地方各级人大常委会备案审查工作的深入开展。

第五，成立备案审查专家委员会，提高备案审查工作质效，为法制工作委员会开展备案审查制度建设、理论研究、重要审查工作等提供专家咨询意见。委托有关高校就特种行业从业限制规定、地方优化营商环境条例、备案审查标准的理解和把握等内容开展专题研究，积极发挥研究机构专业人士的优势。

三、加强中央对地方备案审查的联系指导

地方立法作为中国特色社会主义法律体系的重要组成部分，是国家法律、行政法规的重要补充，最主要的职能就是通过法定程序使党的政策、中央精神、国家法律落地。《立法法》依法赋予所有设区的市地方立法权，是全面深化改革和全面依法治国的重要举措，对完善我国立法体制、推进地方治理体系和治理能力现代化意义重大。

习近平总书记专门针对地方立法工作作了具体明确的指示要求。一是紧扣大局，地方人大及其常委会要围绕地方党委贯彻落实党中央大政方针的决策，做好地方立法工作。二是着眼急需。在疫情防控关键时期，习近平总书记明确要求“在法治轨道上统筹推进各项防控工作”，2020 年就有 20 多个省级人大及时通过关于依法防疫的地方性法规，保障疫情防控工作依法进行。三是着力解决实际问题。在 2020 年中央全

面依法治国工作会议上，习近平总书记强调，要有地方特色，需要几条就定几条。要求地方立法突出实践性、针对性、适用性、可操作性，发挥协同解决实际问题的效能。四是维护国家法治统一。对一切违反宪法法律的法规、规范性文件必须予以纠正和撤销，防止违背上位法规定。要深刻认识到，在地方立法工作中，必须始终牢记、自觉贯彻，维护国家法治统一，这不仅是法治建设中的重大问题，也是一个严肃的政治问题，关乎国家统一、民族团结、社会稳定。

为此，强化地方立法的备案审查和法规清理工作势在必行。地方人大有不少符合实际、着眼长远的新举措。例如，湖北创新备案审查工作机制，将其列入改革项目清单，对备案审查工作实行年度报告、考核制度。甘肃建立地方性法规动态清理长效机制，经过 8 次专项清理和 1 次全面清理，发现需要修改或废止的省级、市州法规 101 件，已修改 32 件、废止 22 件。〔1〕

地方人大负有确保地方性法规、自治条例和单行条例符合宪法法律精神，维护国家法治统一、尊严和权威的重大责任。地方人大在备案审查中若发现涉宪性、合宪性问题，要及时向全国人大常委会有关工作机构提出，促进合宪性审查与备案审查工作衔接贯通。全国人大也从以下方面进一步加强了对地方人大备案审查工作的联系指导。

第一，持续推动地方人大实行备案审查全覆盖。目前，地方一府一委两院制定的规范性文件基本纳入同级地方人大常委会备案范围，接受人大监督审查。有的地方建立通报制度、纳入政府法治考核体系等多种形式，规范制定机关报送备案的行为，对迟报、漏报、报备不规范等问题予以通报、纠正。

第二，持续推动地方人大建立听取和审议备案审查工作情况报告制度。截至 2021 年，31 个省级人大常委会和 318 个设区的市级人大常委会将听取和审议备案审查工作情况报告制度化，部分县级人大常委会也

---

〔1〕栗战书:《在第二十七次全国地方立法工作座谈会上的讲话》(2021 年 12 月 2 日)，载中国人大网 2022 年 1 月 17 日。

听取审议了备案审查工作情况报告。

第三，持续推动地方人大加强备案审查信息化建设。推动省级人大常委会在完善备案审查信息平台的基础上开展法规规章规范性文件数据库建设，选择浙江、重庆、广东、宁夏四个省级人大常委会开展试点，为其他省级地方总结经验、进行示范。

第四，组织开展备案审查典型事例交流。全国人大法制工作委员会收集整理 2019 年 9 月以来各地省、市、县三级人大常委会纠正处理的典型备案审查事例 158 件，其中省级 53 件，市级 76 件，县级 29 件，印发地方人大，并送中央办公厅、司法部等单位备案审查工作机构参考。

第五，通过其他多种措施进一步加强对地方人大的联系指导。例如，通过培训和事例交流等形式帮助地方人大提升审查能力水平，又如，健全各级人大常委会听取审议工作报告制度，再如，加快完善全国统一的备案审查信息平台，推动建设省级法规规章规范性文件数据库，并与国家法律法规数据库对接，此外，还通过适时发布体现地方立法共性问题、具有普遍指导意义的典型事例，探索开展备案审查案例指导工作。

四、着力增强备案审查制度刚性

近年来，全国人大的备案审查工作力度进一步加强。法制工作委员会积极探索通过督办、提醒、函询、发书面研究意见要求纠正等方式强化制度刚性，过去许多制定机关长期拖延不办的问题得到了解决。2018 年 2 月，法制工作委员会向有关地方人大常委会发出督办函，对 2017 年法制工作委员会发出研究意见要求纠正的落实情况开展“回头看”。经过督办，涉及规定以审计结果作为政府投资建设项目竣工结算依据的 11 个省、8 个设区的市、2 个经济特区的地方性法规，涉及规定超生即辞退的 7 个省的地方性法规，以及规定著名商标制度的 8 个省、3 个设区的市的地方性法规均已完成修改、废止工作。督办及督办检查工作突出强化了法制工作委员会审查意见对制定机关的约束力，全国人大常委会不需要动用撤销权，就达到了全面纠正问题法规的结果，实现了法律效果、社会效果的统一。

备案审查制度刚性与审查的全民参与、主动审查相结合，解决了人民群众长期关注的大量突出问题。2015 年以来，全国人大法制工作委员会对公民、组织提出的 2000 余件审查建议进行研究，先后对有关地方人大议事规则、道路交通管理、著名商标制度、建设项目审计、计划生育管理等方面的地方性法规和有关夫妻共同债务认定、附条件逮捕、民事诉讼监督等方面的司法解释中存在的问题提出处理意见，这些问题都得到了纠正和妥善处理。通过主动审查，推动制定机关对有关民事诉讼拘传被执行人和原告、非法行医罪犯罪构成等司法解释作出妥善处理，对其中存在的问题予以纠正。

随着备案审查制度刚性的增强，获得纠正的与上位法不一致或者相冲突的文件越来越多。全国人大法制工作委员会对 2020 年收到报送备案的 1310 件行政法规、地方性法规、经济特区法规、自治条例和单行条例、司法解释、特别行政区法律，逐件进行主动审查。围绕疫情防控、优化营商环境、野生动物保护、食品药品安全、《民法典》实施五个方面开展专项审查和集中清理，发现需要修改或废止的规范性文件 3372 件，督促有关方面及时予以纠正。2020 年收到公民、组织提出的审查建议 5146 件，对属于常委会审查范围的 3378 件逐一进行研究，提出处理意见，其他建议分别移送有关机关处理。收到有关部门移送审查的地方性法规 58 件，督促制定机关修改或废止了 27 件。

2021 年备案审查工作情况继续落实“有件必备”，全面提高报备质量；推进“有备必审”，认真履行审查工作职责；坚持“有错必纠”，切实维护国家法治统一。例如，2021 年 8 月 20 日第十三届全国人大常委会第三十次会议审议通过《关于修改〈中华人民共和国人口与计划生育法〉的决定》。法制工作委员会组织开展了涉及计划生育内容的法规、规章、规范性文件专项清理工作，推动废止计划生育相关处罚、处分规定，取消社会抚养费征收规定，以及将个人生育情况与入学、入职、入户等相挂钩的有关规定，经清理发现需要修改或者废止的规范性文件共

3632件，其中行政法规3件，国务院规范性文件2件，部门规章和规范性文件43件，单行条例11件，自治条例35件，地方性法规57件，地方人大及其常委会决定、决议44件，地方政府规章和规范性文件3437件。目前有关方面已修改42件、废止428件。2021年对1921件报送备案的行政法规、监察法规、特别行政区法律、地方性法规、司法解释等进行逐件审查，审查研究公民、组织提出的审查建议6339件，组织开展涉及长江流域保护、计划生育、行政处罚3个方面法规、规章、规范性文件专项清理工作。全国人大法制工作委员会全力推动的备案审查工作获得了党中央和全国人大的肯定，取得了人民群众的信任，这也成为备案审查工作越来越好、制度刚性越来越强的强大基础。

党的十九大提出加强宪法实施和监督，推进合宪性审查工作，维护宪法权威。人大备案审查制度作为保障宪法法律实施、维护国家法制统一的宪法性制度，理应增强制度刚性，在实现国家治理体系和治理能力现代化目标进程中继续发挥重要的、不可替代的作用。

第四章　法治政府建设取得突破性进展

推进全面依法治国，法治政府建设是重点任务和主体工程，对法治国家、法治社会建设具有示范带动作用。党的十八大以来，以习近平同志为核心的党中央高度重视法治政府建设，将其作为全面依法治国的重点任务和主体工程部署推进，提出了全面依法治国的新理念新思想新战略，吹响了加快建设社会主义法治国家的进军号，开辟了全面依法治国理论和实践的新境界，开启了中国特色社会主义法治的新时代，法治政府建设进入“快车道”。党的二十大报告指出，我们要坚持走中国特色社会主义法治道路，建设中国特色社会主义法治体系、建设社会主义法治国家，围绕保障和促进社会公平正义，坚持依法治国、依法执政、依法行政共同推进，坚持法治国家、法治政府、法治社会一体建设，全面推进科学立法、严格执法、公正司法、全民守法，全面推进国家各方面工作法治化。2015 年 12 月，恰逢全面建成小康社会的决胜阶段、全面深化改革的攻坚阶段、布局实施“十三五”规划的调整阶段三个阶段叠加之际，中共中央、国务院正式印发《法治政府建设实施纲要（2015—2020 年）》，这是新的历史时期法治政府建设的纲领性文件。2021 年 8 月，中共中央、国务院印发《法治政府建设实施纲要（2021—2025年）》，这是在总结《法治政府建设实施纲要（2015—2020年）》经验和成就的基础上，根据新时期新阶段新特点制定的新纲要新蓝图，是中共中央、国务院出台的新的法治政府建设纲领性文件，是全面贯彻习近平法治思想的重大举措，是深入总结“十三五”时期法治政府建设成就经验的重要成果，是“十四五”时期全面推进法治政府建设的路线图和施工图。党的十八大以来，特别是《法治政府建设实施纲要（2015—2020年）》贯彻落实5年多来，在党中央、国务院领导下，各地区各部门深入贯彻落实该纲要的要求，推动法治政府建设各项工作取得重大进展。

第一节 健全政府机构职能体系

习近平总书记指出：“各级政府一定要严格依法行政，切实履行职责，该管的事一定要管好、管到位，该放的权一定要放足、放到位，坚决克服政府职能错位、越位、缺位现象。”[1]党的十八大以来，以习近平同志为核心的党中央以依法全面履行政府职能为目标，牢固树立创新、协调、绿色、开放、共享的发展理念，坚持政企分开、政资分开、政事分开、政社分开，简政放权、放管结合、优化服务，理顺政府与市场、政府与社会的关系，切实转变政府职能，依法全面履行宏观调控、市场监管、社会管理、公共服务、环境保护等职责。党的十八届四中全会将深入推进依法行政，加快建设法治政府作为全面推进依法治国的重大任务之一。党的十九大提出要深化机构和行政体制改革，统筹考虑各类机构设置，科学配置党政部门及内设机构权力、明确职责。统筹使用各类编制资源，形成科学合理的管理体制，完善国家机构组织法。党的十九届三中全会审议通过《中共中央关于深化党和国家机构改革的决定》

〔1〕中共中央文献研究室编：《习近平关于全面依法治国论述摘编》，中央文献出版社2015年版，第60页。

《深化党和国家机构改革方案》，贯彻落实党的十九大决策部署，将政府机构职能优化放在深化党和国家机构改革的全局中进行统筹布局。党的十九届四中全会进一步提出要坚持和完善中国特色社会主义行政体制，构建职责明确、依法行政的政府治理体系，对完善国家行政体制、优化政府职责体系、优化政府组织结构、健全充分发挥中央和地方两个积极性体制机制等方面提出了新要求新部署。在此基础上，《法治政府建设实施纲要（2021—2025年）》进一步提出，要健全政府机构职能体系，推动更好发挥政府作用，坚持法定职责必须为、法无授权不可为，着力实现政府职能深刻转变，把该管的事务管好、管到位，基本形成边界清晰、分工合理、权责一致、运行高效、法治保障的政府机构职能体系。

一、推进政府机构职能优化协同高效

党的十八大以来，以习近平同志为核心的党中央从全局出发，把转变政府职能作为深化经济体制改革和行政体制改革的关键，强调要发挥法治对转变政府职能的引导和规范作用，依法全面履行政府职能，推进机构、职能、权限、程序、责任法定化，推行政府权力清单制度，取得了一系列重大进步。党的十八届四中全会明确指出要加快建设职能科学、权责法定、执法严明、公开公正、廉洁高效、守法诚信的法治政府。“秉纲而目自张，执本而末自从”，“职能科学”就是法治政府建设的首要目标。党的十九届三中全会《中共中央关于深化党和国家机构改革的决定》将“构建系统完备、科学规范、运行高效的党和国家机构职能体系”作为深化党和国家机构改革的目标，将“坚持优化协同高效”确立为深化党和国家机构改革要遵循的原则之一，明确指出“优化就是要科学合理、权责一致，协同就是要有统有分、有主有次，高效就是要履职到位、流程通畅”。党的十九届四中全会《中共中央关于坚持和完善中国特色社会主义制度　推进国家治理体系和治理能力现代化若干重大问题的决定》强调，要“以推进国家机构职能优化协同高效为着力点，优化行政决策、行政执行、行政组织、行政监督体制。健全部门协调配合机制，防止政出多门、政策效应相互抵消”。在此基础上，《法治政府建设实施纲要（2021—2025年）》围绕“推进政府机构职能优化协同高效”进一步提出新要求新任务。

第一，深化机构和行政体制改革。党的十八大以来，为适应社会主义市场经济发展、推进国家治理体系和治理能力现代化的需要，以习近平同志为核心的党中央不断推进机构和行政体制改革。2018年2月，党的十九届三中全会专题研究部署党和国家机构改革，审议通过《中共中央关于深化党和国家机构改革的决定》《深化党和国家机构改革方案》，突出本轮机构改革的系统性、整体性、协同性，取得了前所未有的进展。2019年8月，中共中央印发《中国共产党机构编制工作条例》，形成了针对机构组织和编制的基础性党内法规，机构组织和编制法定化水平进一步提升。完善行政组织和行政程序法律制度，推进机构、职能、权限、程序、责任法定化。深化行政体制改革，优化政府机构设置、职能配置、工作流程，理顺部门职责关系。为巩固机构和行政体制改革成果，《法治政府建设实施纲要（2021—2025年）》指出，要“坚持优化政府组织结构与促进政府职能转变、理顺部门职责关系统筹结合，使机构设置更加科学、职能更加优化、权责更加协同”。

第二，推动有效市场和有为政府更好结合。习近平总书记指出，“市场作用和政府作用是相辅相成、相互促进、互为补充的”[1]。党的十九届四中全会《中共中央关于坚持和完善中国特色社会主义制度　推进国家治理体系和治理能力现代化若干重大问题的决定》指出，要优化政府职责体系，“完善政府经济调节、市场监管、社会管理、公共服务、生态环境保护等职能，实行政府权责清单制度，厘清政府和市场、政府和社会关系”，“强化制定实施发展战略、规划、政策、标准等职能，更加注重运用法律和制度遏制不当干预微观经济活动的行为”。《法治政府建设实施纲要（2021—2025年）》进一步指出，要“完善经济调节、市场监管、社会管理、公共服务、生态环境保护等职能，厘清政府和市

〔1〕中共中央文献研究室编：《习近平关于社会主义政治建设论述摘编》，中央文献出版社2017年版，第120页。

场、政府和社会关系，推动有效市场和有为政府更好结合”。2022 年 4 月，中共中央、国务院印发《关于加快建设全国统一大市场的意见》，将“有效市场，有为政府”作为加快建设全国统一大市场的工作原则之一，明确六个方面的重点任务：一是强化市场基础制度规则统一；二是推进市场设施高标准联通；三是打造统一的要素和资源市场；四是推进商品和服务市场高水平统一；五是推进市场监管公平统一；六是要进一步规范不当市场竞争和市场干预行为。通过不断完善法律法规和程序要求约束政府行为，使职能履行更加规范透明公正高效。

第三，构建简约高效的基层管理体制。党的十九届四中全会通过的《中共中央关于坚持和完善中国特色社会主义制度　推进国家治理体系和治理能力现代化若干重大问题的决定》就明确指出，要构建基层社会治理新格局，“健全党组织领导的自治、法治、德治相结合的城乡基层治理体系，健全社区管理和服务机制，推行网格化管理和服务，发挥群团组织、社会组织作用，发挥行业协会商会自律功能，实现政府治理和社会调节、居民自治良性互动，夯实基层社会治理基础”，“推动社会治理和服务重心向基层下移，把更多资源下沉到基层，更好提供精准化、精细化服务”。《法治政府建设实施纲要（2021—2025 年）》进一步指出，要“构建简约高效的基层管理体制，实行扁平化和网格化管理”，与此同时，“推进编制资源向基层倾斜，鼓励、支持从上往下跨层级调剂使用行政和事业编制”。这表明，基层管理体制以简约和高效为基本原则，与之相伴的不仅仅是政府权力的下沉和基层地方政府自主性和能动性的要求，更是基层治理在质量和结构上的优化，不但要“瘦身”，更要“健身”。[1]

第四，全面实行政府权责清单制度。《法治政府建设实施纲要（2015—2020 年）》实施以来，大力推行权力清单、责任清单、负面清单制度并实行动态管理，在全面梳理、清理调整、审核确认、优化流程

〔1〕胡建淼主编：《法治政府建设：全面依法治国的重点任务和主体工程》，人民出版社 2021 年版，第 33 页。

的基础上，将政府职能、法律依据、实施主体、职责权限、管理流程、监督方式等事项以权力清单的形式向社会公开，逐一厘清与行政权力相对应的责任事项、责任主体、责任方式。2015 年 12 月，国务院办公厅印发《国务院部门权力和责任清单编制试点方案》，开展编制国务院部门权力和责任清单试点；省市县三级政府部门完成政府工作部门、依法承担行政职能的事业单位权力清单的公布工作。2018 年 1 月，中央编办、国务院法制办印发《关于深入推进和完善地方各级政府工作部门权责清单制度的指导意见》，推进权责清单标准化规范化建设。实行统一的市场准入制度，在制定负面清单的基础上，各类市场主体可依法平等进入清单之外领域。建立行政事业性收费和政府性基金清单制度，清理取消不合法、不合规、不合理的收费基金项目，公布全国性、中央部门和单位及省级收费目录清单，减轻企业和公民负担。没有法律法规依据且未按规定批准、越权设立的收费基金项目，政府提供普遍公共服务或体现一般性管理职能的行政事业性收费，没有法定依据的行政审批中介服务项目及收费，一律取消；擅自提高征收标准、扩大征收范围的，一律停止执行。在此基础上，《法治政府建设实施纲要（2021—2025 年）》进一步要求，要全面实行政府权责清单制度，推动各级政府高效履职尽责。2022 年上半年编制完成国务院部门权责清单，建立公开、动态调整、考核评估、衔接规范等配套机制和办法。调整完善地方各级政府部门权责清单，加强标准化建设，实现同一事项的规范统一。严格执行市场准入负面清单，普遍落实“非禁即入”。

二、“放管服”改革纵深推进

党的十八大以来，党中央、国务院把正确处理政府与市场关系、转变政府职能作为全面深化改革的关键，将“放管服”改革作为全面深化改革的重要内容和转变政府职能的主要抓手，大力推进简政放权、放管结合、优化服务，不断提升政务服务能力，激发市场活力和社会创造力。深入实施《优化营商环境条例》，压缩市场准入负面清单，压减办照、通关、办电、工程建设项目审批等时间，清理规范涉企收费，降低了制度性交易成本。坚持放管结合、并重，强化食品、药品、疫苗等重点领域监管，坚决守住质量和安全底线；加强反垄断和反不正当竞争，深入推进“双随机、一公开”监管、“互联网 + 监管”等新型监管，有力维护公平竞争。各地区积极探索“放管服”改革，普遍把优化营商环境作为工作重点，在许多领域创造出“单项冠军”，“一业一证”、惠企政策“免申即享”、按风险分级分类监管等创新举措。[1]截至 2021 年 10 月底，全国市场主体总量突破 1.5 亿户，其中个体工商户超过 1 亿户，日均新设市场主体达 7.7 万户，“十三五”期间高新技术企业数量年均增长 25% 以上，企业研发经费年均增长 11.3%，[2]“放管服”改革取得显著成绩。党的二十大报告进一步指出，要转变政府职能，优化政府职责体系和组织结构，推进机构、职能、权限、程序、责任法定化，提高行政效率和公信力。

第一，分级分类推进行政审批制度改革。一是全面清理行政审批事项，全部取消非行政许可审批事项。在普通许可之外，还在投资项目审核事项、职业许可事项、非行政许可审批事项、审批中介事项等方面大力推进精简改革。严格控制新设行政许可，加强合法性、必要性、合理性审查论证。全面推行一个窗口办理、并联办理、限时办理、规范办理、透明办理、网上办理，建立全国一体化政务服务平台等渠道。开展相对集中行政许可权改革试点。“一窗受理、一站服务”得到普遍实行。开展投资项目在线审批监管平台建设，实现部门间的横向联通及中央和地方的纵向贯通。开展行政备案规范管理改革试点，在全面梳理、分类规范的基础上依托全国一体化政务服务平台等系统，推进行政备案网上办理、一网通办等。截至 2017 年，国务院部门行政审批事项削减 44%，非行政许可审批彻底终结，中央政府层面核准的企业投资项目减

---

〔1〕李克强:《在全国深化“放管服”改革着力培育和激发市场主体活力电视电话会议上的讲话》(2021 年 6 月 2 日)，载中国政府网 2021 年 6 月 7 日。

〔2〕马晓白、陈功:《深入推进“放管服”改革　培育壮大市场主体》，载《经济参考报》2021 年 11 月 11 日，第 1 版。

少 90%，行政审批中介服务事项压减 74%，职业资格许可和认定大幅减少。[1]在此基础上，《法治政府建设实施纲要（2021—2025 年）》进一步要求，要“依托全国一体化政务服务平台等渠道，全面推行审批服务‘马上办、网上办、就近办、一次办、自助办’”，“坚决防止以备案、登记、行政确认、征求意见等方式变相设置行政许可事项”，“大力归并减少各类资质资格许可事项，降低准入门槛”，“深化投资审批制度改革，推进投资领域行政执法监督，全面改善投资环境”。

二是推行行政审批告知承诺制。自 2020 年 1 月 1 日起《优化营商环境条例》施行，其中规定“对实行行政许可管理的事项，行政机关应当通过整合实施、下放审批层级等多种方式，优化审批服务，提高审批效率，减轻市场主体负担。符合相关条件和要求的，可以按照有关规定采取告知承诺的方式办理”。在此基础上，《法治政府建设实施纲要（2021—2025 年）》进一步要求，要“推行行政审批告知承诺制”，减少审批环节，提高审批效能，进一步释放市场主体的活力。

三是推进“证照分离”“一业一证”改革。工商登记由“先证后照”改为“先照后证”，并在“先照后证”“多证合一”的基础上，大力推进“照后减证”。2018 年 10 月，国务院在全国推行“证照分离”改革，根据不同许可事项分别采用取消审批、改为备案、实行告知承诺制以及优化服务等不同方式。在“证照分离”改革的基础上，继续推进“一业一证”改革，将特定行业涉及的多张许可证整合为一张行业综合许可证。在此基础上，《法治政府建设实施纲要（2021—2025 年）》进一步要求，要“有序推进‘证照分离’改革全覆盖，将更多涉企经营许可事项纳入改革”，“积极推进‘一业一证’改革，探索实现‘一证准营’、跨地互认通用”。

第二，推动政府管理依法进行。党的十九届三中全会《中共中央关于深化党和国家机构改革的决定》明确指出，要强化事中事后监管，

---

〔1〕胡建淼主编：《法治政府建设：全面依法治国的重点任务和主体工程》，人民出版社 2021 年版，第 36—37 页。

“改变重审批轻监管的行政管理方式，把更多行政资源从事前审批转到加强事中事后监管上来”，并针对创新监管方式、加快推进政府监管信息共享、提高监管执法效能、健全信用监管等方面提出了新要求。2019年9月，国务院印发《关于加强和规范事中事后监管的指导意见》，提出了依法监管、公平公正、公开透明、分级分类、科学高效、寓管于服六项基本原则，明确了夯实监管责任、健全监管规则和标准、创新和完善监管方式、构建协同监管格局、提升监管规范性和透明度等方面的具体任务。在此基础上，《法治政府建设实施纲要（2021—2025年）》进一步提出要推动政府管理依法进行，把更多行政资源从事前审批转到事中事后监管上来，明确了“新型监管机制”是以“双随机、一公开”监管和“互联网+监管”为基本手段、以重点监管为补充、以信用监管为基础的监管方式。2019年2月，国务院印发《关于在市场监管领域全面推行部门联合“双随机、一公开”监管的意见》，对“双随机、一公开”监管的执行、程序、公示等方面作出具体规定。与此同时，通过构建大数据监管模型，进行关联分析，及时掌握市场主体经营行为、规律与特征，主动发现违法违规现象，提高政府科学决策和风险预判能力，加强对市场主体的事中事后监管。并且，通过建立国家企业信用信息公示系统和守信联合激励、失信联合惩戒机制，不断完善信用监管机制。在此基础上，进一步“根据不同领域特点和风险程度确定监管内容、方式和频次，提高监管精准化水平”，“分领域制定全国统一、简明易行的监管规则和标准，做到标准公开、规则公平、预期合理、各负其责”。

第三，加快建设服务型政府。党的十八大以来，以习近平同志为核心的党中央高度重视以信息化推进国家治理体系和治理能力现代化，强调要加快推动电子政务，打通信息壁垒，构建全流程一体化在线服务平台，助力建设人民满意的服务型政府。

党的十八大以来，以习近平同志为核心的党中央围绕实施网络强国战略、大数据战略等作出一系列重大部署，不断推进数字政府建设。近年来，随着大数据、云计算、人工智能等新一代数字技术融入数字政府建设，我国数字政府建设稳步推进，数字政府服务效能显著提升。“放管服”改革实施以来，“一网”“一门”“一次”改革成为服务型政府建设的亮点工程。2017 年 5 月，《国务院办公厅关于印发政务信息系统整合共享实施方案的通知》要求加快政务信息系统的整合共享。2018 年 6 月，国务院办公厅印发《进一步深化“互联网 + 政务服务”推进政务服务“一网、一门、一次”改革实施方案》，充分运用信息化手段解决企业和群众反映强烈的办事难、办事慢、办事繁的问题，加快推动企业和群众办事线上“一网通办”（一网），线下“只进一扇门”（一门），现场办理“最多跑一次”（一次）：以整合促便捷，推进线上“一网通办”，建设国家、省、市三级互联的网上政务服务平台体系，推动政务服务“一次登录、全网通办”，大幅提高政务服务便捷性；以集成提效能，推进线下“只进一扇门”，大力推行政务服务集中办理，实现“多门”变“一门”，促进政务服务线上线下集成融合，不断提升政府服务效能；以创新促精简，让企业和群众“最多跑一次”，梳理必须到现场办理事项的“最多跑一次”目录，精简办事环节和材料，推动政务服务入口全面向基层延伸，力争实现企业和群众办事“最多跑一次”。一体化政务服务和监管效能大幅提升，“一网通办”“最多跑一次”“一网统管”“一网协同”等服务管理新模式广泛普及，数字营商环境持续优化，在线政务服务水平跃居全球领先行列。《2020 联合国电子政务调查报告》显示，中国电子政务发展指数排名提升至全球第 45 位。截至 2020 年底，省级行政许可事项实现网上受理和“最多跑一次”的比例达到 82.13%，全国一半以上行政许可事项平均承诺时限压缩超过 40%，群众办事更加便捷高效。在此基础上，《法治政府建设实施纲要（2021—2025 年）》进一步提出要加快建设服务型政府，提高政务服务效能，“全面提升政务服务水平”，“推进线上线下深度融合”，“坚持传统服务与智能创新相结合”。

三、法治化营商环境持续优化

2019 年 10 月，国务院颁布《优化营商环境条例》，自 2020 年 1 月

1 日起施行。这是国家层面专门优化营商环境的行政法规，对市场主体保护、市场环境建设、政务服务、监管执法、法治保障等多个方面进行了明确的规定。根据《优化营商环境条例》的规定，国家持续深化简政放权、放管结合、优化服务改革，最大限度减少政府对市场资源的直接配置，最大限度减少政府对市场活动的直接干预，加强和规范事中事后监管，着力提升政务服务能力和水平，切实降低制度性交易成本，更大激发市场活力和社会创造力，增强发展动力。国家加快建立统一开放、竞争有序的现代市场体系；鼓励、支持、引导非公有制经济发展；激发非公有制经济活力和创造力；进一步扩大对外开放；建立和完善以市场主体和社会公众满意度为导向的营商环境评价体系；持续深化商事制度改革，统一企业登记业务规范，统一数据标准和平台服务接口，采用统一社会信用代码进行登记管理；持续放宽市场准入，并实行全国统一的市场准入负面清单制度。2019 年 12 月 22 日，国务院印发《关于营造更好发展环境支持民营企业改革发展的意见》，提出要“健全银行业金融机构服务民营企业体系”，“完善民营企业直接融资支持制度”，“健全民营企业融资增信支持体系”。2021 年 1 月，中共中央办公厅、国务院办公厅印发《建设高标准市场体系行动方案》，提出要“全面完善产权保护制度”，“全面实施市场准入负面清单制度”，“全面完善公平竞争制度”，加快构建以国内大循环为主体、国内国际双循环相互促进的新发展格局。《法治政府建设实施纲要（2021—2025 年）》进一步强调，要“紧紧围绕贯彻新发展理念、构建新发展格局，打造稳定公平透明、可预期的法治化营商环境”，“依法平等保护各种所有制企业产权和自主经营权，切实防止滥用行政权力排除、限制竞争行为”，“健全外商投资准入前国民待遇加负面清单管理制度，推动规则、规制、管理、标准等制度型开放”，“加强和改进反垄断与反不正当竞争执法。强化公平竞争审查制度刚性约束，及时清理废除妨碍统一市场和公平竞争的各种规定和做法，推动形成统一开放、竞争有序、制度完备、治理完善的高标准市场体系”。

第二节　健全行政决策制度体系

要用法治给行政权力定规矩、划界限，规范行政决策程序，健全政府守信践诺机制，提高依法行政水平。要健全依法决策机制，推动领导干部特别是主要负责同志掌握法治思维和法治方式，完善决策制度，规范决策程序。要加大决策合法性审查力度，法律顾问和公职律师参与决策过程、提出法律意见应当成为依法决策的重要程序。[1]行政决策是行政权力运行的起点，也是规范行政权力的重点。违法决策、低水平决策，可能速度很快，但是给国家和人民造成重大损失，严重损害政府的公信力，这不是真正意义上的效率。同时，还要从长远和整体的角度考量效率，通过规范程序，有助于提高决策质量、降低决策风险，保证决策在执行阶段更加顺畅，执行更加有力；有助于减少决策“朝令夕改”“学而难行”，决策实行不了，或者发现决策错了又要去改等现象。规范重大行政决策程序是法治政府建设也是法治国家建设的重要方面，必须要贯彻宪法和党中央的要求，加强党对重大行政决策的领导，把坚持党的领导贯彻到重大行政决策的全过程。《法治政府建设实施纲要（2015—2020年）》以专节提出，要“推进行政决策科学化、民主化、法治化”，“行政决策制度科学、程序正当、过程公开、责任明确，决策法定程序严格落实，决策质量显著提高，决策效率切实保证，违法决策、不当决策、拖延决策明显减少并得到及时纠正，行政决策公信力和执行力大幅提升”。《法治政府建设实施纲要（2021—2025年）》进一步指出，要“健全行政决策制度体系，不断提升行政决策公信力和执行力”，“坚持科学决策、民主决策、依法决策，着力实现行政决策程序规定严格落实、决策质量和效率显著提高，切实避免因决策失误产生矛盾

〔1〕习近平：《在中央全面依法治国委员会第一次会议上的讲话》，载习近平：《论坚持全面依法治国》，中央文献出版社2020年版，第233页。

纠纷、引发社会风险、造成重大损失”。

一、强化依法决策意识，行政决策公信力持续提升

2014 年党的十八届四中全会通过的《中共中央关于全面推进依法治国若干重大问题的决定》指出：“积极推行政府法律顾问制度，建立政府法制机构人员为主体、吸收专家和律师参加的法律顾问队伍，保证法律顾问在制定重大行政决策、推进依法行政中发挥积极作用。建立重大决策终身责任追究制度及责任倒查机制，对决策严重失误或者依法应该及时作出决策但久拖不决造成重大损失、恶劣影响的，严格追究行政首长、负有责任的其他领导人员和相关责任人员的法律责任。”

《法治政府建设实施纲要（2015—2020 年）》就要求要严格决策责任追究，“决策机关应当跟踪决策执行情况和实施效果，根据实际需要进行重大行政决策后评估。健全并严格实施重大决策终身责任追究制度及责任倒查机制，对决策严重失误或者依法应该及时作出决策但久拖不决造成重大损失、恶劣影响的，严格追究行政首长、负有责任的其他领导人员和相关责任人员的党纪政纪和法律责任”。《法治政府建设实施纲要（2021—2025 年）》进一步提出，要强化依法决策意识，具体要求为：“各级行政机关负责人要牢固树立依法决策意识，严格遵循法定权限和程序作出决策，确保决策内容符合法律法规规定。行政机关主要负责人作出重大决策前，应当听取合法性审查机构的意见，注重听取法律顾问、公职律师或者有关专家的意见。把是否遵守决策程序制度、做到依法决策作为对政府部门党组（党委）开展巡视巡察和对行政机关主要负责人开展考核督察、经济责任审计的重要内容，防止个人专断、搞‘一言堂’。”具体而言，强化依法决策意识要做到两点：一是要坚持党的领导，明确要求重大行政决策应当坚持和加强党的全面领导，全面贯彻党的路线方针政策和决策部署，要求重大行政决策出台前应当按照规定向同级党委请示报告；二是坚持科学民主依法决策，将科学民主依法决策的要求贯穿于形成决策草案、审查决定、决策执行与调整等决策全过程，通过规范决策过程来提高决策质量和效率。

二、严格落实重大行政决策程序

党的十八届四中全会提出，健全依法决策机制，把公众参与、专家论证、风险评估、合法性审查、集体讨论决定确定为重大行政决策的法定程序。近年来，很多地方政府出台了规范重大行政决策程序的文件，科学民主依法决策水平在一定程度上得到提升。但实践中，仍有不少问题需要进一步规范，例如，一些地方决策尊重客观规律不够，听取群众意见不充分，违法决策、专断决策、应及时决策而久拖不决等问题较为突出。这些问题严重损害政府公信力，有损营商环境，影响改革推进和经济社会发展。

2019 年 9 月 1 日《重大行政决策程序暂行条例》开始施行，分 6 章共 44 条，对重大行政决策事项范围、重大行政决策的作出和调整程序、重大行政决策责任追究等方面作了具体规定。该条例按照突出针对性、具备可行性、保留灵活性、提高透明度的原则，围绕地方政府职能，重点针对实践中问题比较突出的领域，通过“列举 + 排除”来框定重大行政决策事项的范围，允许决策机关结合实际确定决策事项目录、标准，并向社会公布。其中，重大行政决策的作出程序是《重大行政决策程序暂行条例》规范的主要内容，集中体现了公众参与、专家论证、风险评估、合法性审查、集体讨论决定的程序要求。一是规范决策草案的形成过程，主要规定了公众参与、专家论证和风险评估程序。规定除依法不予公开的外，应当充分听取公众意见；专业性、技术性较强的决策事项应当组织专家论证；决策实施可能对社会稳定、公共安全等方面造成不利影响的，应当组织风险评估。二是明确合法性审查为必经程序。规定决策草案未经合法性审查或者经审查不合法的，不得提交决策机关讨论；明确送请审查需要的材料、时间和合法性审查的内容；要求负责合法性审查的部门及时提出合法性审查意见并对意见负责，决策承办单位根据意见进行必要调整或者补充。三是明确集体讨论决定为必经程序。规定决策草案应当经决策机关常务会议或者全体会议讨论；在坚持行政首长负责制的同时，要求行政首长末位发言，拟作决定与多数人意见不一致时应当说明理由；集体讨论决定情况应当如实记录并与责任追究挂钩。

在此基础上，《法治政府建设实施纲要（2021—2025年）》进一步规定，要严格落实重大行政决策程序。

第一，严格执行《重大行政决策程序暂行条例》，增强公众参与实效，提高专家论证质量，充分发挥风险评估功能，确保所有重大行政决策都严格履行合法性审查和集体讨论决定程序。公众参与程序直接体现了民主决策，而防控决策风险，必须充分发挥风险评估的作用。这是将科学民主依法决策的要求贯穿于形成决策草案、审查决定、决策执行与调整等决策全过程，通过规范决策过程来提高决策质量和效率。

第二，推行重大行政决策事项年度目录公开制度。《重大行政决策程序暂行条例》通过"列举＋排除"来框定重大行政决策事项的范围，允许决策机关结合实际确定决策事项目录、标准，并向社会公布。作出这个制度设计的考虑在于，一是"重大行政决策"中的"重大"是一个难以统一量化的概念，各级政府决策的影响面和侧重点各不相同，由国家立法统一确定重大行政决策事项的具体标准并不现实；二是授权决策机关制定决策事项目录、标准，能够让各地方结合职责权限确定符合本地实际的目录、标准，经同级党委同意后，通过向社会公布的方式实现外部监督。因此，为了防止地方政府滥用确定重大决策事项的自主权，必须推行重大行政决策事项年度目录公开制度，以此加强社会监督的效果。

第三，涉及社会公众切身利益的重要规划、重大公共政策和措施、重大公共建设项目等，应当通过举办听证会等形式加大公众参与力度，深入开展风险评估，认真听取和反映利益相关群体的意见建议。《重大行政决策程序暂行条例》第14条第3款规定："决策事项涉及特定群体利益的，决策承办单位应当与相关人民团体、社会组织以及群众代表进行沟通协商，充分听取相关群体的意见建议。"第16条第1款规定："决策事项直接涉及公民、法人、其他组织切身利益或者存在较大分歧的，可以召开听证会。法律、法规、规章对召开听证会另有规定的，依照其规定。"第22条第1款规定："重大行政决策的实施可能对社会稳定、公共安全等方面造成不利影响的，决策承办单位或者负责风险评估工作的其他单位应当组织评估决策草案的风险可控性。”

第四，建立健全决策过程记录和材料归档制度。《重大行政决策程序暂行条例》第 33 条规定：“决策机关应当建立重大行政决策过程记录和材料归档制度，由有关单位将履行决策程序形成的记录、材料及时完整归档。”

三、加强行政决策执行和评估

《法治政府建设实施纲要（2021—2025 年）》规定，要加强行政决策执行和评估。

第一，完善行政决策执行机制，决策机关应当在决策中明确执行主体、执行时限、执行反馈等内容。《重大行政决策程序暂行条例》第 34 条规定：“决策机关应当明确负责重大行政决策执行工作的单位（以下简称决策执行单位），并对决策执行情况进行督促检查。决策执行单位应当依法全面、及时、正确执行重大行政决策，并向决策机关报告决策执行情况。”

第二，建立健全重大行政决策跟踪反馈制度。《重大行政决策程序暂行条例》第 35 条规定：“决策执行单位发现重大行政决策存在问题、客观情况发生重大变化，或者决策执行中发生不可抗力等严重影响决策目标实现的，应当及时向决策机关报告。公民、法人或者其他组织认为重大行政决策及其实施存在问题的，可以通过信件、电话、电子邮件等方式向决策机关或者决策执行单位提出意见建议。”第 36 条规定，有下列情形之一的，决策机关可以组织决策后评估，并确定承担评估具体工作的单位：“（一）重大行政决策实施后明显未达到预期效果；（二）公民、法人或者其他组织提出较多意见；（三）决策机关认为有必要。开展决策后评估，可以委托专业机构、社会组织等第三方进行，决策作出前承担主要论证评估工作的单位除外。开展决策后评估，应当注重听取社会公众的意见，吸收人大代表、政协委员、人民团体、基层组织、社会组织参与评估。决策后评估结果应当作为调整重大行政决策的重要依据。”

第三，依法推进决策后评估工作，将决策后评估结果作为调整重大行政决策的重要依据。重大行政决策一经作出，未经法定程序不得随意变更或者停止执行。这主要是针对“新官不理旧账”“朝令夕改”等突出问题，在建立健全决策执行中的问题反馈机制和决策后评估制度的基础上，严格规范决策调整程序，依法作出的重大行政决策未经法定程序不得随意变更或者停止执行，需要作出重大调整的，应当履行相关法定程序。《重大行政决策程序暂行条例》第 37 条规定：“依法作出的重大行政决策，未经法定程序不得随意变更或者停止执行；执行中出现本条例第三十五条规定的情形、情况紧急的，决策机关行政首长可以先决定中止执行；需要作出重大调整的，应当依照本条例履行相关法定程序。”

第四，严格落实重大行政决策终身责任追究制度和责任倒查机制。《重大行政决策程序暂行条例》第 38 条规定：“决策机关违反本条例规定的，由上一级行政机关责令改正，对决策机关行政首长、负有责任的其他领导人员和直接责任人员依法追究责任。决策机关违反本条例规定造成决策严重失误，或者依法应当及时作出决策而久拖不决，造成重大损失、恶劣影响的，应当倒查责任，实行终身责任追究，对决策机关行政首长、负有责任的其他领导人员和直接责任人员依法追究责任。决策机关集体讨论决策草案时，有关人员对严重失误的决策表示不同意见的，按照规定减免责任。”

第三节　健全行政执法工作体系

执法是行政机关履行政府职能的重要方式。习近平总书记指出，“要深化行政执法体制改革，推进执法规范化建设，着力解决执法不严格、不规范、不文明、不透明等问题”[1]，“合理配置执法力量，着力解

〔1〕习近平：《在中央全面依法治国委员会第一次会议上的讲话》，载习近平：《论坚持全面依法治国》，中央文献出版社 2020 年版，第 233—234 页。

决多头多层重复执法问题，努力做到严格规范公正文明执法”[1]。党的十八大报告明确提出，要推进依法行政，切实做到严格规范公正文明执法。特别是党的十八大以来，我国行政执法与监督工作取得了重大成就：行政执法制度体系初步形成，行政执法原则基本确立，行政执法体制机制不断健全，行政执法行为更加规范，行政执法监督体系逐步构建，行政执法作用明显发挥。党的二十大报告进一步指出，深化行政执法体制改革，全面推进严格规范公正文明执法，加大关系群众切身利益的重点领域执法力度，完善行政执法程序，健全行政裁量基准。

坚持严格规范公正文明执法，是促进社会公平正义、维护社会和谐稳定的重大举措。党的十九届四中全会通过的《中共中央关于坚持和完善中国特色社会主义制度　推进国家治理体系和治理能力现代化若干重大问题的决定》在行政执法方面特别强调完善以下四个方面制度和机制的要求：一是最大限度减少不必要的行政执法事项；二是进一步整合行政执法队伍，继续探索实行跨领域跨部门综合执法，推动执法重心下移，提高行政执法能力水平；三是落实行政执法责任制和责任追究制度；四是创新行政管理和服务方式，加快推进全国一体化政务服务平台建设，健全强有力的行政执法系统，提高政府执行力和公信力。[2]《法治政府建设实施纲要（2015—2020年）》提出，要坚持严格规范公正文明执法，权责统一、权威高效的行政执法体制建立健全，法律法规规章得到严格实施，各类违法行为得到及时查处和制裁，公民、法人和其他组织的合法权益得到切实保障，经济社会秩序得到有效维护，行政违法或不当行为明显减少，对行政执法的社会满意度显著提高。在此基础上，《法治政府建设实施纲要（2021—2025年）》进一步要求，要健全行政执法工作体系，全面推进严格规范公正文明执法，着眼提高人民群众满

[1] 习近平：《加快建立权责统一、权威高效的依法行政体制》，载习近平：《论坚持全面依法治国》，中央文献出版社2020年版，第220页。

[2] 姜明安：《完善国家行政体制　提高政府治理能力》，载《人民日报》2020年2月4日，第10版。

意度，着力实现行政执法水平普遍提升，努力让人民群众在每一个执法行为中都能看到风清气正、从每一项执法决定中都能感受到公平正义。

一、深化行政执法体制改革

我国行政执法经历了从无法可依到有法可依的演进历程，如今正在向严格执法、规范执法、公正执法、文明执法迈进：1996年《行政处罚法》颁布，确定了行政执法行为共性的基本原则；2003年《行政许可法》颁布，依法确定了政府职能转变的基本方向，明确了行政审批管理的法律框架；2008年，《政府信息公开条例》颁布，极大促进了行政执法的公开透明；2012年《行政强制法》颁布，对防止行政权力滥用发挥了重要作用；党的十八大以来，党中央国务院对建设法治政府作出了新的、更高的要求，大力促进严格执法、规范执法、公正执法、文明执法，逐渐成为行政执法更为全面的目标要求。

在此基础上，《法治政府建设实施纲要（2021—2025年）》进一步要求，要深化行政执法体制改革，“完善权责清晰、运转顺畅、保障有力、廉洁高效的行政执法体制机制，大力提高执法执行力和公信力”，“继续深化综合行政执法体制改革”，“加强综合执法、联合执法、协作执法的组织指挥和统筹协调”，“大力推进跨领域跨部门联合执法”，“完善行政执法与刑事司法衔接机制”，“加快制定不同层级行政执法装备配备标准”。

二、加大重点领域执法力度

习近平总书记指出：“现在，我们社会生活中发生的许多问题，有的是因为立法不够、规范无据，但更多是因为有法不依、失于规制乃至以权谋私、徇私枉法、破坏法治”[1]，“这就要求我们必须促进严格规范

〔1〕习近平：《全面推进科学立法、严格执法、公正司法、全民守法》，载习近平：《论坚持全面依法治国》，中央文献出版社2020年版，第21页。

公正文明执法，让人民群众真正感受到公平正义就在身边”[1]。《法治政府建设实施纲要（2015—2020年）》曾将食品药品安全、工商质检、公共卫生、安全生产、文化旅游、资源环境、农林水利、交通运输、城乡建设、海洋渔业、商务等作为重点领域推行综合执法，要求加大关系群众切身利益的重点领域执法力度。在此基础之上，《法治政府建设实施纲要（2021—2025年）》进一步将“加大重点领域执法力度”进行单独要求，规定“加大食品药品、公共卫生、自然资源、生态环境、安全生产、劳动保障、城市管理、交通运输、金融服务、教育培训等关系群众切身利益的重点领域执法力度”，将资源环境分为自然资源和生态环境两个领域，并且增加了关于城市管理、劳动保障、金融服务、教育培训四个方面的重点执法领域。

具体而言，《法治政府建设实施纲要（2015—2020年）》主要提出了四个方面的要求：第一，针对突出问题开展集中专项整治。根据《法治政府建设实施纲要（2015—2020年）》的要求，要分领域梳理群众反映强烈的突出问题，开展集中专项整治，其中突出体现了充分听取群众意见、回应社会关切的重要性，真正做到以人民为中心，执法为民。第二，加强日常监管和执法巡查。对潜在风险大、可能造成严重不良后果的，加强日常监管和执法巡查，从源头上预防和化解违法风险。该点要求旨在克服“运动式执法”的顽疾，要求应当在日常执法中加强力度和深度，避免因疏于日常执法而导致特定领域违法现象不断积累。第三，建立完善严重违法惩罚性赔偿和巨额罚款制度、终身禁入机制，让严重违法者付出应有代价，真正提高行政处罚的威慑力，充分体现法律的威严。第四，畅通违法行为投诉举报渠道，对举报严重违法违规行为和重大风险隐患的有功人员依法予以奖励和严格保护。例如，2019年国务院颁布的《关于加强和规范事中事后监管的指导意见》就规定，要“发挥社会监督作用。建立‘吹哨人’、内部举

[1] 习近平：《在中央全面依法治国委员会第一次会议上的讲话》，载习近平：《论坚持全面依法治国》，中央文献出版社2020年版，第225页。

报人等制度，对举报严重违法违规行为和重大风险隐患的有功人员予以重奖和严格保护。畅通群众监督渠道，整合优化政府投诉举报平台功能，力争做到‘一号响应’”。

三、完善行政执法程序

习近平总书记指出：“守法律、重程序，这是法治的第一位要求。”〔1〕行政执法是法治政府建设的“最后一公里”，直接关系人民群众的根本利益。我国大约80%的法律、90%的地方性法规和几乎所有的行政法规，都是由行政机关来执行。〔2〕行政执法不作为、乱作为严重影响党和政府的形象，损害人民群众的切身利益。行政执法执不好、执法不到位，也直接影响法治政府建设目标能否如期实现。

为了有效解决执法不规范、不严格、不透明、不文明以及不作为、乱作为等突出问题，党的十八届四中全会确定了“推行行政执法公示、执法全过程记录、重大执法决定法制审核制度”的改革任务。〔3〕2016年12月，中央全面深化改革领导小组第三十一次会议审议通过了行政执法“三项制度”试点工作方案。2018年3月，中共中央印发《深化党和国家机构改革方案》要求，“深化行政执法体制改革，统筹配置行政处罚职能和执法资源，相对集中行政处罚权”。2017年1月，国务院办公厅印发《推行行政执法公示制度　执法全过程记录制度　重大执法决定法制审核制度试点工作方案的通知》，组织开展行政执法“三项制度”试点工作。2018年12月，在试点的基础上，国务院办公厅印发《关于全面推行行政执法公示制度　执法全过程记录制度　重大执法决定法制审核制度的指导意见》，就全面推行行政执法公示制度、执法全过程记录制度、重大执法决定法制审核制度有关事项提出明确要求，在全国全面推广行政执法

〔1〕习近平：《各级领导干部要做尊法学法守法用法的模范》，载习近平：《论坚持全面依法治国》，中央文献出版社2020年版，第141页。

〔2〕李万祥：《扎紧织密行政执法制度笼子》，载《经济日报》2020年11月16日，第3版。

〔3〕李万祥：《扎紧织密行政执法制度笼子》，载《经济日报》2020年11月16日，第3版。

“三项制度”。其中，行政执法公示制度重在打造“阳光政府”，让行政执法在阳光下运行，接受社会和广大人民群众的监督；执法全过程记录制度重在规范执法程序，做到执法全过程留痕和可回溯管理；重大执法决定法制审核制度，重在保障合法执法，确保每一项重大执法决定必须经过合法性审核，使执法者不能越过权力的边际，守住法律的底线。

除了全面严格落实行政执法公示、执法全过程记录、重大执法决定法制审核制度之外，《法治政府建设实施纲要（2021—2025年）》对完善行政执法程序提出了更加具体的要求。

第一，统一行政执法人员资格管理。《法治政府建设实施纲要（2015—2020年）》要求健全行政执法人员管理制度。2016年底前，各地区各部门对行政执法人员进行一次严格清理，全面实行行政执法人员持证上岗和资格管理制度，未经执法资格考试合格，不得授予执法资格，不得从事执法活动。经过5年的努力，我国行政执法人员资格管理制度已经基本建立，行政执法人员的素质和水平得到较大提升。[1]在此基础上，《法治政府建设实施纲要（2021—2025年）》进一步要求，“统一行政执法人员资格管理，除中央垂直管理部门外由省级政府统筹本地区行政执法人员资格考试、证件制发、在岗轮训等工作，国务院有关业务主管部门加强对本系统执法人员的专业培训，完善相关规范标准”。

第二，统一行政执法案卷、文书基本标准，提高执法案卷、文书规范化水平。完善行政执法文书送达制度。国务院办公厅《关于全面推行行政执法公示制度 执法全过程记录制度 重大执法决定法制审核制度的指导意见》要求，“完善文字记录。文字记录是以纸质文件或电子文件形式对行政执法活动进行全过程记录的方式。要研究制定执法规范用语和执法文书制作指引，规范行政执法的重要事项和关键环节，做到文字记录合法规范、客观全面、及时准确。司法部负责制定统一的行政执

〔1〕胡建淼主编：《法治政府建设：全面依法治国的重点任务和主体工程》，人民出版社2021年版，第103页。

法文书基本格式标准，国务院有关部门可以参照该标准，结合本部门执法实际，制定本部门、本系统统一适用的行政执法文书格式文本。地方各级人民政府可以在行政执法文书基本格式标准基础上，参考国务院部门行政执法文书格式，结合本地实际，完善有关文书格式”。

第三，全面落实行政裁量权基准制度。2014 年党的十八届四中全会提出，要建立健全行政裁量权基准制度，细化、量化行政裁量标准，规范裁量范围、种类、幅度。《法治政府建设实施纲要（2021—2025 年）》进一步要求，全面落实行政裁量权基准制度，细化量化本地区各行政执法行为的裁量范围、种类、幅度等并对外公布。

第四，全面梳理、规范和精简执法事项。2015 年国务院办公厅印发的《国务院部门权力和责任清单编制试点方案》要求，对没有法定依据的，原则上予以取消，确有必要保留的，按程序办理。《法治政府建设实施纲要（2015—2020 年）》要求，在全面梳理、清理调整、审核确认、优化流程的基础上，将政府职能、法律依据、实施主体、职责权限、管理流程、监督方式等事项以权力清单的形式向社会公开，逐一厘清与行政权力相对应的责任事项、责任主体、责任方式。省级政府 2015 年底前、市县两级政府 2016 年底前基本完成政府工作部门、依法承担行政职能的事业单位权力清单的公布工作。开展编制国务院部门权力和责任清单试点。在此基础上，《法治政府建设实施纲要（2021—2025 年）》进一步要求，全面梳理、规范和精简执法事项，凡没有法律法规规章依据的一律取消。规范涉企行政检查，着力解决涉企现场检查事项多、频次高、随意检查等问题。

第五，制定完善行政执法程序规范。《法治政府建设实施纲要（2015—2020 年）》要求，要“完善行政执法程序。建立健全行政裁量权基准制度，细化、量化行政裁量标准，规范裁量范围、种类、幅度。建立执法全过程记录制度，制定行政执法程序规范，明确具体操作流程，重点规范行政许可、行政处罚、行政强制、行政征收、行政收费、行政检查等执法行为。健全行政执法调查取证、告知、罚没收入管理等制度，明确听证、集体讨论决定的适用条件。完善行政执法权限协调机制，及时解决执法机关之间的权限争议，建立异地行政执法协助制度。严格执行重大行政执法决定法制审核制度，未经法制审核或者审核未通过的，不得作出决定”。在此基础上，《法治政府建设实施纲要（2021—2025年）》进一步要求，“按照行政执法类型，制定完善行政执法程序规范。全面严格落实告知制度，依法保障行政相对人陈述、申辩、提出听证申请等权利”。

第六，除有法定依据外，严禁地方政府采取要求特定区域或者行业、领域的市场主体普遍停产停业的措施。该项要求主要针对我国行政执法中较为常见的“运动式执法”现象，这种执法方式是官僚主义、形式主义、懒政怠政的主要表现之一，严重损害公民、法人和其他组织的合法权益。[1]

第七，行政机关内部会议纪要不得作为行政执法依据。该项要求主要针对行政执法中存在将会议纪要作为行政执法依据的现象，行政执法应当以正式公布的法律法规规章为依据，相关的会议纪要仅能作为参考。

四、创新行政执法方式

《法治政府建设实施纲要（2015—2020年）》提出，要创新行政执法方式，具体要求为推行行政执法公示制度。加强行政执法信息化建设和信息共享，有条件的地方和部门2016年底前要建立统一的行政执法信息平台，完善网上执法办案及信息查询系统。强化科技、装备在行政执法中的应用。推广运用说服教育、劝导示范、行政指导、行政奖励等非强制性执法手段。健全公民和组织守法信用记录，完善守法诚信褒奖机制和违法失信行为惩戒机制。在此基础上，《法治政府建设实施纲要（2021—2025年）》提出了进一步的要求：

第一，广泛运用说服教育、劝导示范、警示告诫、指导约谈等方式，

[1] 胡建淼主编：《法治政府建设：全面依法治国的重点任务和主体工程》，人民出版社2021年版，第109页。

努力做到宽严相济、法理相融，让执法既有力度又有温度。全面推行轻微违法行为依法免予处罚清单。《行政处罚法》第6条规定："实施行政处罚，纠正违法行为，应当坚持处罚与教育相结合，教育公民、法人或者其他组织自觉守法。"第33条规定："违法行为轻微并及时改正，没有造成危害后果的，不予行政处罚。初次违法且危害后果轻微并及时改正的，可以不予行政处罚。当事人有证据足以证明没有主观过错的，不予行政处罚。法律、行政法规另有规定的，从其规定。对当事人的违法行为依法不予行政处罚的，行政机关应当对当事人进行教育。"

第二，建立行政执法案例指导制度，国务院有关部门和省级政府要定期发布指导案例。已有部分省份和部门建立起了本地区本部门的行政执法案例指导制度，例如，海南省司法厅2020年出台《海南省行政执法案例指导办法》，国家知识产权局2019年出台《关于知识产权行政执法案例指导工作的规定（试行）》。[1]

第三，全面落实"谁执法谁普法"普法责任制，加强以案释法。国家机关是国家法律的制定和执行主体，同时肩负着普法的重要职责。党的十八届四中全会明确提出实行国家机关"谁执法谁普法"的普法责任制。2017年中共中央办公厅、国务院办公厅印发《关于实行国家机关"谁执法谁普法"普法责任制的意见》，其中明确要求"建立普法责任制。国家机关要把普法作为推进法治建设的基础性工作来抓，纳入本部门工作总体布局，做到与其他业务工作同部署、同检查、同落实。按照普法责任制的要求，制定本部门普法规划、年度普法计划和普法责任清单，明确普法任务和工作要求。建立健全普法领导和工作机构，明确具体责任部门和责任人员"。

---

〔1〕胡建淼主编:《法治政府建设：全面依法治国的重点任务和主体工程》，人民出版社2021年版，第112页。

第四节 健全突发事件应对体系

相较于《法治政府建设实施纲要（2015—2020年）》，《法治政府建设实施纲要（2021—2025年）》新提出了健全突发事件应对体系，要求“健全突发事件应对体系，依法预防处置重大突发事件”，“坚持运用法治思维和法治方式应对突发事件，着力实现越是工作重要、事情紧急越要坚持依法行政，严格依法实施应急举措，在处置重大突发事件中推进法治政府建设”。

一、完善突发事件应对制度

我国现行应急法律体系包括《宪法》《突发事件应对法》《戒严法》《国防法》《国防动员法》《突发公共卫生事件应急条例》等法律法规。现行《突发事件应对法》自2007年11月1日起施行。根据《突发事件应对法》的规定，突发事件，是指突然发生，造成或者可能造成严重社会危害，需要采取应急处置措施予以应对的自然灾害、事故灾难、公共卫生事件和社会安全事件。按照社会危害程度、影响范围等因素，自然灾害、事故灾难、公共卫生事件分为特别重大、重大、较大和一般四级。但是我国《突发事件应对法》并未对社会安全事件进行分级，另外根据该法第69条的规定“发生特别重大突发事件，对人民生命财产安全、国家安全、公共安全、环境安全或者社会秩序构成重大威胁，采取本法和其他有关法律、法规、规章规定的应急处置措施不能消除或者有效控制、减轻其严重社会危害，需要进入紧急状态的，由全国人民代表大会常务委员会或者国务院依照宪法和其他有关法律规定的权限和程序决定。紧急状态期间采取的非常措施，依照有关法律规定执行或者由全国人民代表大会常务委员会另行规定”。因此，紧急状态也不适用《突发事件应对法》。

在此基础上，《法治政府建设实施纲要（2021—2025年）》进一步提出，要完善突发事件应对制度，具体包括以下方面：第一，修改《突发事件应对法》，系统梳理和修改应急管理相关法律法规，提高突发事件应对法治化规范化水平。第二，健全国家应急预案体系，完善国家突发公共事件总体和专项应急预案，以及与之相衔接配套的各级各类突发事件应急预案。第三，加强突发事件监测预警、信息报告、应急响应、恢复重建、调查评估等机制建设。第四，健全突发事件应对征收、征用、救助、补偿制度，规范相关审批、实施程序和救济途径。第五，完善特大城市风险治理机制，增强风险管控能力。第六，健全规范应急处置收集、使用个人信息机制制度，切实保护公民个人信息。第七，加快推进突发事件行政手段应用的制度化规范化，规范行政权力边界。

二、提高突发事件依法处置能力

新冠肺炎疫情的暴发对政府突发事件依法处置能力提出了更高的要求。2020 年 2 月 5 日，在中央全面依法治国委员会第三次会议上，习近平总书记指出，要在党中央集中统一领导下，始终把人民群众生命安全和身体健康放在第一位，从立法、执法、司法、守法各环节发力，全面提高依法防控、依法治理能力，为疫情防控工作提供有力法治保障。〔1〕习近平总书记在讲话中强调，当前，疫情防控正处于关键时期，依法科学有序防控至关重要。疫情防控越是到最吃劲的时候，越要坚持依法防控，在法治轨道上统筹推进各项防控工作，保障疫情防控工作顺利开展。〔2〕习近平总书记强调，各级党委和政府要全面依法履行职责，坚持运用法治思维和法治方式开展疫情防控工作，在处置重大突发事件中推进法治政府建设，提高依法执政、依法行政水平。各有关部门要明确责

〔1〕习近平:《全面提高依法防控依法治理能力　为疫情防控提供有力法治保障》，载新华网 2020 年 2 月 5 日。

〔2〕习近平:《全面提高依法防控依法治理能力　为疫情防控提供有力法治保障》，载新华网 2020 年 2 月 5 日。

任分工，积极主动履职，抓好任务落实，提高疫情防控法治化水平，切实保障人民群众生命健康安全。〔1〕

对此，《法治政府建设实施纲要（2021—2025年）》提出，要提高突发事件依法处置能力，增强风险防范意识，强化各地区各部门防范化解本地区本领域重大风险责任。推进应急管理综合行政执法改革，强化执法能力建设。强化突发事件依法分级分类施策，增强应急处置的针对性实效性。按照平战结合原则，完善各类突发事件应急响应处置程序和协调联动机制。定期开展应急演练，注重提升依法预防突发事件、先期处置和快速反应能力。加强突发事件信息公开和危机沟通，完善公共舆情应对机制。依法严厉打击利用突发事件哄抬物价、囤积居奇、造谣滋事、制假售假等扰乱社会秩序行为。加强突发事件应急处置法律法规教育培训，增强应急处置法治意识。

三、引导、规范基层组织和社会力量参与突发事件应对

基层组织和群众是突发事件的第一线，引导、规范基层组织参与突发事件应对是社会共治的应有之义。〔2〕《突发事件应对法》第21条、第29条、第38条、第55条以及第57条均涉及基层组织和公民在突发事件应对中应当发挥的作用。

与此同时，社会力量同样是突发事件应对中的重要力量。《突发事件应对法》第26条第2款规定："县级以上人民政府及其有关部门可以建立由成年志愿者组成的应急救援队伍。单位应当建立由本单位职工组成的专职或者兼职应急救援队伍。"《安全生产法》第79条规定："鼓励生产经营单位和其他社会力量建立应急救援队伍，配备相应的应急救援装备和物资，提高应急救援的专业化水平。"2017年国务院办公厅发布

〔1〕习近平：《全面提高依法防控依法治理能力　为疫情防控提供有力法治保障》，载新华网2020年2月5日。

〔2〕胡建淼主编：《法治政府建设：全面依法治国的重点任务和主体工程》，人民出版社2021年版，第130页。

的《关于印发国家突发事件应急体系建设“十三五”规划的通知》，也明确提出要“加强社会协同应对能力建设”，“强化公众自防自治、群防群治、自救互救能力，支持引导社会力量规范有序参与应急救援行动，完善突发事件社会协同防范应对体系”。

在此基础上，《法治政府建设实施纲要（2021—2025 年）》进一步提出，要引导、规范基层组织和社会力量参与突发事件应对，完善乡镇（街道）、村（社区）应急处置组织体系，推动村（社区）依法参与预防、应对突发事件。明确社会组织、慈善组织、社会工作者、志愿者等参与突发事件应对的法律地位及其权利义务，完善激励保障措施。健全社会应急力量备案登记、调用补偿、保险保障等方面制度。

第五节　健全社会矛盾纠纷行政预防调处化解体系

习近平总书记指出，“要研究建立健全行政纠纷解决体系，推动构建行政调解、行政裁决、行政复议、行政诉讼有机衔接的纠纷解决机制。”[1]在行政争议和民事纠纷的化解中，行政机关预防化解社会矛盾纠纷的主体作用在近年来也得到有效发挥。《法治政府建设实施纲要（2021—2025 年）》要求，要健全社会矛盾纠纷行政预防调处化解体系，不断促进社会公平正义，坚持将矛盾纠纷化解在萌芽状态、化解在基层，着力实现人民群众权益受到公平对待、尊严获得应有尊重，推动完善信访、调解、仲裁、行政裁决、行政复议、诉讼等社会矛盾纠纷多元预防调处化解综合机制。

〔1〕习近平：《在中央全面依法治国委员会第一次会议上的讲话》，载习近平：《论坚持全面依法治国》，中央文献出版社 2020 年版，第 234 页。

一、加强行政调解工作，社会矛盾纠纷依法及时有效化解

行政调解是我国多元化纠纷解决机制的重要组成部分，由行政机关主持化解矛盾纠纷。习近平总书记指出："我国有 14 亿人口，大大小小的事都要打官司，那必然不堪重负！要推动更多法治力量向引导和疏导端用力，完善预防性法律制度，坚持和发展新时代'枫桥经验'，完善社会矛盾纠纷多元预防调处化解综合机制。"〔1〕《法治政府建设实施纲要（2015—2020 年）》明确要求，要"健全行政调解制度，进一步明确行政调解范围，完善行政调解机制，规范行政调解程序"。这些领域与民生问题和行政管理息息相关，是矛盾频发、多发的重点领域。党的十八大和十八届三中、四中全会以及十九届四中全会，多次强调完善人民调解、行政调解、司法调解联动工作体系。2018 年国家机构改革后，司法部新的"三定"方案明确，司法部负责指导人民调解、行政调解、行业性专业性调解工作。2019 年，司法部召开首次全国调解工作会议，明确提出到 2022 年，基本形成以人民调解为基础，人民调解、行政调解、行业性专业性调解、司法调解优势互补、有机衔接、协调联动的大调解工作格局。截至 2020 年 12 月，全国共有人民调解委员会 73.4 万个，其中村（社区）人民调解委员会 64.4 万个，乡镇（街道）人民调解委员会 4.2 万个，基本实现了全覆盖；医疗纠纷、道路交通、劳动争议、物业管理等行业性专业性人民调解组织 3.8 万个，派驻基层人民法院、公安派出所、交警、信访等部门人民调解组织 2.5 万个；此外，各地积极创新人民调解组织形式，大力加强人民调解工作室和人民调解中心建设，据不完全统计，各地共建立个人调解工作室 1.2 万个，人民调解中心 950 余个。〔2〕在此基础上，《法治政府建设实施纲要（2021—2025 年）》

〔1〕习近平：《坚定不移走中国特色社会主义法治道路　为全面建设社会主义现代化国家提供有力法治保障》，载《求是》2021 年第 5 期。

〔2〕《司法部对十三届全国人大三次会议第 4295 号建议的答复》，载司法部网 2020 年 12 月 31 日。

进一步要求，要加强行政调解工作，具体要求包括：第一，依法加强消费者权益保护、交通损害赔偿、治安管理、环境污染、社会保障、房屋土地征收、知识产权等方面的行政调解，及时妥善推进矛盾纠纷化解；第二，各职能部门要规范行政调解范围和程序，组织做好教育培训，提升行政调解工作水平；第三，坚持“三调”联动，推进行政调解与人民调解、司法调解有效衔接。

二、有序推进行政裁决工作

党的十八大以来，以习近平同志为核心的党中央对完善矛盾纠纷多元化解决机制高度重视。党的十八届四中全会提出，“健全社会矛盾纠纷预防化解机制，完善调解、仲裁、行政裁决、行政复议、诉讼等有机衔接、相互协调的多元化纠纷解决机制”，“健全行政裁决制度，强化行政机关解决同行政管理活动密切相关的民事纠纷功能”。《法治政府建设实施纲要（2015—2020 年）》要求：“有关行政机关要依法开展行政调解、行政裁决工作，及时有效化解矛盾纠纷。”这一系列部署和要求为健全行政裁决制度、加强行政裁决工作提供了重要指引。2015 年 2 月，原国务院法制办公室启动行政裁决改革任务推进工作。2019 年 6 月，中共中央办公厅、国务院办公厅印发《关于健全行政裁决制度加强行政裁决工作的意见》，这是深入贯彻落实以习近平同志为核心的党中央关于全面推进依法治国重大战略部署的重要举措，是推进依法行政、建设法治政府的必然要求，对充分发挥行政裁决在化解社会矛盾纠纷、维护社会和谐稳定中的重要作用，完善有机衔接、协调联动、高效便捷的矛盾纠纷多元化解机制，切实保障人民群众合法权益，加快推进法治国家、法治政府、法治社会建设，具有重要意义。

行政裁决是行政机关根据当事人申请，根据法律法规授权，居中对与行政管理活动密切相关的民事纠纷进行裁处的行为。行政裁决具有效率高、成本低、专业性强、程序简便的特点，有利于促成矛盾纠纷的快速解决，发挥化解民事纠纷的“分流阀”作用。在此基础上，《法治政府建设实施纲要（2021—2025 年）》进一步要求，要有序推进行政裁决工作，发挥行政裁决化解民事纠纷的“分流阀”作用，建立体系健全、渠道畅通、公正便捷、裁诉衔接的裁决机制。推行行政裁决权利告知制度，规范行政裁决程序，推动有关行政机关切实履行行政裁决职责。全面梳理行政裁决事项，明确行政裁决适用范围，稳妥推进行政裁决改革试点。强化案例指导和业务培训，提升行政裁决能力。研究推进行政裁决法律制度建设。

三、发挥行政复议化解行政争议主渠道作用

党中央和国务院高度重视行政复议工作。党的十八届三中全会决定要求“改革行政复议体制，健全行政复议案件审理机制，纠正违法或不当行政行为”，明确了“要不要改革行政复议体制”的问题。党的十九大提出，推进全面依法治国，要坚持法治国家、法治政府、法治社会一体建设。中共中央、国务院印发的《法治政府建设实施纲要（2015—2020年）》要求“完善行政复议制度，改革行政复议体制，积极探索整合地方行政复议职责”，进一步明确了“怎么改革行政复议体制”的问题。作为政府系统内部的自我纠错制度，行政复议是上级行政机关根据群众和企业的申请，对下级行政机关的执法行为进行监督，同时对群众和企业的合法权益进行救济的法律制度，是倒逼依法行政、加快建设法治政府的重要抓手，在推进全面依法治国这个系统工程中发挥着重要作用。2020年2月，中央全面依法治国委员会第三次会议审议通过了《行政复议体制改革方案》，党的十八届三中全会通过的《中共中央关于全面深化改革若干重大问题的决定》中确立的行政复议改革任务的国家方案正式落地。〔1〕

近年来行政复议体制机制改革深入推进，行政复议化解行政争议的主渠道作用有效发挥。司法部统计数据显示，2020年，全国各级行政

〔1〕胡建淼主编:《法治政府建设：全面依法治国的重点任务和主体工程》，人民出版社2021年版，第148页。

复议机关共办结行政复议案件 21.1 万件，针对办案中发现的共性违法问题，下发行政复议意见书 4726 份，办结的立案受理案件中，作出撤销、变更、确认违法和责令履行决定等纠错决定 2.6 万件，直接纠错率为 14.6%。[1] 在此基础上，《法治政府建设实施纲要（2021—2025 年）》进一步要求，要发挥行政复议化解行政争议主渠道作用，全面深化行政复议体制改革，整合地方行政复议职责，按照事编匹配、优化节约、按需调剂的原则，合理调配编制资源，2022 年底前基本形成公正权威、统一高效的行政复议体制。全面推进行政复议规范化、专业化、信息化建设，不断提高办案质量和效率。健全优化行政复议审理机制。县级以上各级政府建立行政复议委员会，为重大、疑难、复杂的案件提供咨询意见。建立行政复议决定书以及行政复议意见书、建议书执行监督机制，实现个案监督纠错与倒逼依法行政的有机结合。全面落实行政复议决定书网上公开制度。

四、加强和规范行政应诉工作

党中央和国务院高度重视行政应诉工作。行政诉讼是解决行政争议，保护公民、法人和其他组织合法权益，监督行政机关依法行使职权的重要法律制度，做好行政应诉工作是行政机关的法定职责。党的十八届四中全会要求“健全行政机关依法出庭应诉、支持法院受理行政案件、尊重并执行法院生效裁判的制度”。《法治政府建设实施纲要（2015—2020 年）》要求“支持人民法院依法受理行政案件，健全行政机关依法出庭应诉制度，尊重并执行人民法院生效裁判”。针对行政审判“立案难”“审理难”“执行难”问题，2016 年 6 月，国务院办公厅印发《关于加强和改进行政应诉工作的意见》，在与《领导干部干预司法活动、插手具体案件处理的记录、通报和责任追究规定》、新修

〔1〕《站在新起点　实现新突破　法治政府建设全面提速向纵深推进》，载司法部网 2021 年 11 月 1 日。

订的《行政诉讼法》和最高人民法院新出台的司法解释等有关规定做好衔接的基础上，重点对防止行政机关消极应对行政审判，督促行政机关积极履行行政应诉义务和规范行政应诉工作提出要求，明确了行政机关要高度重视行政应诉工作、支持人民法院依法受理和审理行政案件、认真做好答辩举证工作、依法履行出庭应诉职责、配合人民法院做好开庭审理工作、积极履行人民法院生效裁判、明确行政应诉工作职责分工、加强行政应诉能力建设、有效预防和化解行政争议、强化行政应诉工作监督管理十项具体要求。截至 2019 年 7 月，全国已有 31 个省（自治区、直辖市）、新疆生产建设兵团以及自然资源部、税务总局等案件较多的国务院部门相继出台了具体的实施意见，并对负责人出庭应诉工作作了细化规定。[1]

近年来，根据国务院办公厅印发的《关于加强和改进行政应诉工作的意见》，大力推动行政机关负责人出庭应诉，充分发挥“关键少数”的示范作用，2020 年全国行政机关负责人平均出庭应诉率达 41.8%，较上年增长 10.4 个百分点，其中山西、黑龙江、江苏、江西、山东等省份行政机关负责人出庭率超过 65%。2020 年行政行为被行政复议纠错的数量同比下降11%，被法院判决改变的数量同比下降7.4%。[2] 在此基础上，《法治政府建设实施纲要（2021—2025 年）》进一步要求，要加强和规范行政应诉工作，认真执行行政机关负责人出庭应诉制度。健全行政争议实质性化解机制，推动诉源治理。支持法院依法受理和审理行政案件，切实履行生效裁判。支持检察院开展行政诉讼监督工作和行政公益诉讼，积极主动履行职责或者纠正违法行为。认真做好司法建议、检察建议落实和反馈工作。

---

〔1〕《司法部关于政协十三届全国委员会第二次会议第 2728 号提案答复的函（摘要）》，载司法部网 2019 年 11 月 25 日。

〔2〕《司法部举行全国法治政府建设示范市县主题宣传活动媒体通气会》，载司法部网 2021 年 4 月 22 日。

第六节　健全行政权力制约和监督体系

习近平总书记指出，要完善权责清单制度，加快推进机构、职能、权限、程序、责任法定化，强化对行政权力的制约和监督，做到依法设定权力、规范权力、制约权力、监督权力。[1]近年来，行政权力制约和监督体系基本形成，各类违法行政行为明显减少。将行政权力制约和监督体系纳入党和国家监督体系全局统筹规划，各类监督有机贯通、相互协调，形成对行政权力制约和监督的有效合力。政府诚信建设力度加大，各级政府"遵约守诺"的意识不断增强。政务信息公开制度体系更加完善，决策、执行、管理、服务、结果"五公开"全面推进。政府督查常态化确保重大决策部署落稳落实，对庸政懒政怠政"零容忍"。《法治政府建设实施纲要（2021—2025年）》要求，要健全行政权力制约和监督体系，促进行政权力规范透明运行，"坚持有权必有责、有责要担当、失责必追究，着力实现行政决策、执行、组织、监督既相互制约又相互协调，确保对行政权力制约和监督全覆盖、无缝隙，使党和人民赋予的权力始终用来为人民谋幸福"。

一、行政权力制约和监督全面加强，形成监督合力

习近平总书记曾指出："权力不论大小，只要不受制约和监督，都可能被滥用。要强化制约，合理分解权力，科学配置权力，不同性质的权力由不同部门、单位、个人行使，形成科学的权力结构和运行机制。"[2]党的二十大报告也提出，要强化行政执法监督机制和能力建设，

〔1〕习近平：《加快建立权责统一、权威高效的依法行政体制》，载习近平：《论坚持全面依法治国》，中央文献出版社2020年版，第220—221页。

〔2〕中共中央文献研究室编：《习近平关于全面依法治国论述摘编》，中央文献出版社2015年版，第59页。

严格落实行政执法责任制和责任追究制度。《法治政府建设实施纲要（2015—2020年）》要求，要强化对行政权力的制约和监督，做到科学有效的行政权力运行制约和监督体系基本形成，惩治和预防腐败体系进一步健全，各方面监督形成合力，人民群众的知情权、参与权、表达权、监督权得到切实保障，损害公民、法人和其他组织合法权益的违法行政行为得到及时纠正，违法行政责任人依法依纪受到严肃追究。《法治政府建设实施纲要（2015—2020年）》实施五年来，行政执法监督体系逐步构建，监督范围、监督主体、监督手段、责任追究逐步明确，内部监督、外部监督形成合力，特别是复议监督、诉讼监督、社会监督有效纠正了违法行政执法行为，维护了管理相对人的合法权益。作为政府管理最日常、最直接面对人民群众的行政执法，在维护经济社会生活秩序、保护人民群众利益、保障改革开放、促进经济发展、维护社会稳定、保护生态环境等方面发挥了巨大作用，为落实全面依法治国方略、建成法治政府，实现政府治理体系和治理能力现代化奠定了坚实基础。

在此基础上，《法治政府建设实施纲要（2021—2025年）》进一步要求，要形成监督合力。

第一，坚持将行政权力制约和监督体系纳入党和国家监督体系全局统筹谋划，突出党内监督主导地位。推动党内监督与人大监督、民主监督、行政监督、司法监督、群众监督、舆论监督等各类监督有机贯通、相互协调。

第二，积极发挥审计监督、财会监督、统计监督、执法监督、行政复议等监督作用。自觉接受纪检监察机关监督，对行政机关公职人员违法行为严格追究法律责任，依规依法给予处分。

第三，坚持严管和厚爱结合、激励和约束并重，做到依规依纪依法严肃问责、规范问责、精准问责、慎重问责，既要防止问责不力，也要防止问责泛化、简单化。落实“三个区分开来”要求，建立健全担当作为的激励和保护机制，切实调动各级特别是基层政府工作人员的积极性，充分支持从实际出发担当作为、干事创业。

二、加强和规范政府督查工作，责任督察和示范创建活动深入实施

习近平总书记多次强调："党中央提倡的坚决响应，党中央决定的坚决照办，党中央禁止的坚决杜绝，决不允许上有政策、下有对策，决不允许有令不行、有禁不止，决不允许在贯彻执行中央决策部署上打折扣。"[1]《法治政府建设实施纲要（2021—2025 年）》提出要加强和规范政府督查工作。

第一，政令畅通。县级以上政府依法组织开展政府督查工作，重点对党中央、国务院重大决策部署落实情况、上级和本级政府重要工作部署落实情况、督查对象法定职责履行情况、本级政府所属部门和下级政府的行政效能开展监督检查，保障政令畅通，督促提高行政效能、推进廉政建设、健全行政监督制度。

第二，激励鞭策。积极发挥政府督查的激励鞭策作用，坚持奖惩并举，对成效明显的按规定加大表扬和政策激励力度，对不作为乱作为的依规依法严肃问责。进一步明确政府督查的职责、机构、程序和责任，增强政府督查工作的科学性、针对性、实效性。

三、加强对行政执法制约和监督，违法行政行为及时纠正查处

随着执法权运行体制机制进一步理顺与完善，执法程序和行为更加严格规范，省市县乡四级全覆盖的行政执法协调监督工作体系建设推进等，人民群众对执法机关的信任度、满意度有效提升。相关制度的完善也在推进中。司法部正推进《行政执法监督条例》《加强行政裁量权基准制定和管理的意见》《行政执法人员资格管理》等制度文件的研究起

---

〔1〕习近平：《做焦裕禄式的县委书记》，载习近平：《习近平谈治国理政》（第二卷），外文出版社 2017 年版，第 143 页。

草工作，逐步形成统筹行政执法各个环节的制度体系，实现执法监督工作的规范化、标准化、程序化，通过完善有效的执法监督制度促进行政执法能力水平提升。

《法治政府建设实施纲要（2021—2025年）》指出，要加强对行政执法制约和监督。

第一，加强行政执法监督机制和能力建设，充分发挥行政执法监督统筹协调、规范保障、督促指导作用，2024年底前基本建成省市县乡全覆盖的比较完善的行政执法协调监督工作体系。

第二，全面落实行政执法责任，严格按照权责事项清单分解执法职权、确定执法责任。在《中共中央关于全面推进依法治国若干重大问题的决定》、《中共中央关于坚持和完善中国特色社会主义制度推进国家治理体系和治理能力现代化若干重大问题的决定》和《国务院关于加强和规范事中事后监管的指导意见》等重要文件中，对全面落实行政执法责任制、强化责任追究、健全容错纠错机制等提出了明确要求。全面落实行政执法责任，有利于营造依法行政、担当作为、干事创业的良好氛围。

第三，加强和完善行政执法案卷管理和评查、行政执法机关处理投诉举报、行政执法考核评议等制度建设。《国务院办公厅关于全面推行行政执法公示制度　执法全过程记录制度　重大执法决定法制审核制度的指导意见》要求发挥记录作用。要充分发挥全过程记录信息对案卷评查、执法监督、评议考核、舆情应对、行政决策和健全社会信用体系等工作的积极作用，善于通过统计分析记录资料信息，发现行政执法薄弱环节，改进行政执法工作，依法公正维护执法人员和行政相对人的合法权益。建立健全记录信息调阅监督制度，做到可实时调阅，切实加强监督，确保行政执法文字记录、音像记录规范、合法、有效。

第四，大力整治重点领域行政执法不作为乱作为、执法不严格不规范不文明不透明等突出问题，围绕中心工作部署开展行政执法监督专项行动。严禁下达或者变相下达罚没指标，严禁将罚没收入同作出行政处罚的行政机关及其工作人员的考核、考评直接或者变相挂钩。建立并实施行政执法监督员制度。

四、全面主动落实政务公开

公开透明是法治政府的基本特征。习近平总书记指出:“阳光是最好的防腐剂。权力运行不见阳光,或有选择地见阳光,公信力就无法树立。执法司法越公开,就越有权威和公信力。涉及老百姓利益的案件,有多少需要保密的?除法律规定的情形外,一般都要公开。要坚持以公开促公正、以透明保廉洁。要增强主动公开、主动接受监督的意识。”〔1〕党中央、国务院高度重视政务公开工作。自 2008 年 5 月 1 日起施行的《政府信息公开条例》对推进我国政务公开,保障人民群众依法获取政府信息,促进政府职能转变、建设法治政府,发挥了积极作用。2019 年 4 月,新修订后的《政府信息公开条例》正式对外公布,修订的总体思路包括四个方面:第一,积极扩大主动公开,坚持“公开为常态、不公开为例外”的原则,凡是能主动公开的一律主动公开,切实满足人民群众获取政府信息的合理需求;第二,平衡各方利益诉求,既要保障社会公众依法获取政府信息的权利,也要保护国家秘密、商业秘密和个人隐私,还要防止有的申请人不当行使申请权、超出行政机关公开政府信息的能力,影响政府信息公开工作的正常开展;第三,坚持问题导向,研究梳理现行《政府信息公开条例》实施中遇到的突出问题,将行之有效的经验和做法上升为法律规定,增强制度的针对性、可操作性和实效性;第四,研究国外政府信息公开的新经验、新做法,对适合我国国情的予以借鉴。

《法治政府建设实施纲要(2021—2025 年)》进一步指出,要全面主动落实政务公开,具体包括以下方面:第一,坚持以公开为常态、不

---

〔1〕习近平:《严格执法,公正司法》,载中共中央文献研究室编:《十八大以来重要文献选编》(上),中央文献出版社 2014 年版,第 720 页。

公开为例外，用政府更加公开透明赢得人民群众更多理解、信任和支持。第二，大力推进决策、执行、管理、服务和结果公开，做到法定主动公开内容全部公开到位。第三，加强公开制度化、标准化、信息化建设，提高政务公开能力和水平。全面提升政府信息公开申请办理工作质量，依法保障人民群众合理信息需求。鼓励开展政府开放日、网络问政等主题活动，增进与公众的互动交流。加快构建具有中国特色的公共企事业单位信息公开制度。

五、加快推进政务诚信建设

加强政务诚信建设，是落实“四个全面”战略布局的关键环节，是深化简政放权、放管结合、优化服务改革和加快转变政府职能、提高政府效能的必然要求，是社会信用体系建设的重要组成部分，对进一步提升政府公信力、引领其他领域信用建设、弘扬诚信文化、培育诚信社会具有重要而紧迫的现实意义。2016 年 11 月 1 日，习近平总书记主持召开中央全面深化改革领导小组第二十九次会议并发表重要讲话。会议审议通过了《关于加强政务诚信建设的指导意见》。会议强调，加强政务诚信、个人诚信体系和电子商务领域诚信建设，是社会信用体系建设的重要内容。要大力弘扬诚信文化，将建立诚信记录、实施守信激励和失信惩戒措施作为诚信建设的主要方面，以重点领域、重点人群为突破口，推动建立各地区各行业个人诚信记录，强化应用，奖惩联动，使守信者受益，失信者受限。要加大对各级政府和公务员失信行为惩处力度，将危害群众利益、损害市场公平交易等政务失信行为作为治理重点，发挥政务诚信对其他社会主体诚信建设的重要表率和导向作用。要加强电子商务全流程信用建设，完善市场化评价体系，强化信用监管，营造诚实守信的电子商务发展环境。2016 年 12 月，国务院正式印发《关于加强政务诚信建设的指导意见》，提出了坚持依法行政、坚持政务公开、坚持勤政高效、坚持守信践诺、坚持失信惩戒五项基本原则，并且明确了探索构建广泛有效的政务诚信监督体系、建立健全政务信用管理体系、加强重点领域政务诚信建设等具体任务。

在此基础上,《法治政府建设实施纲要(2021—2025年)》进一步要求,要加快推进政务诚信建设,“健全政府守信践诺机制。建立政务诚信监测治理机制,建立健全政务失信记录制度,将违约毁约、拖欠账款、拒不履行司法裁判等失信信息纳入全国信用信息共享平台并向社会公开。建立健全政府失信责任追究制度,加大失信惩戒力度,重点治理债务融资、政府采购、招标投标、招商引资等领域的政府失信行为”。该项要求旨在破解政府失信难题,克服现实中“新官不理旧事,新官不认旧账”等现象。深入开展政务诚信建设,有利于建立健全以信用为核心的新型市场监管机制,推进供给侧结构性改革,有利于建立一支守法守信、高效廉洁的公务员队伍,树立政府公开、公正、诚信、清廉的良好形象,有利于营造风清气正的社会风气,培育良好经济社会发展环境。

第五章　推进公正司法，维护社会公平正义

法治不仅要求完备的法律体系、完善的执法机制、普遍的法律遵守，更要求公平正义得到维护和实现。“理国要道，在于公平正直。”公正是司法的灵魂和生命。公正司法是维护社会公平正义的最后一道防线。所谓公正司法，就是受到侵害的权利一定会得到保护和救济，违法犯罪活动一定会受到制裁和惩罚。如果人民群众通过司法程序不能保证自己的合法权利，那司法就没有公信力，人民群众也不会相信司法。法律本来应该具有定分止争的功能，司法审判本来应该具有终局性的作用，如果司法不公、人心不服，这些功能就难以实现。

习近平总书记指出：要努力让人民群众在每一个司法案件中都感受到公平正义，所有司法机关都要紧紧围绕这个目标来改进工作，重点解决影响司法公正和制约司法能力的深层次问题。[1]党的十八大以来，党中央对司法体制改革高度重视，紧紧围绕建设中国特色社会主义法治体系、建设社会

〔1〕中共中央文献研究室编:《习近平关于全面依法治国论述摘编》，中央文献出版社 2015 年版，第 67—68 页。

主义法治国家，紧紧围绕维护社会公平正义，抓紧落实有关改革举措，取得了重要进展。[1]政法系统加快建设公正、高效、权威的社会主义司法制度，为开辟“中国之治”新境界，奠定了坚实的基础。党的二十大报告进一步强调，坚持全面依法治国，推进法治中国建设，要严格公正司法。深化司法体制综合配套改革，全面准确落实司法责任制；规范司法权力运行，健全公安机关、检察机关、审判机关、司法行政机关各司其职、相互配合、相互制约的体制机制；强化对司法活动的制约监督；加强检察机关法律监督工作；完善公益诉讼制度。

第一节　坚持司法为民，维护人民权益

习近平总书记2013年2月23日《在十八届中央政治局第四次集体学习时的讲话》指出，“要坚持司法为民，改进司法工作作风，通过热情服务，切实解决好老百姓打官司难问题”。[2]“司法工作者要密切联系群众，如果不懂群众语言、不了解群众疾苦、不熟知群众诉求，就难以掌握正确的工作方法，难以发挥应有的作用，正所谓张飞卖豆腐——人强货不硬。法律不应该是冷冰冰的，司法工作也是做群众工作。”[3]2014年1月7日，习近平总书记在中央政法工作会议上强调：促进社会公平正义是政法工作的核心价值追求。从一定意义上说，公平正义是政法工作的生命线，司法机关是维护社会公平正义的最后一道防线。政法战线要肩扛公正天平、手持正义之剑，以实际行动维护社会公平正义，让人民群众切实感受到公平正义就在身边。

---

〔1〕中共中央宣传部、中央全面依法治国委员会办公室编:《习近平法治思想学习纲要》，人民出版社、学习出版社2021年版，第111页。

〔2〕中共中央文献研究室编:《习近平关于全面依法治国论述摘编》，中央文献出版社2015年版，第68页。

〔3〕中共中央文献研究室编:《习近平关于全面依法治国论述摘编》，中央文献出版社2015年版，第68—69页。

习近平总书记多次指出：推进司法公正，要坚持司法为民，维护人民权益。重点解决好损害群众权益的突出问题，决不允许对群众的报警求助置之不理，决不允许让普通群众打不起官司，决不允许滥用权力侵犯群众合法权益，决不允许执法犯法造成冤假错案。[1]2020年9月习近平总书记在湖南考察时指出，“要坚持以人民为中心的发展思想，着力办好群众各项‘急难愁盼’问题”。习近平总书记强调，“司法改革的成效如何，说一千道一万，要由人民来评判，归根到底要看司法公信力是不是提高了”。党的十八大以来，司法机关采取了一系列改革措施，在司法为民、维护人民权益方面取得显著成效。

一、构建开放、动态、透明、便民的阳光司法机制

公正司法的前提是司法公开。党的十八大强调要推进权力运行公开化、规范化，党的十八届三中、四中全会提出要深化司法公开，构建开放、动态、透明、便民的阳光司法机制。随着法治建设进程的加快，人民群众对司法公开透明的期待更加强烈。[2]习近平总书记在十八届中央政治局第四次集体学习时强调，要“加大司法公开力度，回应人民群众对司法公正公开的关注和期待”。

阳光是最好的防腐剂。权力运行不见阳光，或有选择地见阳光，公信力就无法树立。执法司法越公开，就越有权威和公信力。要坚持以公开促公正、以透明促廉洁。要增强主动公开、主动接受监督的意识，完善机制、创新方式、畅通渠道，依法及时公开执法司法依据、程序、流程、结果和裁判文书。对公众关注的案件，要提高透明度，让“暗箱”操作没有空间，让司法腐败无法藏身。[3]

---

〔1〕中共中央宣传部编：《习近平新时代中国特色社会主义思想学习纲要》，学习出版社、人民出版社2019年版，第104页。

〔2〕中华人民共和国最高人民法院编：《中国法院的司法公开（2013—2016）》，人民法院出版社2017年版，第6页。

〔3〕习近平：《严格执法，公正司法》（2014年1月7日），载中共中央文献研究室编：《十八大以来重要文献选编》（上），中央文献出版社2014年版，第720页。

党的十八届三中全会以来，最高人民法院将推进司法公开作为司法改革的重要改革举措，先后出台了《关于推进司法公开三大平台建设的若干意见》《关于人民法院在互联网公布裁判文书的规定》《关于人民法院执行流程公开的若干意见》等规范性文件，形成了对司法公开工作的顶层设计和总体布局。党的十八届四中全会提出，推进审判公开、检务公开、警务公开、狱务公开，依法及时公开执法司法依据、程序、流程、结果和生效法律文书，杜绝“暗箱”操作。加强法律文书释法说理，建立生效法律文书统一上网和公开查询制度。

2013 年以来，人民法院司法公开工作驶入“快车道”。不仅大力借助广播电视、报纸杂志等传统媒体和公民旁听审判的传统形式，更加注重利用信息化在全国范围内建成审判流程公开、庭审活动公开、裁判文书公开、执行信息公开四大公开平台，形成传统媒体和政务网站、白皮书、新闻发布会、“12368”诉讼服务热线、微博微信新媒体等多样化的司法公开新格局。不断更新司法公开理念，完善司法公开平台，创新司法公开举措，不断拓展司法公开的广度和深度，增强公开的质量和效果，满足人民群众多元化的司法需求，有效促进司法公正，提升了司法透明度和司法公信力。[1]四大公开平台在满足当事人知情权、自觉接受监督的同时，倒逼法官提升司法能力，让司法公正真正经得起“围观”；与此同时，积极向国际社会展示我国法治建设成就，讲好中国法治故事，传播中国法治声音，有力提升了我国司法的国际形象和影响力。全面深化司法公开，让人民群众以看得见的方式感受到公平正义。

《人民法院第五个五年改革纲要（2019—2023）》指出，健全完善司法公开工作机制，不断拓宽司法公开范围、健全公开形式、畅通公开渠道、加强平台建设、强化技术支撑。加大司法公开“四大平台”建设整合力度，优化平台功能，更加突出移动互联网时代新特点，促进平台从

〔1〕中华人民共和国最高人民法院编:《中国法院的司法公开（2013—2016）》，人民法院出版社 2017 年版，第 7 页。

单向披露转为多向互动，让诉讼活动更加透明、诉讼结果更可预期。进一步深化司法公开，畅通当事人和律师获取司法信息渠道，构建更加开放、动态、透明、便民的阳光司法制度体系。截至 2021 年 6 月 30 日，“案件信息公开网”已导出案件程序性信息 15,023,598 件、发布重要案件信息 1,142,802 件、公开法律文书 6,597,917 件，接受辩护与代理网上预约 558,872 人次。[1]让公平正义的阳光照耀人民心田。[2]

二、健全以人民为中心的诉讼服务制度体系

党的十八大以来，司法机关践行司法为民宗旨，努力解决人民群众反映强烈的突出问题，建立健全诉讼服务体系。党的十八届四中全会通过的《中共中央关于全面推进依法治国若干重大问题的决定》提出，保障人民群众参与司法。坚持人民司法为人民，依靠人民推进公正司法，通过公正司法维护人民权益。在司法调解、司法听证、涉诉信访等司法活动中保障人民群众参与。完善人民陪审员制度，保障公民陪审权利，扩大参审范围，完善随机抽选方式，提高人民陪审制度公信度。

党的十九大报告提出，要坚持以人民为中心。这是新时代坚持和发展中国特色社会主义的根本立场。习近平总书记指出：“人民对美好生活的向往，就是我们的奋斗目标。”必须始终把人民放在心中最高的位置，始终全心全意为人民服务，始终为人民利益和幸福而努力奋斗。[3]

（一）狠抓“两头”，推动立案和执行体制机制变革

第一，改革立案审查制，实行立案登记制，人民群众打官司更便捷，让“立案难”成为历史。[4]

---

〔1〕中华人民共和国国务院新闻办公室：《全面建成小康社会：中国人权事业发展的光辉篇章》（2021 年 8 月 12 日），载中国政府网 2021 年 8 月 12 日。

〔2〕中共中央宣传部编：《习近平新时代中国特色社会主义思想学习纲要》，学习出版社、人民出版社 2019 年版，第 104 页。

〔3〕中共中央宣传部编：《习近平新时代中国特色社会主义思想学习纲要》，学习出版社、人民出版社 2019 年版，第 40 页。

〔4〕《“中国这十年”，政法改革取得了这些瞩目成就！》，载中国长安网 2022 年 4 月 22 日。

从2015年5月1日起全面实行立案登记制，对符合起诉条件的当场登记立案，真正实现有案必立、有诉必理，切实保障当事人诉权。积极构建以当场立案为主体，以网上立案、自助立案、跨域立案、协作立案等为支撑的立案新格局，老百姓打官司更加方便快捷。努力提升当场立案效率，畅通大厅立案、预约立案、上门立案等常规立案渠道，有的法院对符合条件的起诉，10分钟内完成全部立案流程。全面推行网上立案，积极探索跨域立案，截至2017年9月，全国已有2605个法院开通网上立案或网上预约立案，当事人足不出户即可完成立案手续；已有近1200家法院推行跨域立案服务。加大改革督察力度，坚决制止另设条件限制立案的做法，防止立案难问题反弹回潮。坚持依法立案和规范诉讼秩序同步推进，出台防范和打击虚假诉讼指导意见，依法制裁滥用诉权、虚假诉讼、恶意诉讼等行为，引导当事人诚信、理性诉讼。2019年以来，人民法院加快推进跨域立案改革，推动诉讼事项跨区域远程办理、跨层级联动办理，解决好异地诉讼难等问题，实现诉讼服务“就近能办、同城通办、异地可办”。据初步统计，全国法院目前能够做到超过95.7%的案件当场立案，长期困扰群众的“立案难”问题已经成为历史。〔1〕截至2020年，全国98%的法院建成了信息化程度较高的诉讼服务体系，为当事人提供全方位的诉讼服务；98%的法院开通诉讼服务网，为当事人、律师提供网上预约立案、案件查询、卷宗查阅、电子送达等服务。〔2〕

第二，健全切实解决“执行难”长效制度体系。

党的十八届四中全会作出的《中共中央关于全面推进依法治国若干重大问题的决定》指出，“切实解决执行难，制定强制执行法，规范查封、扣押、冻结、处理涉案财物的司法程序。加快建立失信被执行人信用监督、威慑和惩戒法律制度。依法保障胜诉当事人及时实现权益”。

---

〔1〕《“中国这十年”，政法改革取得了这些瞩目成就！》，载中国长安网2022年4月22日。

〔2〕中华人民共和国国务院新闻办公室：《全面建成小康社会：中国人权事业发展的光辉篇章》（2021年8月12日），载中国政府网2021年8月12日。

最高人民法院坚决贯彻落实党中央决策部署，在十二届全国人大四次会议上作出了“用两到三年时间基本解决执行难”的庄严承诺。2016年5月10日，《最高人民法院关于落实“用两到三年时间基本解决执行难问题”的工作纲要》出台，8个方面29项措施对执行工作进行系统部署。全国31个省（区、市）党委、政府、政法委全部出台支持人民法院解决执行难、加强失信被执行人信用惩戒的文件，为“基本解决执行难”奠定了坚实基础。最高人民法院建立“总对总”网络查控系统，联合发改委等60家单位对失信被执行人进行联合惩戒，11类150项措施让失信被执行人“一处失信，处处受限”。整治“消极执行”“选择性执行”“乱执行”，最高人民法院先后出台37件司法解释和规范性文件，将执行权运行关入“制度铁笼”。全国法院执行干警呕心沥血、竭尽全力，51名同志为此献出宝贵生命。推行网络司法拍卖的同时，深化执行信息公开。加强与社会征信体系的对接，规范失信被执行人信息公开的方式和机制。优化整合各类执行信息公开平台功能，拓展执行信息公开范围，推动实现执行案件流程信息、被执行人信息、失信被执行人名单信息、网络司法拍卖信息等在同一平台集中统一公开。[1]让财产变现变得透明高效，成交率、溢价率明显增长，大大压缩了权力寻租空间，司法拍卖由过去的高投诉变成了现在的零投诉。[2]2019年3月12日十三届全国人大二次会议听取审议最高人民法院工作报告：1936.1万件案件得到执结，同比增长105.1%；4.4万亿元执行款实际到位，同比增长71.2%；366万人迫于压力自动履行义务；1.3万人被判处拒不执行判决、裁定罪。“基本解决执行难”这一阶段性目标如期实现。

2019年6月《人民法院执行工作纲要（2019—2023）》公布。2021年召开的十三届全国人大四次会议上，最高人民法院再次发出动员令，

〔1〕中华人民共和国最高人民法院编:《中国法院的司法公开（2013—2016）》，人民法院出版社2017年版，第7页。

〔2〕《“中国这十年”，政法改革取得了这些瞩目成就！》，载中国长安网2022年4月22日。

“推进执行难综合治理、源头治理，加大执行工作力度，健全善意文明执行制度，保持执行工作高水平运行”，深化执行改革，加强智慧执行，规范执行案款管理，开展民事强制执行法立法工作，健全解决执行难长效机制。2021 年，全国法院受理执行案件 949.3 万件，执结 864.2 万件，执行到位金额 1.94 万亿元。网络查控案件 1971 万件，网络拍卖成交 4323 亿元，同比分别增长 34.6% 和 7.4%。[1]

法院系统从“基本解决执行难”到“切实解决执行难”，再到整治执行领域突出问题，打通诉讼中的堵点、难点问题，公正高效实质化解矛盾纠纷，形成了国际执行法治的“中国模式”和中国经验。

（二）深化多元化纠纷解决机制改革

党的十八大以来，人民法院大力推进多元化纠纷解决机制改革，推广“眉山经验”“潍坊经验”“马鞍山经验”，整合社会资源，强化诉调对接，引导当事人选择非诉方式化解矛盾。各地积极开展要素式庭审、令状式文书、示范性诉讼等机制创新，以深化改革破解案件数量增长较快的新问题，缩短办案周期，提高司法效率。《人民法院第五个五年改革纲要（2019—2023）》指出，创新发展新时代“枫桥经验”，完善“诉源治理”机制，坚持把非诉讼纠纷解决机制挺在前面，推动从源头上减少诉讼增量。完善调解、仲裁、行政裁决、行政复议、诉讼等有机衔接、相互协调的多元化纠纷解决体系，促进共建共治共享的社会治理格局建设。推动建立统一的在线矛盾纠纷多元化解平台，实现纠纷解决的在线咨询、在线评估、在线分流、在线调解、在线确认。

2021 年，经过三年多不懈努力，集约集成、在线融合、普惠均等的中国特色一站式多元纠纷解决和诉讼服务体系全面建成。6.3 万个调解组织和 26 万名调解员进驻调解平台，丰富了群众选择适合渠道解决纠纷的“菜单库”。覆盖城乡的跨域立案网点超过 1.3 万个，累计提供跨域立案服务 14 万件，90% 的申请在 30 分钟内响应，把司法服务送到群

---

〔1〕周强：《最高人民法院工作报告——2022 年 3 月 8 日在第十三届全国人民代表大会第五次会议上》，载人民网 2022 年 3 月 15 日。

众家门口。以人民法院在线服务平台为总入口，集成在线调解、电子送达、委托鉴定等 10 个平台，实现在线服务四级法院全覆盖，群众打官司从原来的耗时费力变为全流程“掌上办理”。全国法院在线调解纠纷突破 1000 万件，平均每分钟 51 件成功化解在诉前，诉前调解案件平均办理时长 17 天，比诉讼时间少 39 天。739 个法院推出 24 小时诉讼服务。线上线下融合服务让“正义提速”，显著降低群众、企业和国家财政解纷成本。[1]

（三）深化涉诉信访机制改革

2014 年 3 月，中共中央办公厅、国务院办公厅出台《关于依法处理涉法涉诉信访问题的意见》，要求各地区各部门切实加强协调配合，健全涉法涉诉信访工作机制，努力形成涉法涉诉信访问题的合力。《人民法院第五个五年改革纲要（2019—2023）》指出，进一步完善诉访分离工作机制，健全涉诉信访终结移交机制。强化涉诉信访源头治理，维护群众合法权益。全面推进律师代理申诉制度。完善社会第三方参与化解机制，增强涉诉信访矛盾化解合力。提升涉诉信访信息化应用水平。完善执行申诉信访系统，与网上申诉平台、执行案件办理系统、全国法院涉诉信访系统互联互通，实现对执行申诉信访案件的常态化监管。加大对违法信访行为的制裁力度，促进依法理性表达诉求。

三、完善法律援助制度

在全面推进依法治国的进程中，习近平总书记高度重视、多次对法律援助工作作出重要指示。在 2013 年 2 月 23 日十八届中央政治局第四次集体学习时，习近平总书记指出，“努力让人民群众在每一个司法案件中都感受到公平正义”，“切实解决好老百姓打官司难问题，特别是要加大对困难群众维护合法权益的法律援助，加快解决有些地方没有律师

〔1〕周强：《最高人民法院工作报告——2022 年 3 月 8 日在第十三届全国人民代表大会第五次会议上》，载人民网 2022 年 3 月 15 日。

和欠发达地区律师资源不足问题”；2014 年 1 月 7 日在中央政法工作会议上，习近平总书记再次重申“决不允许让群众打不起官司”；2014 年 4 月 21 日习近平总书记在听取司法部汇报后作出重要指示，要扩大法律援助范围基础上，提高法律援助质量，做好体系建设。

党的十八大以来，为新时代条件下满足“人民群众日益增长的对民主、法治、公平、正义等的要求”，“对法律服务需求的多元化趋势”，中共中央高度重视、逐步推进完善法律援助制度的改革任务。2013 年 11 月 12 日，党的十八届三中全会将“完善法律援助制度”载入《中共中央关于全面深化改革若干重大问题的决定》第九部分“推进法治中国建设”之“完善人权司法保障制度”。2014 年 10 月 23 日，党的十八届四中全会《中共中央关于全面推进依法治国若干重大问题的决定》提出“建设完备的法律服务体系，保证人民群众获得及时有效法律帮助”。2015 年 5 月 5 日，中央全面深化改革领导小组第十二次会议审议通过了《关于完善法律援助制度的意见》，会议指出，法律援助工作是一项重要的民生工程，要把维护人民群众合法权益作为出发点和落脚点，紧紧围绕人民群众实际需要，积极提供优质高效的法律援助服务，努力让人民群众在每一个案件中都感受到公平正义。2015 年 9 月，在国务院立法工作计划中，《法律援助法》纳入有关保障和改善民生、促进社会和谐稳定的立法“研究项目”。2018 年 3 月 22 日，“加强法律援助工作”八个字第一次写入国务院《政府工作报告》。2018 年 9 月 7 日，法律援助立法正式纳入“十三届全国人大常委会立法规划”。2020 年 9 月 7 日，最高人民法院、最高人民检察院、公安部、国家安全部、司法部联合印发《法律援助值班律师工作办法》，着眼于发挥值班律师制度在刑事诉讼中的重要作用，注重总结刑事诉讼制度改革成果。近年来，法律援助机构已在检察机关设立法律援助工作站 1700 余个，全国基本实现看守所、人民法院法律援助工作站全覆盖。[1]2020 年，全国组织办理法律援

〔1〕《五部门发布〈办法〉强化值班律师法律援助》，载《光明日报》2020 年 9 月 8 日，第 4 版。

助案件近 140 万件，受援人达 216 万余次，提供法律咨询 1466 余万人次；值班律师提供法律援助（不含法律咨询）74 万余件，其中参与认罪认罚从宽案件 68 万余件。[1] 2021 年 8 月 20 日，《法律援助法》正式颁布，标志着法律援助的“国家法”时代到来。2021 年 12 月 22 日，司法部审议通过的《全国公共法律服务体系建设规划（2021—2025 年）》指出，“十三五”期间，全国共办理法律援助案件 640 万件，基层法律服务工作者年办理各类法律事务 80 万件。规划提出扩大法律援助覆盖人群，切实将低收入人群纳入法律援助范围，有效落实法律援助值班律师制度、刑事案件辩护全覆盖制度。

法律援助制度的完善深入贯彻落实了习近平总书记“切实解决好老百姓打官司难问题”的重要指示精神。党的二十大报告指出，要强化对司法活动的制约监督，促进司法公正。《法律援助法》的颁布是我国法律援助制度建设的一个重要里程碑，对促进司法公正、减少冤错案件，更好地维护社会公平正义、维护人民合法权益、保障法律正确实施，意义重大。

第二节　深化司法体制改革，全面准确落实司法责任制

习近平总书记强调，全面深化改革是为了党和人民事业更好发展，而不是为了迎合某些人的掌声和喝彩，更不能拿西方的理论、观点来套在自己身上，要坚持从我国国情出发，从经济社会发展实际要求出发。推进公正司法，深化司法体制改革，首先要坚持正确政治方向。[2]

---

〔1〕中华人民共和国国务院新闻办公室：《全面建成小康社会：中国人权事业发展的光辉篇章》（2021 年 8 月 12 日），载中国政府网 2021 年 8 月 12 日。

〔2〕中共中央宣传部、中央全面依法治国委员会办公室编：《习近平法治思想学习纲要》，人民出版社、学习出版社 2021 年版，第 112 页。

全面深化司法改革，是党中央作出的重大战略部署，是全面深化改革、全面依法治国的重要组成部分，对完善中国特色社会主义司法制度、促进国家治理体系和治理能力现代化具有重大意义。党的十八大以来，以习近平同志为核心的党中央高度重视司法改革。2014年6月6日，中共中央全面深化领导小组第三次会议审议通过《关于司法体制改革试点若干问题的框架意见》和《上海市司法改革试点工作方案》。2014年10月23日，党的十八届四中全会通过《中共中央关于全面推进依法治国若干重大问题的决定》，其中的许多重要改革举措都是涉及利益关系和权力格局调整的“硬骨头”。2014年至2017年9月，习近平总书记先后主持召开38次中央全面深化改革领导小组会议，审议通过48个司法改革文件，其中涉及司法责任制改革、立案登记制改革、设立最高人民法院巡回法庭等法院领域的重要改革方案31个，为司法机关推进司法改革提供了根本遵循。

一、全面准确落实司法责任制

党的十八大以来，最高人民法院、最高人民检察院紧紧牵住司法责任制这个“牛鼻子”，统筹开展司法人员分类管理、司法职业保障、省以下地方法院检察院人财物统一管理等重大基础性改革。党的十九大把深化司法体制改革纳入全面依法治国总体布局，习近平总书记作出重要部署：深化司法体制综合配套改革，全面落实司法责任制，努力让人民群众在每一个司法案件中感受到公平正义。[1]最高人民法院、最高人民检察院全面推进以司法责任制为核心的重大基础性改革，夯实确保司法公正的体制基石。

（一）深化司法责任制

党的十八届三中全会强调，要优化司法职权配置。健全公安机关、

〔1〕中共中央宣传部编：《习近平新时代中国特色社会主义思想三十讲》，学习出版社2018年版，第189—190页。

检察机关、审判机关、司法行政机关各司其职，侦查权、检察权、审判权、执行权相互配合、相互制约的体制机制。改革司法机关人财物管理体制，探索实行法院、检察院司法行政事务管理权和审判权、检察权相分离。凡是进入法官、检察官员额的，要在司法一线办案，对案件质量终身负责。2014 年 1 月 7 日，习近平总书记在中央政法工作会议上的讲话指出，司法机关人财物受制于地方，司法活动容易受到干扰；司法行政化问题突出，审者不判、判者不审；司法人员管理等同于一般公务员管理，不利于提高专业素质、保障办案质量……解决这些问题，就要靠深化司法体制改革。党的十八届四中全会通过《中共中央关于全面推进依法治国若干重大问题的决定》，完善了主审法官、合议庭、主任检察官、主办侦查员办案责任制，落实了谁办案谁负责。

一是推行员额制改革，择优遴选检察官法官承担办案任务，促使检察官法官回归办案本位。严格掌握入额标准和条件，真正让愿办案、能办案的检察官法官入额。建立员额动态调整机制，建立员额退出机制，不办案、不胜任办案工作或离开办案岗位的，及时退出员额。通过这项改革，基层司法机关 85% 以上的人力资源配置到办案一线，办案力量增加 20% 以上。

二是推行司法人员办案责任制。选拔一定比例的政治过硬、办案水平高、业绩突出的人员专门担任法官检察官，实行“让审理者裁判、由裁判者负责”“谁办案谁负责、谁决定谁负责”的办案责任制，大大强化了办案人员的责任。完善办案质量终身负责制和错案责任倒查问责制，明确司法人员在职责范围内对办案质量终身负责。建立完善法官、检察官惩戒制度。确保放权不放任、有权不任性。完善案件承办确定机制，以随机分案为主、指定分案为辅。建立领导干部带头办理重大、复杂、疑难、新类型案件制度。建立联席会议制度，提供专业参考意见。

三是推动建立司法人员职业保障制度，提高职业尊荣感。建立并落实与职务序列相配套的职业保障制度，建立与办案数量、质量直接挂钩的绩效考核办法。出台贯彻执行领导干部干预司法活动、插手具体案件处理的记录、通报和责任追究规定实施办法，建立司法人员履行职务受到侵害保障救济机制。

党的十九大以来，不断深化司法责任制综合配套改革。2020 年，印发实施《关于深化司法责任制综合配套改革的意见》《关于深化司法责任制综合配套改革的实施意见》，制定《人民检察院司法责任追究条例》，加快建立权责一致的司法权运行新机制。最高人民法院研究制定《法官员额退出办法（试行）》《省级以下人民法院法官员额动态调整指导意见（试行）》《法官惩戒工作程序规定（试行）》《最高人民法院法官惩戒委员会章程》；最高人民检察院研究制定《检察官惩戒委员会章程》《检察官惩戒工作程序规定》，加快完善法官检察官员额动态调整、员额退出和惩戒机制。制定关于健全法官考核工作机制的指导性文件，印发《检察机关案件质量主要评价指标》，建立健全法官检察官业绩考评制度。印发《人民法院诉讼费退付管理暂行办法》等 5 份文件，统筹推进省以下地方法院检察院经费保障机制改革。为进一步解决入额法官如何管理的问题，2022 年 3 月，中组部、最高人民法院联合印发《法官单独职务序列规定》，明确了法官等级设置、等级升降、考核惩戒等内容，从而基本建成了符合职业特点和司法规律的法官单独职务序列管理制度，增强司法人员的职业荣誉感和使命感。

（二）建立符合职业特点的司法人员管理制度

党的十八大以来，为确保司法权的依法独立公正行使，人民法院、人民检察院全面推开员额制改革，健全了司法人员分类管理制度，进一步提升了司法人员正规化、专业化、职业化水平。司法活动具有特殊的性质和规律，司法权是对案件事实和法律的判断权和裁决权，要求司法人员具有相应的实践经历和社会阅历，具有良好的法律专业素养和司法职业操守。要通过改革建立符合职业特点的司法人员管理制度，完善司法人员分类管理制度，建立法官、检察官、人民警察专业职务序列及工资制度，增强司法人员的职业荣誉感和使命感。〔1〕

〔1〕中共中央宣传部、中央全面依法治国委员会办公室编:《习近平法治思想学习纲要》，人民出版社、学习出版社 2021 年版，第 113 页。

推行司法人员分类管理。以人民检察院为例，2013 年 3 月，最高人民检察院与中央组织部共同发布《人民检察院工作人员分类管理制度改革意见》，将检察人员明确划分为检察官、检察辅助人员、司法行政人员三类。2015 年 10 月，与中央组织部、中央政法委等共同发布试点方案，建立符合职业特点和司法规律的检察官单独职务序列。2016 年 5 月，与中央组织部共同发布建立检察官逐级遴选制度的意见。2016 年 6 月，与中央组织部、中央政法委等又共同发布检察官助理和书记员职务序列改革试点方案。2017 年 3 月，最高人民检察院制定建立健全检察人员职务序列的指导意见，指导各地检察机关分类定岗、规范管理。2017 年 5 月，与财政部、人力资源和社会保障部等共同发布聘用制书记员管理制度改革方案，试行省级统筹配备聘用制书记员。

习近平法治思想强调，推进公正司法，深化司法体制改革，要牵住司法责任制这个“牛鼻子”，加快构建权责一致的司法权运行新机制，真正“让审理者裁判、由裁判者负责”。党的二十大报告进一步指出，深化司法体制综合配套改革，全面准确落实司法责任制，加快建设公正高效权威的社会主义司法制度，努力让人民群众在每一个司法案件中感受到公平正义。

二、深化司法管理体制改革，确保依法独立公正行使职权

司法管理体制改革，涉及整个司法机关的空间布局和权力结构的深刻调整。党的十八届四中全会通过的《中共中央关于全面推进依法治国若干重大问题的决定》指出，探索设立跨行政区划的人民法院和人民检察院，办理跨地区案件改革法院案件受理制度。这有利于排除对审判工作和检察工作的干扰、保障法院和检察院依法独立公正行使职权，有利于构建普通案件在行政区划法院审理、特殊案件在跨行政区划法院审理的诉讼格局。党的十八大以来，法院、检察院深化司法管理体制改革，完善法院、检察院组织体系，深化司法体制综合配套改革，确保司法权依法独立公正行使。

一是建立省以下法院和检察院人财物统一管理制度。

我国是单一制国家，司法权从根本上说是中央事权。司法机关人财物应该由中央统一管理和保障。考虑到全国法官、检察官数量大，统一收归中央一级管理和保障，在现阶段难以做到，这次主要推动省以下法院和检察院法官、检察官编制统一管理制度，法官、检察官由省提名和管理并按法定程序任免的机制，探索由省级财政统筹地方各级法院、检察院的经费。〔1〕

党的十八大以来，各有关部门认真贯彻中央要求，市、县检察院检察长由省级党委（党委组织部）管理，领导班子其他成员可委托市级党委管理。政法专项编制收归省级统一管理，根据人均办案量，在全省范围内统一调剂使用。吉林、湖北、广东、安徽等16个省份实现省级财物统一管理，保障水平进一步提高。按照中央统一部署，稳妥推进省以下地方法院人财物统一管理，着力构建更加有利于确保司法公正的新型管理体制。21个省（区、市）已完成省以下法院编制统一管理，中级、基层法院院长已实现由省级党委（党委组织部）管理。13个省（区、市）已在辖区内实行财物省级统管改革，部分地方法院经费保障和工资水平实现“托低保高”。

二是设立最高人民法院巡回法庭。按照中央统一部署，最高人民法院在深圳、沈阳、南京、郑州、重庆、西安设立六个巡回法庭，审理重大跨区划民商事和行政案件，完成巡回法庭总体布局。就地解决纠纷，方便群众诉讼。

三是推进跨行政区划法院检察院改革试点。为破除诉讼“主客场”现象，探索建立与行政区划适当分离的司法管辖制度。2014年12月，上海市检察院第三分院、上海市第三中级人民法院，北京市检察院第四分院、北京市第四中级人民法院先后挂牌成立，着力探索跨行政区划管辖范围和办案机制，办理跨地区案件以及食品药品安全、环境资源保护、知识产权、海事等特殊类型案件，深化与行政区划适当分离的司法

〔1〕中共中央文献研究室编:《习近平关于全面依法治国论述摘编》，中央文献出版社2015年版，第78页。

管辖制度改革，健全对最高人民法院巡回法庭、知识产权法院、互联网法院、金融法院等的法律监督机制。北京市第四中级人民法院集中受理全市以区县政府为被告的行政案件后，该类案件立案率从 32% 提升至 90%，行政机关负责人出庭应诉率达到 100%。上海市第三中级人民法院成立后，全市行政案件年均收案量比 2014 年增长 8.3 倍。

四是建立知识产权法院、互联网法院、金融法院等专门法院。根据全国人大常委会决定，在北京、上海、广州设立知识产权法院，跨区域管辖有关专利、植物新品种、集成电路布图设计、技术秘密、计算机软件等专业技术性较强的一审知识产权民事和行政案件，加强知识产权司法保护。2020 年，全国法院审结一审知识产权案件 46.6 万件，出台知识产权民事诉讼证据等 10 个司法解释和规范性文件。最高人民检察院组建知识产权检察办公室，整合刑事、民事、行政检察职能，统筹加强检察机关知识产权保护制度设计和研究指导。

五是推进内设机构改革。按照中央统一部署，在全国司法机关开展内设机构改革试点。各试点按照“机构精简是基础、职能优化是关键”的思路，严格控制机构规模，科学设置机构，整合职能交叉、业务相近的非业务机构，内设机构改革试点取得初步成效，管理层级得到简化，职能进一步优化。最高人民检察院按照案件类型组建专业化刑事办案机构，实行捕诉一体办案机制；适应经济社会发展和人民群众司法需求，分设民事、行政、公益诉讼检察机构；检察业务机构内设立检察官办案组。地方检察机关参照落实，业务机构名称统一称为“部”。基层人民检察院内设机构数量按照中央有关规定执行。

三、推进以审判为中心的诉讼制度改革

2013 年 11 月，习近平总书记在山东考察调研时强调，要有序推进改革，该中央统一部署的不要抢跑，该尽早推进的不要拖宕，该试点的不要仓促推开，该深入研究后再推进的不要急于求成，该得到法律授权的不要超前推进。2014 年 2 月 28 日，习近平总书记主持召开中央全面深化改革领导小组第二次会议时指出，凡属重大改革都要于法有据。在

整个改革过程中，都要高度重视运用法治思维和法治方式，发挥法治的引领和推动作用，加强对相关立法工作的协调，确保在法治轨道上推进改革。全会决定提出推进以审判为中心的诉讼制度改革，目的是促使办案人员树立办案必须经得起法律检验的理念，确保侦查、审查起诉的案件事实证据经得起法律检验，保证庭审在查明事实、认定证据、保护诉权、公正裁判中发挥决定性作用。这项改革有利于促使办案人员增强责任意识，通过法庭审判的程序公正实现案件裁判的实体公正，有效防范冤假错案产生。[1]

为贯彻落实《中共中央关于全面推进依法治国若干重大问题的决定》的有关要求，推进以审判为中心的诉讼制度改革，最高人民法院、最高人民检察院、公安部、国家安全部、司法部于2016年10月11日发布《关于推进以审判为中心的刑事诉讼制度改革的意见》。严格贯彻罪刑法定、证据裁判、非法证据排除等法律原则，完善出庭作证机制，强化庭审功能。贯彻宽严相济刑事政策，进一步完善刑事诉讼程序，推动认罪认罚从宽制度改革，完善刑事案件速裁程序运行机制，推进诉讼繁简分流，积极改进办案方式，推动轻重分离、快慢分道，构建中国特色立体化、多层次刑事诉讼体系。

最高人民检察院与最高人民法院、公安部等共同研究制定相关改革意见。积极探索检察机关审查逮捕、公诉标准化，严格证据标准。推行捕诉一体改革，检察权运行机制更加完善。2014年积极开展刑事案件速裁程序试点；2015年7月发布常见50个罪名的审查逮捕指引、公诉案件证据指引，2016年起积极开展为期两年的认罪认罚从宽制度试点；2017年6月会同最高人民法院等制定办理刑事案件严格排除非法证据若干问题的规定。2013年以来，因排除非法证据决定不批捕2624人、不起诉870人。重视发挥检察机关审前主导和过滤作用，与公安部共同推进重大疑难案件侦查机关听取检察机关意见建议制度改革；落实中央司

〔1〕习近平:《关于〈中共中央关于全面推进依法治国若干重大问题的决定〉的说明》，载习近平:《论坚持全面依法治国》，中央文献出版社2020年版，第92页。

改要求，探索对公安派出所刑事侦查活动监督机制。适应庭审实质化要求，制定加强出庭公诉工作的意见，推动证人、鉴定人、侦查人员出庭作证，重视利用庭前会议有效解决程序性争议，着力提高庭审效率和当庭指控犯罪能力。2018 年修改《刑事诉讼法》，确立了认罪认罚从宽制度、缺席审判制度，规定了值班律师制度和速裁程序，体现了《刑事诉讼法》与《监察法》的有效衔接，做到“重大改革于法有据”。认罪认罚从宽制度自 2018 年 10 月正式确立以来，目前适用率已经稳定保持在 85% 以上，实现常态化适用，对于推动我国刑事诉讼模式向协作式转化，促进刑事司法由“治罪”向“治理”转化，推动我国国家治理现代化具有重要意义。[1]2021 年 4 月，中央全面依法治国委员会明确提出适应我国刑事犯罪结构性变化，坚持少捕慎诉慎押刑事司法政策。一方面，坚持依法从严惩治严重刑事犯罪及严重影响群众安全感的犯罪，该严则严；另一方面，对情节轻微的轻罪案件、具有法定从轻情节案件，确保当宽则宽。公检法机关共抓政策落实，诉前羁押率降幅较大，逮捕质量明显提升。2020 年至 2022 年上半年，我国逮捕率从 77% 下降至 60.8%；诉前羁押率从 59.3% 下降至 32.7%。[2]积极探索企业刑事合规制度理论与实践。

深入推进以审判为中心的刑事诉讼制度改革，努力构建诉讼以审判为中心、审判以庭审为中心、庭审以证据为中心的刑事诉讼新格局，推进庭审实质化，推动死刑案件二审全部开庭，推动死刑复核法律援助制度，确保审判程序合法化、正当化，保证庭审在查明事实、认定证据、保护诉讼、公正裁判中发挥决定性作用。做到案件事实证据经得起法律检验，确保无罪者不受刑事追究，有罪者受到公正惩罚。

推进民事、行政诉讼制度和诉讼程序改革。司法机关普遍推行“分流、调解、速裁、快审”机制改革，健全相应信息系统，完善分调裁审

〔1〕陈国庆:《检察机关在全面依法治国中的成就》，载《法治时代》2022 年第 4 期。

〔2〕参见“新时代中国刑事司法改革发展与展望研讨会”，载最高人民检察院官网 2022 年 9 月 24 日。

机制，促进纠纷及时快速解决。坚持繁简分流、轻重分离、快慢分道，完善多元化、立体化的诉讼程序体系，扩大当事人的诉讼程序选择权。2021年，全国法院诉讼服务中心全部设立速裁工作室，速裁快审案件871.5万件，平均审理周期32天，较一审民商事案件缩短43%。[1]实现了司法资源的优化配置。

四、加强检察机关法律监督工作

全国检察机关认真落实《中共中央关于加强新时代检察机关法律监督工作的意见》，多措并举，依法能动履职，充分发挥检察机关法律监督职能，积极推进侦查监督与协作配合办公室全覆盖和实质化运行，形成监督合力。2021年7月至2022年底开展羁押必要性审查专项活动，推动在全社会树立与现代法治相适应的羁押理念，在羁押审查中实现惩治犯罪与保障人权的平衡，减少社会对抗，促进社会内生稳定，把以人民为中心落地落实。2021年11月，最高人民检察院发布《人民检察院羁押听证办法》，落实少捕慎诉慎押等司法政策，深刻回应我国人权事业的发展要求，推进实现国家治理体系和治理能力现代化，顺应世界刑事诉讼发展基本趋势，增强审前阶段的法制化改革，审前非羁押强制措施适用比例显著提高，人权保障力度加大。2021年12月6日，最高人民检察院、公安部联合发布《关于健全完善侦查监督与协作配合机制的意见》，完善侦查监督与协作配合机制，探索构建中国特色检警关系，监督制约、协作配合更加有力。该意见的出台有助于加快推进执法司法责任体系改革，构建规范高效的执法司法制约监督体系、以证据为核心的刑事指控体系，确保检察机关依法履行指控证明犯罪的主导责任，充分发挥审前把关和分流作用，共同维护执法司法公正。2022年1月至9月，刑事案件办理质效得到提升，全国捕后不诉和无

[1] 周强:《最高人民法院工作报告——2022年3月8日在第十三届全国人民代表大会第五次会议上》，载人民网2022年3月15日。

罪判决率、不捕复议复核提出率和改变率均有所下降。不捕不诉复议复核率0.52%，复议复核改变率2.4%，同比分别下降0.6、2.4个百分点，捕诉质量稳步上升。检察监督履职质效明显提升，受理监督立案2.8万件，受理监督撤案3.2万件，同比分别上升8.4%、47.1%，监督立案率、监督撤案率同比分别增加21.5个、9个百分点。纠正刑事审判活动违法1.5万件次，同比上升85.6%；同期审判机关已纠正1.47万件，采纳率98%。重视刑事执行检察，2022年1月至9月，全国检察机关对“减刑、假释、暂予监外执行”不当提出纠正4.1万人。[1]

五、完善公益诉讼制度

党的十八届四中全会审议通过了《中共中央关于全面推进依法治国若干重大问题的决定》指出，最高人民法院设立巡回法庭，审理跨行政区域重大行政和民商事案件。完善行政诉讼体制机制，合理调整行政诉讼案件管辖制度，切实解决行政诉讼立案难、审理难、执行难等突出问题。

普遍推行“分流、调解、速裁、快审”机制改革，健全相应信息系统，完善分调裁审机制，促进纠纷及时快速解决。2021年，全国法院诉讼服务中心全部设立速裁工作室，速裁快审案件871.5万件，平均审理周期32天，较一审民商事案件缩短43%。[2]

在现实生活中，对一些行政机关违法行使职权或者不作为造成对国家和社会公共利益侵害或者有侵害危险的案件，如国有资产保护、国有土地使用权转让、生态环境和资源保护等，由于与公民、法人和其他社会组织没有直接利害关系，使其没有也无法提起公益诉讼，导致违法行政行为缺乏有效司法监督，不利于促进依法行政、严格执法，加强对公共

〔1〕《最高检案管办负责人就2022年1至9月全国检察机关主要办案数据答记者问》，载最高人民检察院官网2022年10月15日。

〔2〕周强：《最高人民法院工作报告——2022年3月8日在第十三届全国人民代表大会第五次会议上》，载人民网2022年3月15日。

利益的保护。由检察机关提起公益诉讼，既有利于优化司法职权配置、完善行政诉讼制度，也有利于推进法治政府建设。要拓展公益诉讼案件范围，完善公益诉讼法律制度，探索建立民事公益诉讼惩罚性赔偿制度。〔1〕

2020 年，最高人民法院、最高人民检察院联合修订《关于检察公益诉讼案件适用法律若干问题的解释》，最高人民法院修订《关于审理环境民事公益诉讼案件适用法律若干问题的解释》、印发《关于积极稳妥拓展公益诉讼案件范围的指导意见》，积极稳妥推进拓展公益诉讼案件范围。检察机关依托公益诉讼检察职能，积极稳妥开展反垄断领域公益诉讼，重点关注互联网等民生保障领域，不断增强市场活力，营造公正有序的市场竞争环境和良好的营商环境。2022 年 1 月至 9 月，全国检察机关共立案办理公益诉讼案件 15.3 万件，提出诉前检察建议 10.4 万件，提起诉讼 8218 件，同比分别上升 21%、12.4%、21%，诉前整改率、法院裁判支持率均接近 100%。

六、加强智慧司法建设，完善互联网司法模式

党的十八大以来，司法机关大力构建互联网司法新模式。紧跟互联网时代发展的步伐，将现代科技手段和司法活动深度融合，立案、缴费、开庭、调查、送达以及各类诉讼服务都可以在网上进行，一部手机就可以打官司。〔2〕

《人民法院第五个五年改革纲要（2019—2023）》指出，加快推进诉讼服务中心现代化建设，努力提供普惠均等、便捷高效、智能精准的诉讼服务。健全线上“一网通办”、线下“一站服务”的集约化诉讼服务机制。引入社会第三方参与诉讼服务工作，提升诉讼服务社会化水平。推进智慧诉讼服务建设，研发智能辅助软件，为当事人提供诉讼风险评估、诉前调解建议、自助查询咨询、业务网上办理等服务，切实减轻人

〔1〕中共中央宣传部、中央全面依法治国委员会办公室编：《习近平法治思想学习纲要》，人民出版社、学习出版社 2021 年版，第 113 页。

〔2〕《“中国这十年”，政法改革取得了这些瞩目成就！》，载中国长安网 2022 年 4 月 22 日。

民群众诉累。

北京、杭州、广州互联网法院运用先发优势，推动技术创新、规则确立、网络治理向前迈进。浙江法院推进“全域数字法院”，福建法院融入“数字福建”，重庆法院探索“全渝数智法院”，司法紧跟数字时代步伐。为老年人、残疾人等积极提供辅助引导或线下服务，帮助跨越“数字鸿沟”。在全球率先出台法院在线诉讼、在线调解、在线运行三大规则，以人民为中心的互联网司法规则体系逐步建立。我国互联网司法从技术领先迈向规则引领，为经济社会数字化转型提供司法保障，为世界互联网法治发展贡献中国智慧中国方案。[1]在互联网司法这个问题上，中国走在了世界前列，也得到了世界许多国家同行的认可。[2]

面对疫情，智慧法院大显身手，全国法院在线立案 1143.9 万件，在线开庭 127.5 万场。司法区块链上链存证 17.1 亿条，电子证据、电子送达存验证防篡改效果明显。形成经济社会运行大数据报告 220 份，“数助决策”服务社会治理。知识服务平台涵盖类案推送、信用评价、庭审巡查等业务场景，为全国法院提供智能服务 1.4 亿次。智慧法院创新成果在国家“十三五”科技创新成就展全方位展示，加强智慧法院建设进入国家“十四五”规划纲要，科技赋能司法展现广阔前景。[3]

第三节　规范司法权力运行，强化司法制约监督

2013 年 2 月 23 日，习近平总书记在十八届中央政治局第四次集体学习时的讲话中指出，司法不能受权力干扰，不能受金钱、人情、关系

---

〔1〕周强:《最高人民法院工作报告——2022 年 3 月 8 日在第十三届全国人民代表大会第五次会议上》，载人民网 2022 年 3 月 15 日。

〔2〕《“中国这十年”，政法改革取得了这些瞩目成就！》，载中国长安网 2022 年 4 月 22 日。

〔3〕周强:《最高人民法院工作报告——2022 年 3 月 8 日在第十三届全国人民代表大会第五次会议上》，载人民网 2022 年 3 月 15 日。

干扰，防范这些干扰要有制度保障。保证司法机关依法独立公正行使职权是我们党的明确主张。我们一些领导干部对怎么坚持党对政法工作的领导认识不清、把握不准，有的甚至为了一己私利，插手和干预司法个案。[1]“公生明，廉生威。”执法司法是否具有公信力，主要看两点，一是公正不公正，二是廉洁不廉洁。[2]旗帜鲜明反对腐败，是政法战线必须打好的攻坚战。要加强对执法司法权的监督制约，最大限度减少权力出轨、个人寻租的机会。对司法腐败，要零容忍，坚持“老虎”“苍蝇”一起打，坚决清除害群之马。[3]

2014 年 10 月 23 日，党的十八届四中全会通过的《中共中央关于全面推进依法治国若干重大问题的决定》提出，要加强对司法活动的监督。完善检察机关行使监督权的法律制度，加强对刑事诉讼、民事诉讼、行政诉讼的法律监督。完善人民监督员制度，重点监督检察机关查办职务犯罪的立案、羁押、扣押冻结财物、起诉等环节的执法活动。司法机关要及时回应社会关切。依法规范司法人员与当事人、律师、特殊关系人、中介组织的接触、交往行为。坚决惩治司法掮客行为，防止利益输送。对因违法违纪被开除公职的司法人员、吊销执业证书的律师和公证员，终身禁止从事法律职业，构成犯罪的要依法追究刑事责任。坚决破除各种潜规则，绝不允许法外开恩，绝不允许办关系案、人情案、金钱案。坚决反对和克服特权思想、衙门作风、霸道作风，坚决反对和惩治粗暴执法、野蛮执法行为。

一、防止利用职权干预司法，加强廉政风险防控机制建设

《中共中央关于全面推进依法治国若干重大问题的决定》提出，完

〔1〕中共中央文献研究室编:《习近平关于全面依法治国论述摘编》，中央文献出版社 2015 年版，第 69—70 页。

〔2〕习近平:《严格执法，公正司法》(2014 年 1 月 7 日)，载中共中央文献研究室编:《十八大以来重要文献选编》(上)，中央文献出版社 2014 年版，第 718 页。

〔3〕中共中央文献研究室编:《习近平关于全面依法治国论述摘编》，中央文献出版社 2015 年版，第 76 页。

善确保依法独立公正行使审判权和检察权的制度。各级党政机关和领导干部要支持法院、检察院依法独立公正行使职权。建立领导干部干预司法活动、插手具体案件处理的记录、通报和责任追究制度。任何党政机关和领导干部都不得让司法机关做违反法定职责、有碍司法公正的事情，任何司法机关都不得执行党政机关和领导干部违法干预司法活动的要求。对干预司法机关办案的，给予党纪政纪处分；造成冤假错案或者其他严重后果的，依法追究刑事责任。明确司法机关内部各层级权限，健全内部监督制约机制。司法机关内部人员不得违反规定干预其他人员正在办理的案件，建立司法机关内部人员过问案件的记录制度和责任追究制度。

为此，司法机关采取一系列措施，并出台“三个规定”：2015 年 3 月，中共中央办公厅、国务院办公厅印发《领导干部干预司法活动、插手具体案件处理的记录、通报和责任追究规定》；2015 年 3 月，中央政法委印发《司法机关内部人员过问案件的记录和责任追究规定》；2015 年 9 月，最高人民法院、最高人民检察院、公安部、国家安全部、司法部联合印发《关于进一步规范司法人员与当事人、律师、特殊关系人、中介组织接触交往行为的若干规定》，落实防止利用职权干预司法的行为。司法系统还建立了干预过问案件情况的月报告和“零报告”制度，健全对记录人员的保护和激励机制。同时，健全廉政风险防控体系，完善自觉接受外部制约监督机制。

严格公正司法，还要着力解决领导机关和领导干部违法违规干预问题，这是导致司法腐败的一个顽瘴痼疾。只有规范司法权力运行，确保司法权依法独立公正行使，才能从源头上杜绝司法腐败。各级党组织和领导干部都要旗帜鲜明支持司法机关依法独立行使职权，绝不允许利用职权干预司法。对来自群众反映政法机关执法办案中存在问题的举告，党政领导干部可以依法按程序批转，但不得提出倾向性意见，更不能替政法机关拍板定案。要建立健全违反法定程序干预司法的登记备案通报制度和责任追究制度，对违反法定程序干预政法机关执法办案的，一律给予党纪政纪处分；造成冤假错案或者其他严重后果的，一律依法追究刑事责任。司法人员要刚正不阿，勇于担当，敢于依法排除来自司法机关内部和外部的干扰坚守公正司法的底线。

二、开展扫黑除恶专项行动，深挖黑恶势力“保护伞”

开展扫黑除恶专项斗争是以习近平同志为核心的党中央作出的一项重大决策部署。2018年1月，中共中央、国务院发出《关于开展扫黑除恶专项斗争的通知》。该通知指出，把扫黑除恶与反腐败斗争和基层“拍蝇”结合起来，深挖黑恶势力“保护伞”。纪检监察机关和政法各机关建立问题线索快速移送反馈机制，对每起涉黑涉恶违法犯罪案件及时深挖其背后的腐败问题，防止就案办案、就事论事。各级纪检监察机关要将党员干部涉黑涉恶问题作为执纪审查重点，对扫黑除恶专项斗争中发现的“保护伞”问题线索优先处置，发现一起、查处一起，不管涉及谁，都要一查到底、绝不姑息。加大督办力度，把打击“保护伞”与侦办涉黑涉恶案件结合起来，做到同步侦办，尤其要抓住涉黑涉恶和腐败长期、深度交织的案件以及脱贫攻坚领域涉黑涉恶腐败案件重点督办。2019年以来，最高人民法院、最高人民检察院、公安部、司法部先后联合出台了《关于办理恶势力刑事案件若干问题的意见》《关于办理“套路贷”刑事案件若干问题的意见》《关于办理黑恶势力刑事案件中财产处置若干问题的意见》《关于办理实施“软暴力”的刑事案件若干问题的意见》等9个意见，为依法严惩黑恶势力违法犯罪提供了更加坚实的法治保障。2020年12月，《反有组织犯罪法（草案）》首次提请全国人大常委会会议审议，扫黑除恶法治化、规范化水平将进一步提高。“推动扫黑除恶常态化”已写入《中华人民共和国国民经济和社会发展第十四个五年规划和2035年远景目标纲要》，制度优势为根治黑恶顽疾提供了更为坚实的保障。2021年，专项斗争开展3年，全国共打掉涉黑组织3644个，是前10年总和的1.3倍；打掉涉恶犯罪集团11,675个；全国法院一审判决涉黑涉恶犯罪案件3.29万件、22.55万人，黑恶犯罪得到了根本遏制。面对黑恶势力背后的“关系网”“保护伞”，冲破层层阻力，坚决一查到底；在办理涉黑涉恶大要案中，恪守法治信仰，严把事实关、证据关、程序关和法律适用关，把案件办成经得起法律和历史检验的铁案。2021 年是常态化扫黑除恶的开局之年，将深挖彻查“保护伞”与政法队伍教育整顿“清除害群之马”统筹推进，共查处涉黑涉恶腐败及“保护伞”问题 9931 起，移送司法机关 1037 人；截至 2021 年 12 月 20 日，专项斗争结束后的存量案件办结率超过 99.3%；涉案财产共执行到位 589.38 亿元，取得了良好的政治效果、法律效果和社会效果。[1]

三、开展政法队伍教育整顿

2013 年 1 月 7 日，习近平总书记在全国政法工作电视电话会议上作出重要指示，全国政法机关要顺应人民群众对公共安全、司法公正、权益保障的新期待，全力推进平安中国、法治中国、过硬队伍建设，深化司法体制机制改革，坚持从严治警，坚决反对执法不公、司法腐败。

2020 年 7 月至 10 月，全国政法队伍教育整顿在北京开展试点工作。政法队伍教育整顿突出“四项任务”：一是清除害群之马，清查对党不忠诚不老实的“两面人”，彻查黑恶势力“保护伞”，深查执法司法腐败，严查党的十八大以来不收敛不收手的腐败。二是整治顽瘴痼疾，强化治建并举，建立健全执法司法监督管理制度体系，全面防范化解廉政风险。三是弘扬英模精神，激励政法干警忠诚履职、为民服务、担当作为。四是提升能力素质，引导政法队伍坚定做到“两个维护”，切实履行好新时代政法工作的职责使命。[2] 2021 年 2 月底至 10 月底，这场政法队伍刀刃向内的自我革命在全国范围内分两批进行，首批为市、县两级党委政法委、政法单位以及省属监狱、戒毒所；第二批为中央政法委、中央政法单位、省级党委政法委、政法单位。全国政法队伍教育整顿领导小组和各地设立“政法干警违纪违法举报平台”，倒查政法干警违纪违法问题线索，聚焦影响严格执法、公正司法的顽瘴痼疾，分类施策、靶向治疗；着力在解决有案不立、压案不查、有罪不究，“运

〔1〕《陈一新：常态化扫黑除恶第一年，“十件实事”取得丰硕战果！》，载中国长安网 2021 年 12 月 27 日。

〔2〕《全国政法队伍教育整顿试点工作启动》，载《人民日报》2020 年 7 月 9 日，第 11 版。

动式”“一刀切”执法，司法人员与律师不当接触交往，违规违法办理减刑、假释、暂予监外执行等执法司法突出问题上取得实实在在的效果。〔1〕

开展政法队伍教育整顿，是以习近平同志为核心的党中央从党和国家事业发展全局作出的重大决策部署。通过政法队伍教育整顿，一批顽瘴痼疾得到有效整治，坚决查处了一批对党不忠诚、不老实的“两面人”，以及徇私枉法、执法犯法、充当黑恶势力“保护伞”、不作为乱作为的反面典型，有力维护了政法队伍肌体健康。据人民网统计，2021年前11个月，群众对涉法涉诉案件和政法系统工作作风的投诉分别下降28.1%、23.6%。政法队伍教育整顿有力推动政治生态进一步优化、纪律作风进一步好转、素质能力进一步增强、执法司法公信力进一步提升。〔2〕

习近平法治思想指出，要聚焦人民群众反映强烈的突出问题，加快构建规范高效的制约监督体系，把对司法权的法律监督、社会监督、舆论监督等落实到位，保证法官、检察官做到“以至公无私之心，行正大光明之事”，把司法权“关进制度的笼子”。要加快构建系统完备、规范高效的执法司法制约监督体系，加强对立法权、执法权、监察权、司法权的监督，健全纪检监察机关、公安机关、检察机关、审判机关、司法行政机关各司其职，侦查权、检察权、审判权、执行权相互制约的体制机制，确保执法司法各环节、全过程在有效制约监督下进行。〔3〕

第四节 完善人权司法保障，促进司法公正

推进公正司法，从确保依法独立公正行使审判权检察权、健全司法

〔1〕《全国第一批政法队伍教育整顿声势浩大、力度空前、成果丰硕》，载中国长安网2021年9月7日。

〔2〕《政法队伍教育整顿成效显著：政治生态修复净化、害群之马有力清除》，载中国新闻网2022年1月18日。

〔3〕习近平：《坚持走中国特色社会主义法治道路 更好推进中国特色社会主义法治体系建设》，载《求是》2022年第4期。

权力运行机制、完善人权司法保障制度三个方面，着力破解体制性、机制性、保障性障碍，不断提高司法公信力。[1]党的十八大以来，中共中央在深化司法改革中推进人权司法保障，司法系统先后发布四个“人民法院五年改革纲要”和三个“人民检察院检察改革三年意见”。党的十八届三中全会和十八届四中全会把加强和完善人权司法保障纳入全面深化改革和全面推进依法治国战略布局。党的十八届四中全会审议通过的《中共中央关于全面推进依法治国若干重大问题的决定》指出，“保证公正司法，提高司法公信力”，要“加强人权司法保障”。

一、废除劳动教养等制度，完善社区矫正和矫治教育制度

继1996年《刑事诉讼法》修改将备受诟病的收容审查制度废除后，2013年12月28日，全国人大常委会通过《关于废止有关劳动教养法律规定的决定》，对另一严重阻碍人权保障理念发展的制度依法予以废止。《关于废止有关劳动教养法律规定的决定》规定“对正在被依法执行劳动教养的人员，解除劳动教养，剩余期限不再执行”，标志着已经实施50多年的劳教制度终于退出历史舞台，人权司法保障得到进一步加强。随着《治安管理处罚法》《禁毒法》等法律的施行和《刑法》的不断完善，以及相关法律的有机衔接，劳动教养制度的作用逐渐被取代。自2013年3月起，各地基本停止使用劳动教养。

在废止劳教制度的同时，逐步推进社区矫正制度。为进一步规范社区矫正工作，加强和创新特殊人群管理，根据中央关于深化司法体制和工作机制改革的总体部署，在深入调研论证和广泛征求意见的基础上，2012年1月最高人民法院、最高人民检察院、公安部、司法部联合发布了《社区矫正实施办法》。截至2019年5月，已累计接收社区矫正对象445万人，累计解除矫正375万人，在册社区矫正对象70多万人，社区

---

〔1〕中共中央宣传部编:《习近平新时代中国特色社会主义思想学习纲要》，学习出版社、人民出版社2019年版，第104页。

矫正对象在矫正期间再犯罪率一直处于0.2%的较低水平。2019年12月28日《社区矫正法》出台，标志着我国社区矫正领域首部专门性法律正式出台，填补了我国社区矫正工作缺乏统领性主干法律依据的空白，在完善社区矫正法律规范体系的进程中迈出关键性一步，对推进社区矫正工作规范化、专业化、法治化以及国家治理体系和治理能力建设具有重大意义，充分体现了保障人权、宽严相济、科学矫正、社会参与、修复融入的现代刑罚执行精神。健全完善刑满释放人员救助管理制度，落实社会救助和就业安置措施，促进刑满释放人员顺利融入社会。〔1〕

继收容审查、收容遣送、劳动教养等制度被废止之后，对卖淫嫖娼人员集中采取的收容教育制度、对实施了犯罪行为但不满16周岁不予刑事处罚的未成年人采取的收容教养制度也陆续退出历史舞台。2019年12月28日，十三届全国人大常委会第十五次会议通过了《全国人民代表大会常务委员会关于废止有关收容教育法律规定和制度的决定》；2020年4月2日发布第726号国务院令，废止了《卖淫嫖娼人员收容教育办法》这一行政法规〔2〕，标志着收容教育制度的彻底废除。2020年12月26日第十三届全国人大常委会第二十四次会议修订了《预防未成年人犯罪法》，通过了《刑法修正案（十一）》，将原来《刑法》和《预防未成年人犯罪法》中“收容教养”〔3〕改为“专门矫治教育”，即经专门教育指导委员会评估同意，教育行政部门会同公安机关可以决定对其进行专门矫治教育。这一变化标志着收容教养制度的废除，进一步体现了随着全面依法治国的深入，加大对低龄未成年犯的教育、感化、挽救工作

〔1〕中华人民共和国国务院新闻办公室:《为人民谋幸福：新中国人权事业发展70年》（2019年9月22日），载国务院新闻办公室网2019年9月22日。

〔2〕根据原《卖淫嫖娼人员收容教育办法》的规定，公安机关不经审判程序，便可对卖淫嫖娼人员采取为期6个月至2年的强制教育、劳动等一系列限制人身自由的行政强制措施。

〔3〕长期以来，收容教养制度在执行过程中没有清楚的程序，也没有明确的执行场所，相当长的时间内是公安机关比照劳动教养的程序利用劳动教养的场所对罪错未成年人进行管教。劳动教养取消后，劳动教养场所也没有了，给公安机关的执法造成了困难，实际上就造成了实践中要么随意放，要么违法关，即把罪错未成年人关进未成年人管教所。参见《〈预防未成年人犯罪法〉6月1日实施，收容教养退出历史舞台》，载中国经济网2021年5月27日。

力度，和教育和预防为主、惩罚为辅的谦抑理念，体现了宽严相济的刑事政策，凝聚社会各界力量，提高专业性和针对性，更好地帮助未成年犯改过自新、重返社会，充分保障未成年人权益。

劳动教养、收容教育和收容教养等相关制度的相继废除，是党的十八大以来我国在加强人权司法保障领域的标志性成果。

二、健全冤错案件纠正和防范体系

党的十八大以来，党中央高度重视纠正和预防冤假错案。司法公正对社会公正具有重要引领作用，司法不公对社会公正具有致命破坏作用。习近平总书记曾多次指出，如果人民群众通过司法程序不能保证自己的合法权利，那司法就没有公信力，人民群众也不会相信司法。人民群众每一次求告无门、每一次经历冤假错案，损害的都不仅仅是他们的合法权益，更是法律的尊严和权威，是他们对社会公平正义的信心。习近平总书记强调，要懂得“100-1=0”的道理。一个错案的负面影响足以摧毁九十九个公平裁判积累起来的良好形象。执法司法中万分之一的失误，对当事人就是百分之百的伤害。〔1〕

在防范和纠正冤假错案方面，公安部门深化错案预防机制制度建设，完善执法制度和办案标准，强化案件审核把关，努力从源头上防止冤假错案的发生；检察机关严把事实关、程序关和法律适用关，健全检察环节错案发现、纠正、防范和责任追究机制；审判机关严格规定对定罪证据不足的案件依法宣告被告人无罪。〔2〕

坚持疑罪从无，防范和纠正冤假错案。2013 年至 2019 年 3 月，各级人民法院依法对 5876 名被告人宣告无罪，确保无罪的人不受刑事追究；再审改判刑事案件 8568 件，其中依法纠正呼格吉勒图案、聂树斌案、“五周案”等重大冤错案件 49 件，并依法予以国家赔偿。严格控制

---

〔1〕中共中央宣传部编：《习近平新时代中国特色社会主义思想学习纲要》，学习出版社、人民出版社 2019 年版，第 104 页。

〔2〕左锋：《以人民为中心推进人权法治保障》，载《学习时报》2018 年 11 月 14 日，第 2 版。

并慎用死刑，大幅减少适用死刑的罪名。

建立健全权利救济和救助制度。畅通国家赔偿请求渠道，扩大赔偿范围，明确举证责任，增加精神损害赔偿，提高赔偿标准，保障赔偿金及时支付，进一步完善行政赔偿、刑事赔偿和非刑事司法赔偿制度。国家刑事赔偿标准随经济社会发展不断提高，侵犯公民人身自由权每日赔偿金额从1995年的17.16元人民币，上升到2019年的315.94元人民币。2013年至2019年3月，各级人民法院审结国家赔偿案件61,978件。健全完善国家司法救助制度，设立司法救助委员会，积极推动司法救助与社会救助、法律援助的衔接，帮助无法获得有效赔偿的受害人摆脱生活困境。2015年至2018年，对生活困难当事人发放司法救助款37.5亿元。[1]《人民法院第五个五年改革纲要（2019—2023）》指出，人民法院将进一步研究细化司法救助经费保障、救助范围、标准程序等规定，增强可操作性。[2]中共中央《法治中国建设规划（2020—2025年）》提出“完善有效防范和及时发现、纠正冤假错案工作机制”。

三、完善律师执业权利保障制度

党的十八大以来，在全面深化司法改革的进程中，司法机关高度重视律师在促进司法公正中的重要作用。2014年12月，最高人民检察院制定依法保障律师执业权利的规定。2015年9月，“两高三部”发布依法保障律师执业权利的规定。2016年11月，部署全国检察机关开展保障律师执业权利专项检查。2017年6月，部署建立健全维护律师执业权利快速联动处置机制。2017年8月，“两高三部”又联合出台关于开展法律援助值班律师工作的意见。2013年至2017年11月，全国检察机关对有关机关及其办案人员阻碍律师依法行使执业权利的，监督纠正

〔1〕中华人民共和国国务院新闻办公室:《改革开放40年中国人权事业的发展进步》(2018年12月12日)，载新华网2018年12月12日。

〔2〕《“中国这十年”，政法改革取得了这些瞩目成就！》，载中国长安网2022年4月22日。

6542 件。[1]

党的十九大以来，更加充分保障犯罪嫌疑人和被告人的辩护权，犯罪嫌疑人自被侦查机关第一次讯问或者被采取强制措施之日起，有权委托辩护人，被告人有权随时委托辩护人；完善法律援助制度，开展刑事案件律师辩护全覆盖试点工作，努力保障所有刑事案件被告人在审判阶段都能获得律师辩护和帮助；保障辩护律师会见、阅卷、调查取证、质证和辩论辩护等各项诉讼权利；完善保障律师依法履职机制，建立健全维护律师执业权利快速联动处置机制；开通律师服务平台，为律师办案提供便利。[2]

中共中央《法治中国建设规划（2020—2025 年）》提出：健全讯问犯罪嫌疑人、听取辩护人意见工作机制。《关于依法保障律师执业权利的规定》等文件的出台，对保障律师各项诉讼权利作出全面规定，健全完善了律师执业权利救济机制和责任追究机制。最高人民法院、最高人民检察院、公安部、国家安全部、司法部和中华全国律师协会建立了维护律师执业权利快速联动处置机制，畅通律师维权通道，确保律师权利被侵犯后能够得到及时有效救济。中华全国律师协会、省级和设区的市级律师协会全部设立维护律师执业权利中心，专门负责维护律师执业权利工作。最高人民检察院开展保障律师执业权利专项监督活动，监督纠正执法司法机关阻碍律师依法行使诉讼权利问题，保障诉讼活动顺利进行。截至 2020 年，全国共有律师事务所 3.4 万多家，律师 52.2 万多人。[3]

---

〔1〕曹建明：《最高人民检察院关于人民检察院全面深化司法改革情况的报告——2017 年 11 月 1 日在第十二届全国人民代表大会常务委员会第三十次会议上》，载最高人民检察院网 2017 年 11 月 2 日。

〔2〕中华人民共和国国务院新闻办公室：《为人民谋幸福：新中国人权事业发展 70 年》（2019 年 9 月 22 日），载国务院新闻办公室网 2019 年 9 月 22 日。

〔3〕中华人民共和国国务院新闻办公室：《全面建成小康社会：中国人权事业发展的光辉篇章》（2021 年 8 月 12 日），载中国政府网 2021 年 8 月 12 日。

四、强化人权司法保障体系

保障犯罪嫌疑人、被告人、服刑人合法权利。《中共中央关于全面推进依法治国若干重大问题的决定》要求，强化诉讼过程中当事人和其他诉讼参与人的知情权、陈述权、辩护辩论权、申请权、申诉权的制度保障。健全落实罪刑法定、疑罪从无、非法证据排除等法律原则的法律制度。完善对限制人身自由司法措施和侦查手段的司法监督，加强对刑讯逼供和非法取证的源头预防，健全冤假错案有效防范、及时纠正机制。落实终审和诉讼终结制度，实行诉访分离，保障当事人依法行使申诉权利。对不服司法机关生效裁判、决定的申诉，逐步实行由律师代理制度。对聘不起律师的申诉人，纳入法律援助范围。司法部门全面加强司法鉴定管理，进一步规范司法鉴定活动。完善了对在押犯罪嫌疑人、被告人强制措施的解除和变更程序，减少羁押强制性措施适用；改善了羁押和监管条件，加强看守所和监狱的建设和管理，保障被羁押人、服刑人的人身安全和其他合法权利不受侵犯。[1]建立重大案件侦查终结前对讯问合法性进行核查制度。完善看守所管理制度，建立对监狱、看守所的巡回检察制度。

完善中国特色少年司法制度。截至2021年，最高人民法院设立少年法庭工作办公室和6个巡回审判点，全国法院设立2181个少年法庭。深入贯彻未成年人“两法”[2]，坚持最有利于未成年人原则，确保未成年人依法得到特殊、优先保护。严惩侵害未成年人犯罪。落实《家庭教育促进法》[3]，对一些父母不正确实施家庭教育、怠于履行抚养监护义务等行为进行训诫，发出家庭教育令，对虐待儿童的剥夺监护权。[4]以全面

---

〔1〕左锋:《以人民为中心推进人权法治保障》，载《学习时报》2018年11月14日，第2版。

〔2〕指《未成年人保护法》和《预防未成年人犯罪法》，皆经由第十三届全国人民代表大会常务委员会修订并已于2021年6月1日施行。

〔3〕已由第十三届全国人民代表大会常务委员会通过并于2022年1月1日起施行。

〔4〕周强:《最高人民法院工作报告——2022年3月8日在第十三届全国人民代表大会第五次会议上》，载人民网2022年3月15日。

综合司法保护为导向，规范“捕、诉、监、防”一体化办案工作机制，探索未成年人检察特殊业务案件化办理。深化涉罪未成年人的教育感化挽救工作，探索建立罪错未成年人临界预防、家庭教育、分级处遇和保护处分制度，推行未成年被害人“一站式”询问、救助机制，建立健全性侵害未成年人违法犯罪信息库和入职查询制度。对未成年人犯罪采用圆桌审判，封存犯罪记录，预防和减少重新犯罪。促进“法治进校园”活动制度化，进一步推进检察官担任法治副校长、未成年人法治教育基地建设等工作。开展未成年人检察社会支持体系建设试点工作，推动专业化和社会化的有效衔接。〔1〕

习近平总书记在《加快建设社会主义法治国家》中指出，法治领域改革涉及的主要是公检法司等国家政权机关和强力部门，社会关注度高，改革难度大，更需要自我革新的胸襟。要把解决了多少实际问题、人民群众对问题解决的满意度作为评价改革成效的标准。只要有利于提高党的执政能力、巩固党的执政地位，有利于维护宪法和法律的权威，有利于维护人民权益、维护社会公平正义、维护国家安全稳定，都要坚定不移向前推进。〔2〕公正司法事关人民切身利益，事关社会公平正义，事关全面推进依法治国。要坚持以提高司法公信力为根本尺度，坚持符合国情和遵循司法规律相结合，坚持问题导向，勇于攻坚克难，坚定信心，凝聚共识，锐意进取，破解难题，坚定不移深化司法体制改革，不断促进社会公平正义。〔3〕

〔1〕《2018—2022年检察改革工作规划》，载最高人民检察院网2019年2月12日。

〔2〕习近平：《加快建设社会主义法治国家》，载《求是》2015年第1期。

〔3〕中共中央宣传部、中央全面依法治国委员会办公室编：《习近平法治思想学习纲要》，人民出版社、学习出版社2021年版，第112页。

第六章 深化法治宣传教育，提高全民法治观念

“全民守法”的核心是遵守宪法和法律，坚持宪法和法律的至上性和法律适用的平等性，是我国宪法对于一切组织和公民的基本要求。习近平总书记曾对全民守法的内涵作出过科学、系统的具体阐释，即“任何组织或者个人都必须在宪法和法律范围内活动，任何公民、社会组织和国家都要以宪法和法律为行为准则，依照宪法和法律行使权利或权力、履行义务或职责。要深入开展法制宣传教育，在全社会弘扬社会主义法治精神，引导全体人民遵守法律、有问题依靠法律来解决，形成全体人民遵守法律、有问题依靠法律来解决，形成守法光荣的良好氛围”。[1]然而“全民守法”概念的提出，是经过长期酝酿与不断发展而成的。1978年，党的十一届三中全会指出，为了保障人民民主，必须加强社会主义法制，使民主制度化、法律化，使这种制度和法律具有稳定性、连续性和极大的权威，做到有法可依，有法必依，执法必严，违法必究。“有法可依，有法必依，执法必严，违法必究”成

〔1〕习近平：《坚持法治国家、法治政府、法治社会一体建设》，载习近平：《习近平谈治国理政》（第一卷），外文出版社2018年版，第145页。

为引领新时期社会主义法制建设的“十六字方针”。2008年，为纪念改革开放30周年发表的《中国的法治建设》白皮书提出：“中国将……从完善立法、严格执法、公正司法、自觉守法等方面扎实推进，全面落实依法治国基本方略，加快建设社会主义法治国家。”这里将过去笼统的“执法”概念细分为“执法、司法、守法”三个概念和环节，并且把“有法可依、执法必严、违法必究”的一般法律行为要求转化为“严格执法、公正司法、全民守法”的行政、司法、公民三类主体的法治价值要求，丰富和完善了“十六字方针”的内容。2011年，胡锦涛同志在庆祝中国共产党成立90周年大会上的讲话中进一步完整明确地提出了“新十六字方针”，他指出要“全面落实依法治国基本方略，在全社会大力弘扬社会主义法治精神，不断推进科学立法、严格执法、公正司法、全民守法进程，实现国家各项工作法治化”。[1]

2012年党的十八大胜利召开，首次以执政党政治报告的形式，正式把“科学立法、严格执法、公正司法、全民守法”确认为全面推进依法治国、加快建设社会主义法治国家应当遵循的“新十六字方针”。2014年10月23日，中国共产党第十八届中央委员会第四次全体会议审议通过了《中共中央关于全面推进依法治国若干重大问题的决定》，文件提出要“坚持中国特色社会主义制度，贯彻中国特色社会主义法治理论，形成完备的法律规范体系、高效的法治实施体系、严密的法治监督体系、有力的法治保障体系，形成完善的党内法规体系，坚持依法治国、依法执政、依法行政共同推进，坚持法治国家、法治政府、法治社会一体建设，实现科学立法、严格执法、公正司法、全民守法，促进国家治理体系和治理能力现代化”。[2]文件第二部分至第五部分构成的第二大版块是“从目前法治工作基本格局出发，对科学立法、严格执法、公正

---

〔1〕胡锦涛：《在庆祝中国共产党成立90周年大会上的讲话》，载中共中央文献研究室编：《十七大以来重要文献选编》（下），中央文献出版社2013年版，第447页。

〔2〕《中共中央关于全面推进依法治国若干重大问题的决定》，载中共中央文献研究室编：《十八大以来重要文献选编》（中），中央文献出版社2016年版，第157页。

司法、全民守法进行论述和部署”。[1]习近平总书记还将“新十六字方针”的内容作为全面推进依法治国的重点任务，明确要求建设社会主义法治国家，必须“准确把握全面推进依法治国重点任务，着力推进科学立法、严格执法、公正司法、全民守法。全面推进依法治国，必须从目前法治工作基本格局出发，突出重点任务，扎实有序推进”。[2]2019年10月31日，中国共产党第十九届中央委员会第四次全体会议通过了《中共中央关于坚持和完善中国特色社会主义制度 推进国家治理体系和治理能力现代化若干重大问题的决定》提出，必须坚定不移走中国特色社会主义法治道路，全面推进依法治国。全面推进科学立法、严格执法、公正司法、全民守法，推进法治中国建设。

全民守法的实现需要法治宣传教育的有力保障，法治宣传教育的直接目的是为推进实现全民守法。习近平总书记曾强调指出：“要坚持把全民普法和守法作为依法治国的长期基础性工作，采取有力措施加强法制宣传教育。要坚持法治教育从娃娃抓起，把法治教育纳入国民教育体系和精神文明创建内容，由易到难、循序渐进不断增强青少年的规则意识。”[3]《中共中央关于全面推进依法治国若干重大问题的决定》同样提出要“坚持把全民普法和守法作为依法治国的长期基础性工作，深入开展法治宣传教育，引导全民自觉守法、遇事找法、解决问题靠法”。[4]2020年11月16日至17日，习近平总书记在中央全面依法治国工作会议上特别指出，普法工作要在针对性和实效性上下功夫，特别要加强青少年法治教育，不断提升全体公民法治意识和法治素养。2020年12月7日，中共中央印发了《法治社会建设实施纲要（2020–2025年）》，文件指出全民守法是法治社会的基础工程。要树立宪法法律至上、法律

〔1〕习近平：《关于〈中共中央关于全面推进依法治国若干重大问题的决定〉的说明》，载习近平：《论坚持全面依法治国》，中央文献出版社2020年版，第90页。

〔2〕习近平：《加快建设社会主义法治国家》，载《求是》2015年第1期。

〔3〕习近平：《加快建设社会主义法治国家》，载《求是》2015年第1期。

〔4〕《中共中央关于全面推进依法治国若干重大问题的决定》，载中共中央文献研究室编：《十八大以来重要文献选编》（中），中央文献出版社2016年版，第172页。

面前人人平等的法治理念，培育全社会法治信仰，增强法治宣传教育针对性和实效性，引导全体人民做社会主义法治的忠实崇尚者、自觉遵守者、坚定捍卫者，使法治成为社会共识和基本原则。2021 年 12 月 26 日，习近平总书记在第十九届中央政治局第三十五次集体时作了题为《坚持走中国特色社会主义法治道路　更好推进中国特色社会主义法治体系建设》的重要讲话，其指出："推进法治体系建设，重点和难点在于通过严格执法、公正司法、全民守法，推进法律正确实施，把'纸上的法律'变为'行动中的法律'……要把推进全民守法作为基础工程，全面落实'谁执法谁普法'普法责任制。各级领导干部要带头尊法学法守法用法，引导广大群众自觉守法、遇事找法、解决问题靠法。"[1] 上述一系列重要会议和讲话精神为新时代推进全民守法指明了方向，提供了根本遵循。因而在新时代背景下，开展法治宣传教育是推进全面依法治国的基础性工作，制定和实施五年普法规划是党领导全体公民推进普法工作的重要方式。为统筹推进"五位一体"总体布局，高效实现"四个全面"战略目标，我国应继续加大全民普法力度，提升普法的针对性与实效性，进一步形成全社会尊法学法守法用法的良好氛围，让法治信仰根植于人民心中。

第一节　"六五"普法规划的成就与经验

法治最深刻的根基在于每个个体，只有每个公民都依法办事、自觉守法，法律才能真正被遵行。面对人口规模巨大的现实国情，深入开展全民普法，把法律交给人民，这是人类法治史上的一大创举，也是中国特色社会主义制度优势的体现，更是中国特色社会主义法治的重要组成部分。自 1986 年以来，我国已连续实施完成了 7 个五年普法规划，在

〔1〕习近平：《坚持走中国特色社会主义法治道路　更好推进中国特色社会主义法治体系建设》，载《求是》2022 年第 4 期。

普法领域取得了重要成果，全社会法治观念明显增强，社会治理法治化水平明显提高。进入新时代，我国陆续完成了“六五”“七五”两个普法规划工作，法治宣传教育的第八个五年规划也于2021年6月15日正式予以实施。党的十八大、十九大、十九届四中全会、十九届五中全会等重要会议陆续提出了要深入开展法治宣传教育的重大任务。与此同时，随着中国特色社会主义法律体系的形成，整个社会和广大人民群众法治意识不断增强，对法治宣传教育也提出了新的更高要求。继续开展法治宣传教育工作，对进一步增强全社会法治观念、推进依法治国进程，为经济社会发展提供良好法治环境与保障，具有十分重要的意义。回顾历史，为做好我国第六个五年法制宣传教育工作，2011年3月23日，中共中央、国务院转发《中央宣传部、司法部关于在公民中开展法制宣传教育的第六个五年规划（2011—2015年）》的通知。随后，2011年4月22日，《全国人民代表大会常务委员会关于进一步加强法制宣传教育的决议》予以通过实施，上述两份重要政策规范文件整体对于我国推进“六五”普法工作作出了明确部署。

一、深入贯彻落实习近平总书记系列重要讲话精神

在党的十八大以来治国理政新的实践中，习近平总书记发表了一系列重要讲话。讲话围绕坚持和发展中国特色社会主义、实现中华民族伟大复兴的中国梦，围绕推进经济建设、政治建设、文化建设、社会建设、生态文明建设，围绕推进国防和军队建设、祖国统一、外交工作，围绕从严管党治党、全面提高党的建设科学化水平等多个方面，提出许多富有创见的新思想新观点新论断新要求，深刻回答了新形势下党和国家发展的一系列重大理论和现实问题，深入阐释了党的十八大精神，进一步升华了我们党对中国特色社会主义规律和马克思主义执政党建设规律的认识。习近平总书记的讲话内涵丰富、思想深邃、博大精深，贯穿着坚定信仰追求、历史担当意识、真挚为民情怀、务实思想作风、科学思想方法，闪耀着马克思主义真理的光辉，是新一届中央领导集体执政理念、工作思路和信念意志的集中反映，是坚持和发展中国特色社会主

义的最新理论成果，为我们在新的历史起点上实现新的奋斗目标提供了科学指南和基本遵循。

“六五”普法规划时期，深入学习贯彻习近平总书记系列重要讲话精神，是全党、全国、全民的一项重大政治任务，是我们统一思想认识、凝聚奋进力量的迫切需要，是把握发展大势、明确前进方向的迫切需要，是赢得发展新优势、开创事业新局面的迫切需要，是提高党员干部素养、增强驾驭复杂局面能力的迫切需要，对全面建成小康社会、夺取中国特色社会主义新胜利，具有重大而深远的意义。只有学习好贯彻好讲话精神，才能进一步坚定主心骨，保持思想上政治上行动上的团结统一，更好地坚持中国道路、弘扬中国精神、凝聚中国力量；才能进一步增强战略思维和战略定力，更好地观大势、谋大事，排除各种干扰，不动摇、不懈怠、不折腾，续写中国特色社会主义新篇章；才能进一步增强发展信心、把握发展规律、拓展发展空间，推动经济社会持续健康发展、加快推进社会主义现代化；才能更好保持党的先进性和纯洁性，保持党的蓬勃生机和旺盛活力，切实承担起党所肩负的历史责任和历史使命。

党的十八大等一系列重要会议明确要求，我国应提高领导干部运用法治思维和法治方式深化改革、推动发展、化解矛盾、维护稳定的能力。提高领导干部运用法治思维和法治方式能力，是全面建设小康社会的需要，是全面推进依法治国的需要，是社会稳定的需要。“六五”普法规划期间，我国将习近平总书记在首都各界纪念现行宪法公布实施三十周年大会上的讲话、关于《中共中央关于全面深化改革重大问题的决定》的说明、关于《中共中央关于制定国民经济和社会发展第十三个五年规划的建议》的说明、在庆祝全国人民代表大会成立六十周年大会上的讲话、在庆祝中华人民共和国成立六十五周年招待会上的讲话、在党的群众路线教育实践活动总结大会上的讲话以及关于《中共中央关于全面推进依法治国若干重大问题的决定》的说明等一系列重要讲话内容，持续作为法制宣传教育工作的重中之重，取得了丰硕的成果。

二、大力宣传中国特色社会主义法律体系及相关法律

中国特色社会主义法律体系，是中国特色社会主义伟大事业的重要组成部分，是全面实施依法治国基本方略、建设社会主义法治国家的基础，是新中国成立以来特别是改革开放以来经济社会发展实践经验制度化、法律化的集中体现。其具有十分鲜明的特征：首先，这个法律体系体现了中国特色社会主义的本质要求。一国法律体系的性质由一个国家社会制度的性质所决定。我国是工人阶级领导的、以工农联盟为基础的人民民主专政的社会主义国家。在社会主义初级阶段，我国实行公有制为主体、多种所有制经济共同发展的基本经济制度。这就决定了我们构建的必然是中国特色社会主义性质的法律体系，它包括的全部法律规范，它确立的各项法律制度，必须有利于巩固和发展社会主义制度，以体现人民共同意志、维护人民根本利益、保障人民当家作主为本质要求。这是以公有制为基础的中国特色社会主义法律体系与以私有制为基础的资本主义法律体系的本质区别。哪些法律需要制定，哪些法律不需要制定，具体法律制度的内容如何，都要从社会主义的本质要求出发，从中国特色社会主义制度和处于社会主义初级阶段的实际出发，从人民群众的根本意志和长远利益出发。其次，这个法律体系体现了继承中国法制文化优秀传统和借鉴人类法制文明成果的文化要求。中国特色社会主义法律体系的构建，始终立足于基本国情，从实际出发，坚持将传承历史传统、借鉴文明成果和进行制度创新有机结合起来，做到古为今用、洋为中用、兼容并蓄，充分体现这个法律体系在文化上的先进性、包容性和广泛性。一方面，继承中华法制文化中的优秀成分，适应改革开放和现代化建设需要进行制度创新。另一方面，充分吸收人类法律文明的成果，借鉴国外的有益经验，但又不是简单地照搬照抄，而是根据中国国情和实际，吸收有益之处，为我所用。实践证明，只有既能继承发扬我国优秀的法律文化传统，又能借鉴吸收人类法律文明成果，才能走出一条符合我国国情、顺应时代潮流的中国特色社会主义法治道路。

与此同时，中国特色社会主义法律体系是全面推进依法治国的重要

基础和制度保障。“六五”普法规划时期，我国积极宣传中国特色社会主义法律体系，主要体现为以下五个方面：首先，突出学习宪法，广泛宣传中国特色社会主义法律体系和国家基本法律，大力宣传中国特色社会主义法律体系的基本构成、基本特征和主要内容，深入开展社会主义法治理念宣传教育。其次，深入宣传中国特色社会主义法律体系，宣传民商法、刑法、行政法、经济法、社会法、诉讼与非诉讼程序法等方面的法律，传播法律知识，培育法律信仰。再次，围绕党的十八大确定的经济建设、政治建设、文化建设、社会建设、生态文明建设五位一体总体布局，深入学习宣传与促进经济社会发展、加强和创新社会管理、反腐倡廉建设、人与自然和谐发展等相关的法律法规。广泛宣传改善民生，与群众生产生活密切相关的法律法规，充分发挥法律在人们日常生产生活中的引领和规范作用。复次，认真开展各部门、行业专门法律法规的学习宣传，认真开展与本地区经济社会发展密切相关的地方性法规学习宣传，各专项法律法规和地方性法规得到广泛普及。最后，大力宣传立法、执法、司法、守法、法律监督、法律服务和保障等法治实践，教育引导公民通过丰富生动的法治实践活动，学习法治知识，提高法治素养，增强学法、尊法、守法、用法的自觉性。持续宣传信访、投诉、调解等法律法规，引导人民依法理性表达利益诉求，维护自身合法权益。

三、全面开展“法律六进”活动

“六五”普法规划时期，我国法制宣传教育始终围绕党和国家工作大局，在全国持续组织、开展“深化‘法律六进’，推进依法治国”的法制宣传教育主题活动。2013 年 3 月 4 日，司法部、全国普法办发出通知，要在全国部署开展“深化‘法律六进’，推进依法治国”的法制宣传教育主题活动。为响应中央的政策号召，各地、各部门不断结合本地区、本部门的工作实际，认真制定方案，设计有特色、有针对性的宣传载体。围绕“法律六进”工作，这一时期我国法制宣传教育取得了以下三方面成果：首先，持续推进主题活动深入基层。以“法律六进”为载体，各省、市、地区广泛发动和组织法制宣传教育工作者、普法讲师团成员、普法志愿者参与普法，组织开展形式多样的法制宣传教育活动。充分利用大众传媒，推动法制宣传教育向社会各领域、各行业延伸，使主题活动更好地深入基层，服务群众。其次，不断加强实践经验的推广交流。各地各部门认真总结开展主题活动的经验，适时组织召开全国“法律六进”法制宣传教育活动推进会，特别注重加强主题活动经验的总结和交流。最后，持续建立健全“法律六进”工作制度。我国各省、市、地区不断结合实际，进一步规范法律进机关、进乡村、进社区、进学校、进企业、进单位的内容、途径和方式，“法律六进”工作的监督检查和考核得到强化与完善。

四、依法治理和法治创建工作效果显著

依法治理，主要是指在国家、社会治理的过程中，各单位、组织要发挥法治的引领和保障作用，坚持运用法治思维和法治方式解决矛盾和问题。围绕依法治理问题，党的十八大以来提出了一系列重要创新。2013 年 11 月，党的十八届三中全会在北京召开，会议审议通过了《中共中央关于全面深化改革若干重大问题的决定》，文件提出要“建设法治中国，必须坚持依法治国、依法执政、依法行政共同推进，坚持法治国家、法治政府、法治社会一体建设”。[1] 2014 年 10 月，党的十八届四中全会在北京召开，会议审议通过了《中共中央关于全面推进依法治国若干重大问题的决定》，文件提出我国要推进多层次多领域依法治理，坚持系统治理、依法治理、综合治理、源头治理。2019 年 10 月 31 日，党的十九届四中全会审议通过了《中共中央关于坚持和完善中国特色社会主义制度　推进国家治理体系和治理能力现代化若干重大问题的决定》，文件提出要“突出坚持和完善支撑中国特色社会主

[1]《中共中央关于全面深化改革若干重大问题的决定》，载中共中央文献研究室编：《十八大以来重要文献选编》（上），中央文献出版社 2014 年版，第 529 页。

义制度的根本制度、基本制度、重要制度，着力固根基、扬优势、补短板、强弱项，构建系统完备、科学规范、运行有效的制度体系，加强系统治理、依法治理、综合治理、源头治理，把我国制度优势更好转化为国家治理效能”。[1]

为充分贯彻上述政策规范文件所设定的目标要求，这一时期的法制宣传教育工作围绕依法治理和法治创建工作作出了以下六个方面的创新：其一，深化法治城市、法治县（市、区）创建活动，紧紧围绕法治中国建设，认真总结经验，推进法治城市、法治县（市、区）创建活动深入进行。其二，深化部门行业依法治理工作，进一步深化“依法行政示范单位”创建和“诚信守法企业”等创建活动，国家各项事业法治化水平得到提升。其三，深化基层法治创建活动，认真总结推广“民主法治示范村”“民主法治示范区”等基层创建工作经验，推广一些地方开展的乡村（社区）法律顾问、法治副主任等制度，扩大基层法治创建活动范围，促进基层民主法治建设，不断提高基层组织自我约束、自我管理、自我服务、自我教育、自我监督的能力和水平。其四，积极开展“依法行政示范窗口”创建等依法治理活动，围绕社会热点难点问题和社会管理薄弱环节，开展专项依法治理活动，积极推动将依法治理纳入各级党委政府目标管理，明确任务、分解责任，抓好落实。其五，尊重人民群众的主体地位，充分调动人民群众参与依法治理的积极性，支持各类社会主体依法实现自我约束、自我管理，发挥市民公约、乡村民约、行业规章、团体章程等社会规范在社会治理中的积极作用。其六，逐步建立科学完备的依法治理指标体系和考核标准，推进依法治理工作制度化、规范化、数字化。

---

〔1〕《中共中央关于坚持和完善中国特色社会主义制度、推进国家治理体系和治理能力现代化若干重大问题的决定》，载中共中央党史和文献研究院编：《十九大以来重大文献选编》（中），中央文献出版社 2021 年版，第 272 页。

五、广泛运用新媒体、新技术开展普法

方法媒介上的创新是法制宣传教育工作改革的重要表现形式。这一时期，我国法制宣传教育工作在充分运用传统、行之有效的法制宣传教育手段的基础上，不断结合现代科学技术，创新发展法制宣传教育的实践形式。其一，“六五”普法规划期间，全国各级各类以互联网为代表的新兴媒体，特别是通过中央和地方重点新闻网站、各级普法网站和政府网站、知名商业门户网站等媒介，积极履行社会责任，充分发挥信息传播速度快、覆盖面广、影响力强等优势，在开展全民法制宣传教育方面作出了大量贡献，取得了良好效果。其二，充分利用广播、电视、报纸、网络等媒体开辟法制宣传栏目（专栏、专版和网页），利用楼宇电视、公交电视、电子显示屏、手机报、政务微博等现代传媒开展法制宣传教育。总体来说，“六五”普法规划期间，我国在法制宣传教育领域不断创新网络媒体普法新工具、新平台，紧跟互联网技术的不断发展和信息传播形态的不断变化，以互联网为依托的博客、微博客、微信等新媒体形态被广泛运用到法制宣传教育当中，为网络媒体普法不断注入新的活力，从最大限度保障了普法工作能够尽可能覆盖广泛受众群体。

第二节　“七五”普法规划的改革与发展

2016年3月25日，中共中央、国务院转发了《中央宣传部、司法部关于在公民中开展法治宣传教育的第七个五年规划（2016—2020年）》，随后2016年4月28日，《全国人民代表大会常务委员会关于开展第七个五年法治宣传教育的决议》相继予以审议通过。2019年3月29日，全国普法办公室印发了《2019年全国普法依法治理工作要点》，文件提出了围绕党和国家工作大局开展普法依法治理，推动“谁执法谁普法”普法责任制落实以及提高人民群众都普法依法治理工作的

满意度等多项目标任务。上述一系列重要政策法律文件为我国科学推进“七五”普法工作提供了重要规范依据。

一、党对普法的领导工作全面加强

2020 年 11 月 16 日至 17 日，习近平总书记在中央全面依法治国会议上提出，要坚持党对全面依法治国的领导。党的领导是推进全面依法治国的根本保证，国际国内环境越是复杂，改革开放和社会主义现代化建设任务越是繁重，越要运用法治思维和法治手段巩固执政地位、改善执政方式、提高执政能力，保证党和国家长治久安。全面依法治国是要加强和改善党的领导，健全党领导全面依法治国的制度和工作机制，推进党的领导制度化、法治化，通过法治保障党的路线方针政策有效实施，因此强化党对普法工作的领导是有效推进“七五”普法工作的根本保证。

2017 年 10 月 18 日，习近平总书记在党的十九大会议上提出，要成立中央全面依法治国领导小组，从而加强党对于法治中国建设的统一领导。随后 2018 年 3 月，中共中央印发了《深化党和国家机构改革方案》，党中央决定组建中央全面依法治国委员会，目的是加强党对全面依法治国的集中统一领导，统筹推进全面依法治国工作。在领导成员层面，由习近平总书记担任中央全面依法治国委员会主任，由国务院总理李克强、全国人大常委会委员长栗战书、中央政治局常委王沪宁担任副主任。下设守法普法协调小组、中央全面依法治国委员会办公室，办公室的具体办事机构设立在司法部，由中央书记处书记、中央政法委书记郭声琨担任办公室主任，司法部部长唐一军、中央政法委秘书长陈一新担任副主任。从级别、规格、分工等方面的战略高度、科学水平考量，这是我们党历史上第一次设立这样的“高级别”全面依法治国领导机构，法治宣传教育工作在政治、组织保障层面得到了前所未有的强化。为充分贯彻、落实党中央的政策精神，各省、市、地区也相继协调、统一地成立了相关机构，党对普法的领导工作得到了全面加强。

二、领导干部和青少年等特定主体学法用法水平提升

推进法治宣传教育工作，必须发挥领导干部示范带头作用。坚持抓住领导干部这个“关键少数”是习近平法治思想的重要组成部分。习近平总书记曾指出，要坚持抓住领导干部这个“关键少数”。各级领导干部要坚决贯彻落实党中央关于全面依法治国的重大决策部署，带头尊崇法治、敬畏法律，了解法律、掌握法律，不断提高运用法治思维和法治方式深化改革、推动发展、化解矛盾、维护稳定、应对风险的能力，做尊法学法守法用法的模范。同时各级领导干部要力戒形式主义、官僚主义，确保全面依法治国各项任务真正落到实处。

按照“七五”普法规划的整体要求，各地各部门始终把领导干部和青少年作为重点普法对象，推动全民普法工作。“七五”普法规划的五年期间，对于领导干部学法用法主要实施了以下三大方面的创新措施：其一，大力加强领导干部学法用法制度，建立领导干部述法和旁听庭审制度，不断提高领导干部运用法治思维和法治方式的能力。其二，加强国家工作人员法治教育，落实国家工作人员学法用法制度，通过组织领导干部学法考试考核等方式引导国家工作人员牢固树立宪法法律至上、法律面前人人平等、权由法定、权依法使等基本法治观念。其三，建立领导干部应知、应会法律法规清单制度，分级分类明确领导干部履职应当学习掌握的法律法规和党内法规，完善配套制度，促使知行合一。把法治素养和依法履职情况纳入考核评价干部的重要内容，让尊法学法守法用法成为领导干部自觉行为和必备素质。2018 年，广东省率先在全国组织开展领导干部和国家工作人员旁听庭审活动，通过建立常态化、制度化工作机制，要求全省领导干部和国家工作人员每年旁听案件不少于一次，从 2019 年起实现全面覆盖、全员参与。在加强青少年法治教育层面，2016 年 6 月 28 日，教育部、司法部、全国普及法律常识办公室印发了《青少年法治教育大纲》，为我国推进青少年法治宣传教育提供了规范依据和目标指引。这一时期，我国在加强青少年法治教育层面，主要实施了以下四方面措施：其一，全面落实《青少年法治教育大纲》，

教育引导青少年从小养成尊法守法习惯。充实完善法治教育教材相关内容，增加法治知识在中考、高考中的内容占比。其二，推进教师网络法治教育培训，探索设立“法学＋教育学”双学士学位人才培养等项目，加强法治教育师资培养。其三，持续举办全国学生“学宪法讲宪法”、国家宪法日“宪法晨读”、全国青少年网上学法用法等活动。其四，推进青少年法治教育实践基地建设，推广法治实践教学和案例教学。深入开展《未成年人保护法》《预防未成年人犯罪法》等内容的学习宣传。

总体来说，“七五”普法规划实施的五年，国家工作人员依法办事意识和能力提高。各地各部门认真落实国家机关人员学法用法制度，推动领导干部发挥“关键少数”的示范带头作用。县（市、区、旗）以上各级政府普遍推行法律顾问和公职律师制度。合法性审查成为重大行政决策必经程序，国家工作人员的权由法定、权依法使、法定职责必须为、法无授权不可为等法治理念明显增强。[1]同时青少年规则意识明显增强。这一时期，我国坚持法治教育从娃娃抓起，把法治教育纳入国民教育体系，《青少年法治教育大纲》得到全面贯彻落实。截至“七五”普法规划结束，全国共建立青少年法治教育实践基地 3 万余个，中小学法治副校长、法治辅导员配备率达 98.1%。政府、司法机关、学校、社会和家庭共同参与的青少年法治教育格局正在形成，青少年依法保护自身合法权益和用法律规范自身行为的意识和能力明显增强。[2]

除此之外，企业经营管理人员的诚信守法观念与其他公民学法用法的比例也在明显提升。“七五”普法规划期间，我国深入开展“法律进企业”，开展树立守法诚信企业家、标杆企业活动，推动深化“放管服”改革。司法部、全国普法办会同全国工商联开展企业“法治体检”，推动平等保护各类市场主体产权和合法权益，建设法治化营商环境。企业经营管理人员合规意识进一步增强，2019 年全国企业劳动合同签订率达

〔1〕全国普法办编：《“七五”普法规划实施报告》，法律出版社 2021 年版，第 674 页。
〔2〕全国普法办编：《“七五”普法规划实施报告》，法律出版社 2021 年版，第 674 页。

90%以上，覆盖职工1.49亿人。[1]同时，根据中宣部委托国家统计局形成的《2020年全国社会心态调查综合分析报告》显示：当自己或家人遇到不公平事情时，选择“通过法律渠道解决”的居第一位，比2016年提升3.7个百分点；选择“托关系、找熟人”的比例明显下降。2020年10月，“中国普法”微信公众号以法律常识和基本法治理念为内容，对全国随机进行了网上测评和问卷调查，参与人数451万人，明确接受过普法教育的人数占比为83.4%，测评答题正确率74%。两份权威调查和报告得出的结论表明，全面依法治国迈出坚实步伐，人们的法治观念、法律意识不断提高，“遇事讲法、遇事找法”逐步成为社会普遍共识。[2]

三、“谁执法谁普法”责任制全面施行

“谁执法谁普法”责任制是我国法治宣传教育的核心制度之一。2011年3月23日，《中央宣传部、司法部关于在公民中开展法制宣传教育的第六个五年规划（2011—2015年）》首次提出了“谁执法谁普法”的普法责任制度，但并未从制度规则层面开展可操作性的规定。随后2016年3月25日，《中央宣传部、司法部关于在公民中开展法治宣传教育的第七个五年规划（2016—2020年）》首次明确要实行国家机关“谁执法谁普法”的普法责任制，进一步明确了“谁执法谁普法”机制的内涵外延，标志着我国“谁执法谁普法”责任制全面予以施行。

2017年5月17日，中共中央办公厅、国务院办公厅印发《关于实行国家机关“谁执法谁普法”普法责任制的意见》，文件从指导思想、基本原则、职责任务、组织领导等多个方面对“谁执法谁普法”责任制度进行了可操作性规定。其一，普法工作的协作机制趋于完善。文件提出应坚持条块结合、密切协作的普法原则，首次提出实行部门与属地管理相结合的普法方式，一定程度上解决了过去由司法行政部门主要推动

[1] 全国普法办编:《“七五”普法规划实施报告》，法律出版社2021年版，第674页。
[2] 全国普法办编:《“七五”普法规划实施报告》，法律出版社2021年版，第674页。

普法的“小马拉大车”的局面，有效形成了地方普法的工作合力。其二，普法工作的战略地位进一步提升。文件明确国家机关应将普法作为法治建设的基础性工作予以推进，纳入部门工作总体布局，纳入机关工作目标考核和领导干部政绩考核，将普法工作与其他业务工作同部署、同检查、同落实。其三，普法工作的责任制度进一步压实。国家机关应制定部门的普法规划和责任清单，完善跟踪反馈机制，明确各机关普法工作的具体责任部门和责任人员；强化上级机关对下级机关的督促检查，加强各级司法行政机关和普法治理领导小组办公室的职能作用，对普法工作成效显著的工作部门应当予以表彰奖励，对普法工作目标未完成的部门应当予以通报批评。其四，普法范围更为广泛。即坚持系统内普法与社会普法并重，一方面系统内普法致力于提高国家工作人员的法律素质，具体通过国家机关党组（党委）理论学习中心组学法、学法用法考试考核、国家法律和党内法规学习培训等机制予以保障实施；另一方面积极向社会开展普法，增强社会公众的法治意识。具体通过法律法规规章和司法解释起草过程（立法）、群众关心的热点难点法律问题以及法官、检察官、行政执法人员等以案释法形式予以保障实施。为充分贯彻落实上述一系列政策精神，2017 年广东省首开“谁执法谁普法”履职报告评议全国先河，广东省高级人民法院、省国土资源厅、省地方税务局等 5 家单位接受广东省国家机关“谁执法谁普法”履职报告会评议团现场评议。2017 年 12 月 27 日，中共辽宁省委、人民政府办公厅印发了《关于实行国家机关“谁执法谁普法”普法责任制的实施意见》。2018 年 1 月、2 月，吉林省委、人民政府办公厅及上海市委、市政府办公厅相继印发了《关于实行吉林省国家机关“谁执法谁普法”普法责任制的实施意见》《关于实行国家机关“谁执法谁普法”普法责任制的实施意见》，并相继正式启动本省、市普法责任制的宣传工程。

除此之外，2020 年 12 月 7 日，中共中央印发了《法治社会建设实施纲要（2020—2025 年）》，文件进一步提出要健全普法责任制，力争在 2020 年底基本实现国家机关普法责任制清单全覆盖，把案（事）件依法处理的过程变为普法公开课。要注重加强对诉讼参与人、行政相对人、利害关系人等的法律法规和政策宣讲。引导社会各方面广泛参与立法，把立法过程变为宣传法律法规的过程。创新运用多种形式，加强对新出台法律法规规章的解读。充分发挥法律服务队伍在普法宣传教育中的重要作用，为人民群众提供专业、精准、高效的法治宣传。健全媒体公益普法制度，引导报社、电台、电视台、网站、融媒体中心等媒体自觉履行普法责任。培育壮大普法志愿者队伍，形成人民群众广泛参与普法活动的实践格局。总的来说，“七五”普法规划期间，“谁执法谁普法”机制的全面实施有效地保障了法治宣传教育工作的针对性与实效性，是我国新时代普法机制的重大实践创新成果。

第三节 “八五”普法规划的创新与探索

2020 年 10 月，党的十九届五中全会审议通过了《中共中央关于制定国民经济和社会发展第十四个五年规划和二〇三五年远景目标的建议》，这是标志着我国向第二个百年奋斗目标进军的纲领性文件。随着我国全面建成小康社会，正式开启全面建设社会主义现代化国家新征程，崭新的发展阶段迫切要求进一步提升公民法治素养，推动全社会尊法、学法、守法、用法。2020 年 12 月，《法治社会建设实施纲要（2020—2025 年）》提出明确要求，到 2025 年“八五”普法规划要实施完成，实现法治观念深入人心，社会领域制度规范更加健全，社会主义核心价值观融入法治建设和社会治理成效显著，公民、法人和其他组织合法权益得到切实保障，社会治理法治化水平显著提高，形成符合国情、体现时代特征、人民群众满意的法治社会建设生动局面，为 2035 年基本建成法治社会奠定坚实基础。2021 年 6 月 15 日，中共中央、国务院转发《中央宣传部、司法部关于开展法治宣传教育的第八个五年规划（2021—2025 年）》，随后《全国人民代表大会常务委员会关于开展第八个五年法治宣传教育的决议》予以审议通过。2021 年 2 月 22 日与 2022 年 2 月 21 日，全国普法办公室相继印发了《2021 年全国普法依法治理工作要点》《2022年全国普法依法治理工作要点》的通知，文件提出了我国要组织开展主题法治宣传活动，扎实推进基层依法治理，加强社会主义法治文化建设，强化普法依法治理基础工作以及着力提高普法工作的针对性、实效性等多项目标任务。上述一系列重要政策法律文件为我国启动、推进“八五”普法工作提供了重要规范与指导依据。

一、组织保障机制进一步健全

健全法治宣传教育的组织保障机制，首先需要指导思想的宏观引领。2021年11月11日，中国共产党第十九届中央委员会第六次会议审议通过了《中共中央关于党的百年奋斗重大成就和历史经验的决议》，围绕习近平新时代中国特色社会主义思想，在党的十九大报告“八个明确”的基础上，用“十个明确”对习近平新时代中国特色社会主义思想的核心内容作了进一步概括：明确中国特色社会主义最本质的特征是中国共产党领导，中国特色社会主义制度的最大优势是中国共产党领导，中国共产党是最高政治领导力量，全党必须增强“四个意识”、坚定“四个自信”、做到“两个维护”；明确坚持和发展中国特色社会主义，总任务是实现社会主义现代化和中华民族伟大复兴，在全面建成小康社会的基础上，分两步走在本世纪中叶建成富强民主文明和谐美丽的社会主义现代化强国，以中国式现代化推进中华民族伟大复兴；明确新时代我国社会主要矛盾是人民日益增长的美好生活需要和不平衡不充分的发展之间的矛盾，必须坚持以人民为中心的发展思想，发展全过程人民民主，推动人的全面发展、全体人民共同富裕取得更为明显的实质性进展；明确中国特色社会主义事业总体布局是经济建设、政治建设、文化建设、社会建设、生态文明建设五位一体，战略布局是全面建设社会主义现代化国家、全面深化改革、全面依法治国、全面从严治党四个全面；明确全面深化改革总目标是完善和发展中国特色社会主义制度、推进国家治理体系和治理能力现代化；明确全面推进依法治国总目标是建设中国特色社会主义法治体系、建设社会主义法治国家；明确必须坚持和完善社会主义基本经济制度，使市场在资源配置中起决定性作用，更好发挥政府作用，把握新发展阶段，贯彻创新、协调、绿色、开放、共享的新发展理念，加快构建以国内大循环为主体、国内国际双循环相互促进的新发展格局，推动高质量发展，统筹发展和安全；明确党在新时代的强军目标是建设一支听党指挥、能打胜仗、作风优良的人民军队，把人民军队建设成为世界一流军队；明确中国特色大国外交要服务民族复兴、促进人类进步，推动建设新型国际关系，推动构建人类命运共同体；明确全面从严治党的战略方针，提出新时代党的建设总要求，全面推进党的政治建设、思想建设、组织建设、作风建设、纪律建设，把制度建设贯穿其中，深入推进反腐败斗争，落实管党治党政治责任，以伟大自我革命引领伟大社会革命。在习近平新时代中国特色社会主义思想的引领指导下，我国“八五”普法规划开启了历史新篇章，整体上拥有了工作开展的重心与方向。

“八五”普法规划期间，组织机制保障层面进一步健全。其一，加强组织领导与机制考核。各级党委和政府将推进全民普法和守法摆上重要工作日程，科学制订本地区本系统五年规划，将普法工作纳入本地区本系统法治建设总体部署，纳入综合绩效考核、平安建设、文明创建等考核评价内容。各级党政主要负责人严格按照推进法治建设第一责任人职责的要求，认真履行普法领导责任，建立健全党政机关法律顾问制度。其二，加强制度规范建设。健全“党委领导、政府主导、人大监督、政协支持、部门各负其责、社会广泛参与、人民群众为主体”的法治宣传教育领导体制和工作机制，逐步形成大普法格局。全国依法治国（省、市、县）委员会守法普法协调小组和各级法治宣传教育领导小组加强对本规划实施的组织领导和统筹协调，各级普法办事机构充分发挥职能作用，组织推动、督促指导各项任务落到实处。推动制定法治宣传教育法，推动及时制定、修改地方法治宣传教育条例。其三，强化基层与基础理论工作。推进重心下移，突出抓基层、强基础、固根本的工作导向，强化对基层普法主管部门工作人员的系统培训，加强对基层司法所开展普法工作的指导和支持力度。强化各级财政对普法规划实施的保障作用，把普法工作经费列入本级预算。从人员配备数量、待遇、经费、装备等方面，切实向普法基层一线倾斜，为基层开展普法和依法治理创造更好条件。加强理论研究，加强对法治传播规律和全面守法规律的基础理论研究，加强新时代全面普法工作的应用性、对策性研究。完善法治宣传教育专家咨询制度，加强法治传播、法治文化等学科建设和人才培养。其四，强调评估检查与激励表彰并重。健全普法工作评估指标体系，对普法工作开展情况、工作成效以及公民法治素养提升效果开展综合评估，从实际出发设定评估参数，健全评估指标体系，提升评估的科学性和准确性。深入开展中期评估和总结验收，加强规划实施中的动态监测，开展规划实施情况中期评估，重在发现问题，推动解决问题，并对工作突出的进行通报表扬。开展终期总结验收，加强评估结果运用。加强日常指导和监督。尊重群众首创精神，鼓励地方和基层聚焦问题开展差异化探索，及时发现、总结、推广经验，推动全民普法实践创新、制度创新、理论创新。注重清单化管理、项目化推进、责任化落实，防止形式主义、官僚主义，确保普法工作有声有色、有力有效开展。对重视不够、措施不力、落实普法责任制不到位的，普法主管部门应当发出普法提示函或建议书，必要时进行约谈，提出整改要求；对造成严重后果的，进行通报批评，依规依法处理。支持各级人大加强对全民普法工作的监督和专项检查。除此之外，要按规定表彰和奖励全国普法工作先进单位、先进个人和依法治理创建活动先进单位。

二、树立以人民为中心的普法原则理念

习近平法治思想坚持人民至上，坚持以人民为中心，依法保障人民权益，具有鲜明的人民性，其主要包括两大方面内涵：其一，民之所向，政之所行。习近平法治思想充满真挚为民情怀，人民立场是其根本政治立场。习近平法治思想坚持以人民为中心，明确推进全面依法治国根本目的是依法保障人民权益，生动体现了我们党为中国人民谋幸福、为中华民族谋复兴的初心使命。强调把体现人民利益、反映人民愿望、维护人民权益、增进人民福祉落实到全面依法治国各领域全过程，必须把实现好、维护好、发展好最广大人民根本利益作为一切工作的出发点

和落脚点。坚持法治为了人民、依靠人民、造福人民、保护人民，不断满足人民在民主、法治、公平、正义、安全、环境等方面日益增长的美好生活需要，促进人的全面发展和社会全面进步。坚持以人民为中心的根本立场，必须用制度体系保证人民当家作主，我们党支持和保证人民通过人民代表大会行使国家权力，确保人民依法通过各种途径和形式管理国家事务，管理经济和文化事业，管理社会事务，把国家和民族前途命运牢牢掌握在人民手中。明确全面依法治国必须紧紧围绕保障和促进社会公平正义来进行，推动健全社会公平正义法治保障制度，让法治建设成果更多更公平惠及全体人民。坚持在党的领导下依法治国、厉行法治，使法律及其实施充分体现人民意志，实现国家和社会生活制度化、法治化，保障人民安居乐业、社会安定有序。其二，人民是历史的创造者。习近平总书记在中央全面依法治国工作会议上指出，全面依法治国最广泛、最深厚的基础是人民，必须坚持为了人民、依靠人民。人民对法治建设的参与程度，影响着法治发展的进程及其广度和深度。习近平法治思想坚持人民主体地位，始终把人民作为依法治国的主体和力量源泉。充分调动人民群众的积极性、主动性、创造性，充分激发蕴藏在人民群众中的创造伟力，使全面依法治国深深扎根于人民群众的创造性实践中。强调增强全社会学法尊法守法用法意识，努力使法律为人民所掌握、所遵守、所运用，不断增强人民群众对法律的内心拥护和真诚信仰，使全体人民都成为社会主义法治的忠实崇尚者、自觉遵守者、坚定捍卫者，依靠人民维护法律权威、践行法治理念、弘扬法治精神。

在上述原则理念的指引下，“八五”普法期间的法治宣传教育工作毫不动摇地坚持以人民为中心的基本原则，树立以人民为中心的普法理念和工作导向，做到普法为了人民、依靠人民、服务人民，依法保障人民权益，促进人民高品质生活，夯实全面依法治国的社会基础，以满足群众不断增长的法治需求为出发点和落脚点，以群众喜闻乐见、易于接受的方式开展法治宣传教育，从而增强了全社会尊法学法守法用法意识，使国家法律和党内法规为党员群众所掌握、所遵守、所运用。其具体措施主要包括以下五个方面：其一，大力宣传保障公民基本权利的法律法规，推动全社会树立尊重和保障人权意识，促进公民权利保障法治化。其二，广泛宣传教育、就业、收入分配、社会保障、医疗卫生、食品安全、扶贫、慈善、社会救助和妇女儿童、老年人、残疾人合法权益保护等方面法律法规，促进保障和改善民生。其三，在传播法律知识的同时，更加注重弘扬法治精神、培育法治理念、树立法治意识，大力宣传宪法法律至上、法律面前人人平等、权由法定、依法使权等基本法治理念，破除“法不责众”“人情大于国法”等错误认识，引导全民自觉守法、遇事找法、解决问题靠法。其四，大力宣传社会矛盾纠纷多元预防调处化解综合机制，把非诉讼纠纷解决机制挺在前面，引导人们理性平和协商解决矛盾纠纷。大力宣传诉讼、行政复议、仲裁、调解、信访等方面的法律法规，引导群众依法表达诉求、维护权利，促进社会和谐稳定。其五，法治宣教育从人民群众反映强烈的问题改起、从细节抓起、从小事做起，积极引导公民在日常生活中遵守交通规则、做好垃圾分类、杜绝餐饮浪费、革除滥食野生动物陋习等，培养规则意识，培育良好法治环境。在法治轨道上应对突发事件，依法加强应急管理，引导全社会依法行动、依法办事。

三、紧紧围绕党和国家中心工作开展普法

“八五”普法期间，各地紧紧围绕党和国家中心工作，有针对性地组织、实施法治宣传教育，深入推进全民普法守法工作，充分发挥了法治宣传教育服务经济社会发展大局的作用。这一时期，围绕党和国家中心工作普法主要体现为以下四个方面：其一，深入学习宣传贯彻习近平法治思想，推动习近平法治思想入脑入心、走深走实，巩固保障其成为党和国家开展法治实践的核心指导思想。其二，发挥法治宣传教育的功能作用，保障其同国家社会治理深度结合，在法治轨道上推进国家治理体系和治理能力现代化。2019 年 10 月，党的第十九届四中全会审议通过了《中共中央关于坚持和完善中国特色社会主义制度　推进国家治理体系和治理能力现代化若干重大问题的决定》，文件提出要坚持全面依法治国，建设社会主义法治国家，切实保障社会公平正义和人民权利的

显著优势，要加强对法律实施的监督，加大全民普法工作力度，增强全民法治观念，完善公共法律服务体系，夯实依法治国群众基础。各级党和国家机关以及领导干部要带头尊法学法守法用法，提高运用法治思维和法治方式深化改革、推动发展、化解矛盾、维护稳定、应对风险的能力。其三，法治宣传教育工作要更好地服务、推进“四个全面”战略布局，即协调推进全面建设社会主义现代化国家、全面深化改革、全面依法治国、全面从严治党的战略布局。其四，服务“十四五”时期经济社会发展远景目标。法治宣传教育工作要充分立足新发展阶段、贯彻新发展理念、构建新发展格局的客观需要，为全面推进、实施国民经济和社会发展“十四五”规划营造良好法治环境。

与此同时，除去上述中心任务之外，“八五”普法期间我国法治宣传教育还围绕乡村振兴以及国家安全保障两大领域开展具体工作。首先，在助力乡村振兴层面，2021 年 4 月 29 日，全国人大常委会发布了《乡村振兴促进法》，为法治乡村建设提供了规范依据。其次，在保障国家安全层面，为适应统筹发展和安全的需要，这一时期我国大力宣传总体国家安全观和《国家安全法》《反分裂国家法》《国防法》《反恐怖主义法》《生物安全法》《网络安全法》等，组织开展“4・15”全民国家安全教育日普法宣传活动，推动全社会增强国家安全意识和风险防控能力，从而适应更高水平的平安中国建设需要。

四、推进普法与依法治理深度有机融合

党的二十大报告提出，我国要推进多层次多领域依法治理，提升社会治理法治化水平。“八五”普法规划期间，我国扎实开展多层次多领域依法治理工作，坚持法治宣传教育与依法治理有机结合，把法治宣传教育融入立法、执法、司法、法律服务和党内法规建设活动中，引导党员群众在法治实践中自觉学习、运用国家法律和党内法规，提升法治素养，把法律条文变成引导、保障经济社会发展的基本规则。其一，深入贯彻《国务院关于加强法治政府建设的意见》，全面开展依法行政示范单位创建活动，健全行政执法程序，规范行政执法行为，强化行政监督

和问责，完善执法责任制、执法公示制和执法过错责任追究制，积极推进法律的有效实施，不断提高政府公信力和执行力。其二，保障推进法治城市、法治县（市、区）等法治创建活动。坚持依法治理与系统治理、综合治理、源头治理有机结合，加强对县（市、区、旗）、乡镇（街道）、村（社区）等区域治理中法治状况的研究评估工作，提高社会治理法治化水平。为此，2021 年 8 月 7 日，司法部还专门发布了《市县法治政府建设示范指标体系》（2021 年版）。其三，保障法治乡村（社区）建设，深入开展民主法治示范村（社区）创建。实施乡村（社区）“法律明白人”培养工程，“一村（社区）一法律顾问”制度得到完善与落实，党组织领导的自治、法治、德治相结合的城乡基层治理体系得到逐步健全。其四，保障推进依法治校，推动各级各类学校健全依法治理制度体系。为保障依法治校工作开展的制度化、规范化，2021 年 12 月 27 日，《中小学法治副校长聘任与管理办法》予以颁布实施。其五，助力专项依法治理实践。为加强社会应急状态下专项依法治理，大力开展公共卫生安全、传染病防治、防灾减灾救灾、突发事件应急管理等方面法治宣传教育，促进全社会在应急状态下依法行动、依法办事，依法维护社会秩序。

五、重视社会主义法治文化的建设与传播

2021 年 4 月 5 日，中共中央办公厅、国务院办公厅印发《关于加强社会主义法治文化建设的意见》，文件提出社会主义法治文化是中国特色社会主义文化的重要组成部分，是社会主义法治国家建设的重要支撑。要持续加强法治文化建设，将其纳入公民道德建设工程、社会信用体系建设之中。到 2035 年，要基本形成与法治国家、法治政府、法治社会相适应，与中国特色社会主义法治体系相适应的社会主义法治文化，基本形成全社会办事依法、遇事找法、解决问题用法、化解矛盾靠法的法治环境。党的二十大报告提出，要弘扬社会主义法治精神，传承中华优秀传统法律文化，引导全体人民做社会主义法治的忠实崇尚者、自觉遵守者、坚定捍卫者。

“八五”普法规划实施期间，各地持续推动法治文化与地方文化、行业文化、企业文化融合发展，通过建设法治文化阵地、培育法治文化精品、传播典型法治案例等方式，引领法治风尚，塑造社会主义核心价值观的积极作用，积极推进社会主义法治文化建设。其一，进一步发挥大众传媒的作用。充分利用广播、电视、报刊、网络和移动通信等大众媒体开展法治宣传教育，通过开设专栏、专刊、专版、专题节目、微博、手机报等，使法治宣传教育更便捷，更有针对性，更为人民群众喜闻乐见。其二，加强社会主义法治文化阵地建设。把法治文化阵地建设纳入城乡规划，建好用好各种法治文化阵地，扩大覆盖面，提高利用率和群众参与度。加强法治宣传教育基地、法治文化创作基地、青少年法治教育实践基地等建设，完善建设标准，增强实用功能。注重发掘、研究、保护共和国红色法治文化，传承红色法治基因，建设一批以红色法治文化为主题的高质量法治宣传教育基地。把法治元素融入长城、大运河、长征、黄河等国家文化公园建设，融入国家重大文化建设项目，发挥示范带动作用。积极利用新时代文明实践中心（所、站）、爱国主义教育基地和公共文化机构等阵地，开展群众喜闻乐见的法治文化活动。加强对县（市、区、旗）、乡镇（街道）、村（社区）等区域治理法治状况的研究评估工作。以民主法治示范村（社区）等为基础，努力打造各具特色的法治文化体验线路，形成一批深受人民群众喜爱的区域性法治文化集群。推动法治文化与地方、行业特色文化有机融合，促进法治文化进机关、进农村、进社区、进企业、进学校、进军营、进网络等。加强基层单位法治文化形象塑造，建设法治“微景观”。着力提升市、县法治文化阵地建设质量，推动从有形覆盖向有效覆盖转变。基本实现每个村（社区）至少有一个法治文化阵地，充分发挥其教育作用。其三，繁荣发展社会主义法治文艺。坚持以人民为中心的工作导向，把社会效益放在首位，创作生产与精神文明建设“五个一工程”等文艺精品工程有机衔接的优秀法治文艺作品。落实媒体公益普法责任，综合运用“报、网、端、微、屏”等资源和平台，推动法治融媒体建设，建立以内容建设为根本、先进技术为支撑、创新管理为保障的法治全媒体传播体系，创建法治品牌栏目、节目。其四，推动法治文化数字化建设，以全国“智慧普法”平台为依托，组织开展法治动漫微视频征集展播活动，建立全国法治文艺精品库，汇聚优秀网络法治文艺作品，逐步实现共建共享。加大法治文化惠民力度，充分利用“三下乡”活动，组织丰富多彩的法治文艺下基层，在重大节庆日、法律法规实施日等时间节点，组织开展群众性法治文化活动。其五，强化人才培养。坚持立德树人、德法兼修，实施法治文化人才教育培养计划，深入开展社会主义核心价值观和社会主义法治理念教育。加强法治文化专业队伍建设。完善普法讲师团服务管理，推动实现制度化规范化。健全法治文化志愿服务体系，提高志愿服务水平，推进志愿服务精准化、常态化、便利化、品牌化。加强法治报刊出版网络队伍建设，加强法治新闻采编创作人员法治培训。发展壮大法治文化理论研究力量，培育学科带头人。完善法治文化建设人才培养使用评价激励机制。其六，推动中华优秀传统法律文化创造性转化、创新发展。传承中华法系的优秀思想和理念，研究我国古代法制传统和成败得失，挖掘民为邦本、礼法并用、以和为贵、明德慎罚、执法如山等中华传统法律文化精华，根据时代精神加以转化，加强研究阐发、公共普及、传承运用，使中华优秀传统法律文化焕发出新的生命力。加强对我国法律文化历史遗迹的保护，弘扬代表性人物的事迹和精神，因地制宜建立基地，免费向社会开放。加强对法律文化典籍、文物的保护和整理，让书写在古籍里的文字活起来、传下去。挖掘善良风俗、家规家训中的优秀法治内容，倡导传承优良家风。

全民守法意味着全社会一切主体都是守法的主体。按照我国《宪法》规定，守法主体应当包括：一切国家机关、武装力量、政党、社会团体、企业事业组织、中华人民共和国公民、在我国领域内的外国组织、外国人和无国籍人等。进入新时代，我国在总体上提出要坚持依法治国、依法执政、依法行政共同推进，坚持法治国家、法治政府、法治社会一体建设，强调实现党委依法执政、政府依法行政、公民依法维权、社会治理法治化、网络空间法治化等目标，并在法治建设过程中不断践行，取得了丰硕的成果。在党的依法执政层面，新时代党的各级、各类组织主体坚持带头学法、守法、用法，坚持以人民为中心的指导理念，坚持在法律框架内行使领导权力，坚持在宪法和法律范围内开展所有活动，包括意见表达、资源配置、人事调整等；在政府依法行政层面，新时代各级政府大力推进职能科学、权责法定、执法严明、公开公正、廉洁高效、守法诚信的法治政府建设。在法治轨道上开展政府工作，创新执法体制，完善执法程序，推进综合执法，严格执法责任，建立权责统一、权威高效的依法行政体制；在构建法治社会、实现社会治理法治化层面，新时代我国不断健全社会领域制度规范，加强社会诚信建设，重点完善民生保障、公共卫生、网络治理、道德规范、法治文化、居民公约、村规民约、行业规章、社会组织章程等各主体、领域的相关立法，加强社会治理制度建设，依法治理网络虚拟空间，推进多层次多领域依法治理，引导各类社会主体运用法治思维和法治方式化解矛盾、破解难题，推进社会治理制度化、规范化、程序化；在公民学法、用法层面，新时代我国的法治宣传教育工作在理论、方法、机制、模式等方面作出了多方面改革与创新，普法的针对性与实效性不断提高，依法维权和化解纠纷机制得到健全，社会遇事找法、处事用法、维权靠法的新风尚正在形成，普法同依法治理实践逐渐紧密结合，覆盖城乡的现代公共法律服务体系逐步建立，全体国民以及在我国领域的外国组织、主体的自觉用法、守法水平也得到了大幅提升，我国正在向社会主义现代化目标不断迈向。

法治社会是构筑法治国家的基础，而法治宣传教育则是推进法治社会建设的基础工程和重要保障。进入新时代，我国的立法技术与规则体系日益成熟，执法、司法领域的改革创新不断推进，科学立法、严格执法、公正司法目标不断实现，公民学法、用法、守法的水平不断提升，为我国法治社会的构建提供了优良的公民守法环境。但除上述既成条件之外，如何持续完善法治宣传教育工作才是未来提升全社会法治观念的重要考量因素。未来我国仍要持续推动全民树立宪法法律至上、法律面前人人平等的法治理念，培育全社会法治信仰，增强法治宣传教育针对性和实效性，引导全体人民做社会主义法治的忠实崇尚者、自觉遵守者、坚定捍卫者，确保社会生活的每一个参与者、社会关系的所有领域都能够遵从宪法和法律权威，形成良好的遵守和服从规则的守法意识，使法治成为社会共识和基本原则，使法治精神真正渗透社会生活的每一个角落。

第七章　统筹推进国内法治和涉外法治

党的十八大以来，习近平总书记以深邃的历史眼光、宽广的国际视野把握国内国际两个大局，明确提出了统筹推进国内法治和涉外法治，深刻阐明了国内法治和涉外法治的辩证关系，明确要求加快涉外法治工作战略布局。当前，世界之变、时代之变、历史之变正以前所未有的方式展开。面对百年变局和世纪疫情交织叠加的大环境大背景，习近平总书记提出“把握国内国际两个大局”“协调推进国内治理和国际治理”“统筹推进国内法治和涉外法治”等重要论述。党的二十大报告将加强涉外领域立法，作为完善中国特色社会主义法律体系的重要内容，再一次表明涉外法治工作的重要性和迫切性，为我国涉外法治体系建设指明了前进方向、坚定了发展信心、提供了根本遵循。在新时代新征程上，我们要进一步统筹推进国内法治和涉外法治，协调推进国内治理和国际治理，加快涉外法治工作战略布局，更好维护国家主权、安全、发展利益。

第一节　加快涉外法治工作战略布局

2021 年 1 月，中共中央印发的《法治中国建设规划（2020—2025 年）》以习近平法治思想为指引，明确规定：紧紧围绕新时代党和国家工作大局，依法维护国家主权、安全、发展利益；运用法治思维和法治方式处理好国际经济、政治、社会事务；完善涉外法律和规则体系，补齐短板，提高涉外工作法治化水平；积极参与国际规则制定，推动形成公正合理的国际规则体系；加强多双边法治对话，推进对外法治交流，深化国际司法交流合作；积极参与执法安全国际合作，共同打击暴力恐怖势力、民族分裂势力、宗教极端势力和贩毒走私、跨国有组织犯罪；加强反腐败国际合作，加大海外追逃追赃、遣返引渡力度。

在习近平法治思想的指导下，我国涉外法治工作取得崭新的成果。针对美国频繁对我国机构和个人实施"长臂管辖"，我国坚持"以法制法"，完善反制裁、反干涉、反制"长臂管辖"法律法规体系，制定《出口管制法》《不可靠实体清单规定》《反外国制裁法》等，完善外商投资国家安全审查制度，加快推进我国法域外适用的法律体系建设。同时，我国坚持以人类命运共同体理念为引导，积极推动全球治理体系改革和建设，积极参与国际规则制定和实施，推动国际规则变革发展，维护和拓展我国发展新空间，有力维护了国家主权、安全和发展利益。[1]

一、打造完备系统的涉外法律法规体系

科学完备的涉外领域立法是推动涉外法治工作的基础。科学完备的

〔1〕陈一新：《深学笃行习近平法治思想　更好推进中国特色社会主义法治体系建设》，载《求是》2022 年第 4 期。

涉外领域立法，是推动构建人类命运共同体的制度基础，也是应对不稳定、不确定国际环境带来的风险挑战、打造保护我国海外利益安全链条的重要抓手。加强涉外领域立法工作，建立和完善涉外法律法规体系，不仅能为我国涉外法治工作提供坚实的法律依据，也能在风云变幻的国际斗争中，为实现中华民族伟大复兴提供坚定的法治保障。针对当前国际斗争与维护国家利益的需要，我国不断调整立法结构，从完善涉外法律法规体系的角度增加涉外领域立法的有效供给，保证涉外领域各项工作的有法可依、有法能依、有法必依，保证涉外领域立法的科学性、有效性。〔1〕

改革开放以来，在党的领导下，经过各方面努力，我国用30多年时间形成了中国特色社会主义法律体系，这是人类法治史上一项了不起的成就。同时，也要看到，时代在进步，实践在发展，不断对法律体系建设提出新需求，法律体系必须与时俱进，加以完善。〔2〕党的十九届六中全会通过的《中共中央关于党的百年奋斗重大成就和历史经验的决议》明确强调要加强重点领域、新兴领域、涉外领域立法。习近平总书记提出，按照急用先行原则，加强涉外领域立法，进一步完善反制裁、反干涉、反制“长臂管辖”法律法规，推动我国法域外适用的法律体系建设。〔3〕在具体做法上，我国不断立足全面对外开放的现实要求，推进涉外法治重点领域立法，完善涉外法律法规体系，着力解决对外贸易、投资等领域规则不完善等问题。同时，优化国内法律体系，及时修订和废止不适应国内外形势发展的法律法规，从而更好地发挥我国法域外适用的制度功能。

---

〔1〕莫纪宏、徐梓文:《为涉外法治提供坚实立法保障》，载《光明日报》2022年4月1日，第11版。

〔2〕习近平:《在中央人大工作会议上的讲话》，载《求是》2022年第5期。

〔3〕习近平:《坚持走中国特色社会主义法治道路　更好推进中国特色社会主义法治体系建设》，载《求是》2022年第4期。

二、统筹考虑和综合运用国际国内两类规则

统筹考虑和综合运用国际国内两类规则，使“国际规则国内化，国内规则国际化”，这是加强涉外法治实施，协调推进国内治理与国际治理的必由之路。当前，中国与世界的关系在发生深刻变化，我国同国际社会的互联互动已变得空前紧密，我国对世界的依靠、对国际事务的参与在不断加深，世界对我国的依靠、对我国的影响也在不断加深。观察和规划改革发展，必须统筹考虑和综合运用国际国内两个市场、国际国内两种资源、国际国内两类规则。

统筹考虑和综合运用国际国内两类规则，是统筹国内国际两个大局的必然要求。习近平总书记指出，“要树立战略思维和全球视野，站在国内国际两个大局相互联系的高度，审视我国和世界的发展，把我国对外开放事业不断推向前进”。[1]统筹“两个大局”的核心，是积极参加国际公共事务的商讨，参与全球治理对话，善于运用法治的话语表达中国的观点。将中国对于国际公共事务的关切明确地表达出来，并彰显出建立和维护国际法治的立场，推动在各个方面和领域形成国际法治的格局。这种方式不仅能够使世界认识到中国的法治国家形象，也会使中国在国际事务的积极参与中确立法治自信。这种方式还能够促进中国法治与国际法治的良性互动，在国际法治的建立和运行中更为妥当的表达和维护中国的利益，国际法治也会因中国的积极参与呈现出更加平衡和全面公正的状态。[2]

统筹考虑和综合运用国际国内两类规则，需要实现规则有机衔接。近十年来，国际规则体系加速演变并深刻调整，多边贸易体制发展坎坷，世贸组织多哈回合谈判步履维艰，区域经济合作方兴未艾，发达经济体积极主导制定新的国际贸易投资规则，力推竞争中立、劳工标

---

〔1〕《习近平在中共中央政治局第十九次集体学习时强调加快实施自由贸易区战略加快构建开放型经济新体制》，载《人民日报》2014 年 12 月 7 日，第 1 版。

〔2〕张文显:《法治的中国实践和中国道路》，人民出版社 2017 年版，第 455 页。

准、环境保护等21世纪新议题谈判，谋求占领未来国际竞争制高点。党的十八大以来，我国逐步成为国际规则制定中的积极参与者、引领者。2020年11月，第四次区域全面经济伙伴关系协定领导人会议宣布，《区域全面经济伙伴关系协定》（RCEP）正式签署。2022年1月1日，RCEP正式生效。RCEP的签署和生效，成为深化亚洲区域经济合作的新起点。

从“一带一路”倡议到构建人类命运共同体，我国已经形成系统的全球治理观。如何把这些理念和观念真正落到实处，消除偏见克服阻力，是下一步我国参与全球经济治理工作的重点。为此，我国将继续以高质量共建“一带一路”为路径、以构建人类命运共同体为目标，深入统筹国际国内规则，利用国内规则变革推动国际规则重构，在进一步维护多元稳定的国际经济格局和经贸关系、提升我国国际规则制定话语权的同时，引领国际规则体系向更公平更合理的方向转变。

三、推进国际法治领域的合作

积极推进国际法治领域的合作，推动构建更为公正合理的国际秩序是加快涉外法治工作战略布局的应有之义。顺应时代发展潮流，秉持共商共建共享的全球治理观，积极推进国际法治合作，是习近平法治思想关于国际法治系列重要论述的核心要义之一，也是中国对建设国际法治的重要贡献。[1]当今时代，各国是相互依存、彼此融合的利益共同体，开放包容、合作共赢是唯一正确的选择。21世纪是合作的世纪。合作共赢才能办大事、办好事、办长久之事。我们要致力于推进合作共治的共同开放，不应该任由单边主义、保护主义破坏国际秩序和国际规则，而要以建设性姿态改革全球经济治理体系，推动建设开放型世界经济。国际社会联系的深度和广度已经远远超越过去，已然呈现“你中有我，我

〔1〕黄惠康：《习近平关于国际法治系列重要论述的核心要义》，载《武大国际法评论》2021年第1期。

中有你”的状态，这种状态使各国的共同立场、共同行动和共同利益更具有现实性和必要性，主权国家可以通过国际合作构筑和平、正义与共同繁荣的国际共同体。

法治是持久和平与共同发展的保障。推动国际秩序由“变”到“治”，唯一有效路径是走国际法治之路。[1]随着世界范围内政治、经济、社会、生态环境等方面的情况越来越复杂，国家治理和全球治理面临的挑战越来越多、越来越棘手。许多国际事务或者跨国事务仅凭一国之力已难以有效解决，或者即使解决但成本过高，需要不同国家相互协助、通力合作。由于法治已经成为国家治理和全球治理的重要方式，所以国际法治合作也成为国家间为更好处理国际事务或者跨国事务而开展合作的重要方面。[2]习近平主席指出：“我们要坚持共商共建共享的全球治理观，坚持全球事务由各国人民商量着办，积极推进全球治理规则民主化。”[3]根本上，世界命运应该由各国共同掌握，国际规则应该由各国共同书写，全球事务应该由各国共同治理，发展成果应该由各国共同分享。[4]

推进国际法治合作的着力点是坚持多边主义，完善国际规则和制度。要以国际法促进和规范国际交流与合作，通过自身发展促进世界各国共同发展，通过我国对国际法理念和实践的丰富和创新，推动世界各国共同致力于尊重国际法、运用国际法、发展国际法。[5]实践中，把共商共建共享的理念融入国际法治合作，才能有效解决国际社会共同面临的问题。以公共卫生领域为例，在全球新冠肺炎疫情流行的背景下，人

---

〔1〕黄惠康：《习近平关于国际法治系列重要论述的核心要义》，载《武大国际法评论》2021年第1期。

〔2〕黄进、鲁洋：《习近平法治思想的国际法治意涵》，载《政法论坛》2021年第3期。

〔3〕习近平：《为建设更加美好的地球家园贡献智慧和力量——在中法全球治理论坛闭幕式上的讲话》，载《人民日报》2019年3月27日，第3版。

〔4〕习近平：《共同构建人类命运共同体——在联合国日内瓦总部的演讲》，载《人民日报》2017年1月20日，第2版。

〔5〕杨洁篪：《深刻认识和用好国际法　坚定捍卫国家利益　共同维护世界和平与发展》，载《求是》2020年第20期。

类遇到了共同的挑战，我国积极为世界抗击疫情防控作出重要贡献。截至 2020 年 12 月，中国已向 150 个国家和 13 个国际组织提供抗疫援助，有力支持了世界各国疫情防控。国际社会携手共抗新冠肺炎疫情的过程使我们认识到国际法治合作的重要性。

习近平主席强调在国际法治领域，要倡导国际法平等统一适用的原则。国与国之间开展执法安全合作，既要遵守两国各自的法律规定，又要确保国际法平等统一适用，不能搞双重标准，更不能合则用、不合则弃。要不断完善相关国际规则，确保国际秩序公正合理、人类社会公平正义。[1]作为人类命运共同体的倡导者和践行者，我们将继续推进国际法治领域的合作，推动构建更为公正合理的国际秩序。

第二节 加强涉外领域立法工作

党的十八大以来，在习近平法治思想的指导下，中国特色社会主义法治建设发生历史性变革、取得历史性成就。2020 年 10 月 29 日，中国共产党第十九届中央委员会第五次全体会议通过的《中共中央关于制定国民经济和社会发展第十四个五年规划和二〇三五年远景目标的建议》明确提出，未来五年在法治建设方面要完善以宪法为核心的中国特色社会主义法律体系，加强重点领域、新兴领域、涉外领域立法。[2]

习近平总书记强调："中国走向世界，以负责任大国参与国际事务，必须善于运用法治。"[3]良法是善治的前提，我们要提高立法质量和效率。涉外法律法规体系建设的要求被载入党的十八届四中全会审议通过的《中共中央关于全面推进依法治国若干重大问题的决定》。在 2020 年

〔1〕习近平：《坚持合作创新法治共赢　携手开展全球安全治理——在国际刑警组织第八十六届全体大会开幕式上的主旨演讲》，载《人民日报》2017 年 9 月 27 日，第 2 版。

〔2〕《中共中央关于制定国民经济和社会发展第十四个五年规划和二〇三五年远景目标的建议》，人民出版社 2020 年版，第 48 页。

〔3〕习近平：《加强党对全面依法治国的领导》，载《求是》2019 年第 4 期。

11 月召开的中央全面依法治国工作会议上，习近平总书记强调，要综合利用立法、执法、司法等手段开展斗争，坚决维护国家主权、尊严和核心利益。当前，世界进入动荡变革期，国际竞争越来越体现为制度、规则、法律之争。我们必须加强涉外法律法规体系建设，提升涉外执法司法效能，坚决维护国家主权、安全、发展利益。〔1〕

一、加强反制裁、反干涉、反制“长臂管辖”的制度建设

当前，百年变局和世纪疫情交织叠加，世界进入动荡变革期，不稳定性、不确定性显著上升。随着我国不断发展壮大，我国日益走近世界舞台中央，以负责任大国参与国际事务，我们必须善于运用法治。习近平总书记在第十九届中央政治局第三十五次集体学习时的讲话提到：要坚持统筹推进国内法治和涉外法治，按照急用先行原则，加强涉外领域立法，进一步完善反制裁、反干涉、反制“长臂管辖”法律法规，推动我国法域外适用的法律体系建设。〔2〕

目前，我国已制定了一系列阻断性质的法律、法规、行政规章和规范性文件，逐步以法治的方式合理地反制美国的“长臂管辖”。第十三届全国人大常委会第二十九次会议于 2021 年 6 月 10 日通过《反外国制裁法》。商务部于 2020 年发布《不可靠实体清单规定》，并于 2021 年发布《阻断外国法律与措施不当域外适用办法》。此外，《对外贸易法》第 6 条和第 7 条、《外商投资法》第 40 条、《出口管制法》第 48 条、《数据安全法》第 26 条等规定，如果外国对中国的主体采取相关的限制性措施，我们将合法地采取对等措施。

习近平总书记在学习贯彻党的十九大精神研讨班开班式上的重要讲

〔1〕习近平：《坚持走中国特色社会主义法治道路 更好推进中国特色社会主义法治体系建设》，载《求是》2022 年第 4 期。

〔2〕习近平：《坚持走中国特色社会主义法治道路 更好推进中国特色社会主义法治体系建设》，载《求是》2022 年第 4 期。

话中强调："增强忧患意识、防范风险挑战要一以贯之。"[1]近年来，面对错综复杂的国际形势，在涉外领域立法工作中，我国不断充实应对挑战、防范风险的法律"工具箱"。我国通过颁布数据出境、保护个人隐私等法律、行政规章，有理有据有节地阻断外国政府的不当域外管辖。鉴于个别国家政府或司法部门要求中资企业提供审计底稿、储户的银行账户信息等不合理要求，我国加强银行信息、数据、国家秘密等出境审查，抵制境外的单边取证行为，保护中国的行业、企业和公民的合法权益。《国际刑事司法协助法》第 4 条第 3 款规定："非经中华人民共和国主管机关同意，外国机构、组织和个人不得在中华人民共和国境内进行本法规定的刑事诉讼活动，中华人民共和国境内的机构、组织和个人不得向外国提供证据材料和本法规定的协助。"此类规定避免了其他国家滥用长臂管辖制度窃取我国敏感和重要的信息与数据。

二、完善国家安全领域的涉外法律法规

党的十八大以来，以习近平同志为核心的党中央统筹中华民族伟大复兴战略全球和世界百年未有之大变局，深刻把握我国社会主要矛盾变化带来的新特征新要求，深刻认识错综复杂的国际环境带来的新矛盾新挑战，创造性地提出总体国家安全观，统筹传统安全和非传统安全，筑牢国家安全屏障。

2014 年 4 月 15 日，习近平总书记在中央国家安全委员会第一次全体会议上首次提出总体国家安全观。习近平总书记指出，必须坚持总体国家安全观，以人民安全为宗旨，以政治安全为根本，以经济安全为基础，以军事、文化、社会安全为保障，以促进国际安全为依托，走出一条中国特色国家安全道路。我们要构建集政治安全、国土安全、军事安全、经济安全、文化安全、社会安全、科技安全、信息安全、生态安

〔1〕《增强忧患意识、防范风险挑战要一以贯之》，载《求是》2018 年第 8 期。

全、资源安全、核安全等于一体的国家安全体系。[1]

党的十八届四中全会提出，贯彻落实总体国家安全观，加快国家安全法治建设，抓紧出台反恐怖等一批急需法律，推进公共安全法治化，构建国家安全法律制度体系。总体国家安全观的内涵在实践中不断丰富和完整。2015 年 7 月 1 日，第十二届全国人大常委会第十五次会议审议通过了《国家安全法》。《国家安全法》将人民安全、海外利益安全、金融安全、粮食安全、外层空间安全、极地安全、国际海底区域安全等纳入总体国家安全观，并将信息安全、社会安全更名为网络与信息安全、公共安全。2020 年 2 月，习近平总书记在中央全面深化改革委员会第十二次会议上提出，把生物安全纳入国家安全体系。

近年来，国家安全立法体系逐步完善。2014 年，我国颁布《反间谍法》，随后相继修订《境外非政府组织境内活动管理法》《反恐怖主义法》。2020 年，我国颁布了《生物安全法》《出口管制法》，并出台了《香港特别行政区维护国家安全法》。

习近平总书记强调，没有网络安全就没有国家安全。2016 年我国颁布《网络安全法》，保障网络安全，维护网络空间主权和国家安全。2021 年先后颁布《数据安全法》《个人信息保护法》等，填补了相关领域的立法空白，为维护国家安全提供了有力法治保障。

2021 年 3 月 8 日，全国人大常委会委员长栗战书在第十三届全国人大第四次会议上作《全国人民代表大会常务委员会工作报告》，指出世界正处于百年未有之大变局，维护国家安全比任何时候都更为紧要。全国人大常委会贯彻总体国家安全观，加快重点领域维护国家安全的立法，涵盖了经济安全、资源安全、核安全、生态安全、信息安全、海外利益保护等领域。[2] 经过近十年来的持续努力，国家安全立法取得重大

---

〔1〕全国干部培训教材编审指导委员会编:《全面践行总体国家安全观》，人民出版社、党建读物出版社 2019 年版，第 11 页。

〔2〕栗战书:《全国人民代表大会常务委员会工作报告——2021 年 3 月 8 日在第十三届全国人民代表大会第四次会议上》，载《人民日报》2021 年 3 月 15 日，第 3 版。

进展，国家安全法律制度体系进一步完善。

三、构建全面开放新格局的法律保障

开放是国家繁荣发展的必由之路。以开放促改革、促发展，是我国现代化建设不断取得新成就的重要法宝。党的十九大报告提出，推动形成全面开放新格局，实行更高水平的贸易和投资自由化便利化政策，全面实行准入前国民待遇加负面清单管理制度，大幅度放宽市场准入，扩大服务业对外开放，保护外商投资合法权益。开放带来进步，封闭必然落后。中国开放的大门不会关闭，只会越开越大。

全面开放新格局的建设包含“一带一路”建设、贸易强国建设、改善外商投资环境、优化区域开放布局、创新对外投资合作方式、促进贸易投资自由化便利化六大方面的重要举措。我国当前已成为全球第二大商品消费市场，货物贸易总额连续 5 年全球第一，吸收外资保持全球第二，对外投资稳居世界前列。2021 年实际使用外资首次突破万亿，达到 1.1 万亿元，增长 14.9%，新设外资企业 4.8 万家，增长 23.5%，实现引资规模和质量“双提升”。[1]

党的十八大以来，以习近平同志为核心的党中央着眼于国内国际发展大局，在对外开放方面作出一系列重大决策部署。建设自贸试验区是以习近平同志为核心的党中央在新时代推进改革开放的重要战略举措。近十年来，我国先后部署设立 21 个自由贸易试验区，形成了覆盖东西南北中的试点格局，推出了一大批高水平制度创新成果，建成了一批世界领先的产业集群，为经济高质量发展作出了重要贡献。随着我国自贸试验区建设的不断推进，我国赋予了自贸试验区更大的改革自主权。改革任务涉及贸易自由化便利化、投资自由化便利化、金融服务实体经济、政府职能转变、创新对外开放模式等，现已初步建立起自贸试验区

〔1〕《国新办举行 2021 年商务运行情况新闻发布会》，载国务院新闻办公室网 2022 年 1 月 25 日。

政策制度的基本框架。2021年7月9日，习近平总书记主持召开中央全面深化改革委员会第二十次会议，审议通过了《关于推进自由贸易试验区贸易投资便利化改革创新的若干措施》，要求赋予自由贸易试验区更大改革自主权，加强改革创新系统集成。自贸试验区的先行先试措施，均在法治的轨道上运行。在改革中，需要调整有关法律适用的，均依法由全国人大常委会统一授权后实施。

建设中国特色自由贸易港，是习近平总书记亲自谋划、亲自部署、亲自推动的改革开放重大举措。2020年6月1日，《海南自由贸易港建设总体方案》公布，标志着中国特色自由贸易港建设迈出关键一步。近年来，我国出台实施了放宽市场准入特别措施、外商投资准入负面清单、跨境服务贸易负面清单、两个15%所得税等政策，配合编制出台了《海南自由贸易港法》，以保障各项改革措施于法有据，确保海南自由贸易港建设在法治轨道上行稳致远。

党的十八大以来，党中央高度重视外商投资法的制定工作。习近平总书记指出，要加快出台外商投资法规，完善公开、透明的涉外法律体系，全面实施准入前国民待遇加负面清单管理制度，营造国际一流营商环境。2019年3月15日，第十三届全国人大第二次会议审议通过《外商投资法》，自2020年1月1日起施行。《外商投资法》实施后，将取代原先的“外资三法”，成为新时代中国利用外资的基础性法律。随后我国颁布《外商投资法实施条例》《优化营商环境条例》等配套规定。《外商投资法》第4条明确了“国家对外商投资实行准入前国民待遇加负面清单管理制度”，取代了原来规定的外商投资企业逐案审批或备案管理制度，这是外商投资管理体制改革的关键，体现了推动新一轮高水平对外开放的要求。准入前国民待遇加负面清单管理制度的确立和实施，走过了以开放促改革、由局部试验到全面推广、由政策上升为法律的历程，是立法决策与改革开放决策相结合的成功例证。

四、健全促进和保障海外投资的法律体系

习近平总书记在党的十九大报告中明确指出，要以“一带一路”建

设为重点，坚持“引进来”和“走出去”并重；创新对外投资方式，促进国际产能合作，形成面向全球的贸易、投融资、生产、服务网络，加快培育国际经济合作和竞争新优势。当前，我国在投资领域正从强调“引进来”的作用，逐步向“引进来”和“走出去”并重的思路转变。

“一带一路”建设是我国在新的历史条件下实行全方位对外开放的重大举措、推行互利共赢的重要平台。“一带一路”贯穿欧亚大陆，东连亚太经济圈，西接欧洲经济圈。“一带一路”建设顺应时代要求和各国加快发展的愿望，提供了一个包容性巨大的合作发展平台，能够把中国同各参与国的利益结合起来，形成利益共同体、责任共同体、命运共同体。实践证明，“一带一路”建设不仅为我国改革开放和持续发展提供了新动力，还为世界经济复苏、各国合作发展和全球治理变革提供了中国方案。

加强对“一带一路”沿线国家的投资，提升对外投资的质量和效益，不仅有助于更好推动国际产能合作，而且可以带动区域间互联互通，促进沿线各国的资源互补与产业融合，深化经贸合作、实现共赢发展。2020 年，在“一带一路”倡议中，中资企业对 58 个国家的直接投资达到 177.9 亿美元，同比增长了 18.3%。[1] 2021 年 1—9 月，在“一带一路”国家中，中资企业对 56 个国家的直接投资达到 962.3 亿元人民币，同比增长了 5.7%。[2] 截至 2020 年，“一带一路”沿线国家共有超过 1.1 万家中资境外企业。2013 年至 2020 年中国对沿线国家累计直接投资 1398.5 亿美元。[3]

习近平总书记高度重视法治在共建“一带一路”中的重要作用。在 2019 年 11 月 10 日向中国法治国际论坛的致信中，习近平总书记指出，推动共建“一带一路”，需要法治进行保障。中国愿同各国一道，营造

---

〔1〕《2020 年我国企业对“一带一路”沿线非金融类直接投资 177.9 亿美元》，载商务部网 2021 年 2 月 19 日。

〔2〕《2021 年 1—9 月我对“一带一路”沿线国家投资合作情况》，载商务部网 2021 年 11 月 12 日。

〔3〕《商务部、国家统计局和国家外汇管理局联合发布〈2020 年度中国对外直接投资统计公报〉》，载商务部网 2021 年 9 月 29 日。

良好法治环境，构建公正、合理、透明的国际经贸规则体系，推动共建“一带一路”高质量发展，更好造福各国人民。〔1〕

对外投资既需要优惠政策的支持，也需要强化法律的引导功能。2017年5月23日，中央全面深化改革领导小组第三十五次会议审议通过《关于规范企业海外经营行为的若干意见》。随后，2017年12月，国家发展和改革委员会发布了《民营企业境外投资经营行为规范》《企业境外投资管理办法》等。上述法律文件规范了中资企业的海外经营行为，引导企业遵守东道国法律法规、保护环境、履行社会责任，遏制恶性竞争。

面对复杂的法律风险，中资企业“走出去”更需要自觉提升海外投资的法律意识与法律运用能力，注重自身的合规建设，并主动承担投资目的国的社会责任。同时，应结合东道国国情，尊重当地风俗与习惯，特别是在反腐败、环境保护、劳工权益、人权等高风险领域做好合规工作。国资委等部门先后发布《中央企业合规管理指引（试行）》《企业境外经营合规管理指引》等文件，服务企业开展境外经营，推动企业持续提升合规管理能力和水平。

第三节　构建我国法域外适用的法律体系

习近平总书记指出，党的十八大以来，我们统筹推进国内法治和涉外法治，运用法治方式维护国家和人民利益能力明显提升。〔2〕党的十九届中央委员会第四次全体会议通过的《中共中央关于坚持和完善中国特色社会主义制度、推进国家治理体系和治理能力现代化若干重大问题的决定》明确指出，完善以宪法为核心的中国特色社会主义法

〔1〕习近平：《使法治在共建“一带一路”进程中更好发挥作用》，载习近平：《论坚持全面依法治国》，中央文献出版社2020年版，第268页。

〔2〕习近平：《坚持走中国特色社会主义法治道路　更好推进中国特色社会主义法治体系建设》，载《求是》2022年第4期。

律体系，加强重要领域立法，加快我国法域外适用的法律体系建设，以良法保障善治。

法律是治国之重器，良法是善治之前提。当前，世界正面临百年未有之大变局，国际社会经济发展和地缘政治安全发生深刻变化。随着我国对外开放的全方位深化，“一带一路”建设深入推进，中国深度融入全球化进程。但我国日益面临个别国家霸权主义的威胁，维护我国国家利益和公民、法人在境外的合法权益的任务日益繁重。加强我国法律的域外适用体系建设，是我国应对他国法律的“长臂管辖”以及外国政府在经贸等领域频繁采用的单边主义、霸凌主义行为的重要举措，也是维护我国国家利益和公民、法人境外合法权益的必然手段。

一、依法维护国家主权、安全、发展利益

国家安全是国家生存发展的基本前提。维护国家安全是全国各族人民根本利益所在。习近平总书记强调：“我们党要巩固执政地位，要团结带领人民坚持和发展中国特色社会主义，保证国家安全是头等大事。”〔1〕国家主权、安全、发展利益是国家核心利益，涉外法治工作事关国家主权、安全和发展利益，是顺利推进对外开放事业的重要保障。构建我国法域外适用的法律体系，是统筹推进国内法治和涉外法治，协调推进国内治理和国际治理的应有之义。

2021 年 6 月 10 日，第十三届全国人大常委会第二十九次会议表决通过《反外国制裁法》，为我国依法反制外国歧视性措施提供了有力的法治支撑和保障。《反外国制裁法》第 12 条首次以法律方式明确了我国当事人对外国歧视性限制措施的司法救济途径。《反外国制裁法》的适用是中国政府向世界鲜明表达捍卫国家主权、安全、发展利益毅力和决心的体现。

当前，我国面临复杂多变的安全和发展环境，各种可以预见和难以

〔1〕中共中央宣传部编：《习近平新时代中国特色社会主义思想学习纲要》，学习出版社、人民出版社 2019 年版，第 177 页。

预见的风险因素明显增多，国家安全内涵和外延比历史上任何时候都要丰富，在准确把握国家安全形势变化新特点新趋势的基础上，以习近平同志为核心的党中央创新国家安全理念，不断将国家安全的理念落到实处。2022 年 2 月 15 日，为贯彻落实党中央总体安全观，维护我国网络安全以及数据安全，由国家互联网信息办公室等十三部门联合修订发布的《网络安全审查办法》正式施行。该办法第 6 条规定，掌握超过 100 万用户个人信息的网络平台运营者赴国外上市，必须向网络安全审查办公室申报网络安全审查。随着信息技术和人类生产生活交汇融合，各类数据信息海量聚集，网络安全、数据安全已成为事关国家安全与经济社会发展的重大问题，我国执法部门贯彻落实总体国家安全观，为维护网络安全、数据安全打出“组合拳”，有效维护了我国在网络空间中主权、安全和发展利益。

中国特色社会主义进入新时代意味着“一国两制”进入新时代。近年来，香港社会有些人鼓吹香港有所谓“固有权力”“自主权力”等，否认或抗拒中央对香港的管治权，对我国国家主权、安全造成严重威胁。习近平总书记明确指出：“任何危害国家主权安全、挑战中央权力和香港特别行政区基本法权威、利用香港对内地进行渗透破坏的活动，都是对底线的触碰，都是绝不能允许的。”〔1〕2020 年 6 月 30 日，《香港特别行政区维护国家安全法》经全国人大常委会审议通过，该法对发生在香港行政区危害国家安全的四类犯罪行为的具体构成以及相应的刑事责任作出规定，明确了对域外主体及行为的管辖权，并从中央和香港两个层面建立健全维护国家主权、安全的执行机制。《香港特别行政区维护国家安全法》全面准确贯彻“一国两制”方针，充分考虑了维护国家安全的现实需要和香港的具体情况，切实保障香港居民合法权益，是一部治港的“良法”，为香港带来“善治”和“久安”。

---

〔1〕中共中央宣传部编：《习近平新时代中国特色社会主义思想学习纲要》，学习出版社、人民出版社 2019 年版，第 202 页。

二、探索《反垄断法》《反不正当竞争法》的域外适用机制

近年来，党中央高度关注垄断、不正当竞争等违反市场经济秩序行为对社会主义市场经济体制产生的负面影响。2020年12月11日，习近平总书记主持召开中共中央政治局会议，分析研究2021年经济工作，会议在部署2021年工作时提出多项要求，其中包括强化反垄断和防止资本无序扩张。2020年12月，中央经济工作会议明确，要加强规制，提升监管能力，坚决反对垄断和不正当竞争行为。2022年4月10日，《中共中央　国务院关于加快建设全国统一大市场的意见》发布，指出健全反垄断法律规则体系，加快推动修改《反垄断法》《反不正当竞争法》，完善公平竞争审查制度，研究重点领域和行业性审查规则，健全审查机制，统一审查标准，规范审查程序，提高审查效能。在全球化竞争中加强反垄断、反不正当竞争的作用，不仅是我国建立开放经济体的需要，也是与国际接轨的需要。《反垄断法》《反不正当竞争法》的域外适用不仅促使国内外企业的市场行为更加规范有序，而且对维护国家的发展利益至关重要。

在党中央强化反垄断、反不正当竞争政策作用的同时，执法机关和司法机构更加积极主动利用我国法的域外适用机制，维护市场主体的合法权益。自《反垄断法》生效以来，国家发展和改革委员会已处理涉及液晶面板、汽车零部件和轴承等多起国际价格卡特尔行为。商务部依据《国家安全法》《对外贸易法》《反垄断法》等法律法规建立起“不可靠实体清单”制度，将背离契约精神，不遵守市场规则，基于非商业目的对中资企业实施封锁或断供，严重损害中资企业正当权益的外国企业组织或个人加入清单。

2021年8月30日，在中央全面深化改革委员会第二十一次会议，习近平总书记再次强调，强化反垄断、深入推进公平竞争政策实施，是完善社会主义市场经济体制的内在要求。我国执法机关和司法机构对《反不正当竞争法》的域外适用正是贯彻落实了习近平总书记深入推进公平竞争理念的体现。《最高人民法院关于适用〈中华人民共和国反不

正当竞争法〉若干问题的解释》自 2022 年 3 月 20 日起施行。该解释第 27 条对其空间效力的适用作出了新规定，被诉不正当竞争行为发生在中华人民共和国领域外，但侵权结果发生在中华人民共和国领域内，当事人主张由该侵权结果发生地人民法院管辖的，人民法院应予支持。我国对《反不正当竞争法》的域外适用，促使全球市场主体恪守公平竞争、诚信交易的理念。

三、法治保障“一带一路”高质量发展

自 2013 年习近平主席提出“一带一路”合作倡议以来，“一带一路”倡议得到沿线国家的积极响应，“一带一路”建设取得瞩目成就。习近平主席指出，中国愿同各国一道，营造良好法治环境，构建公正、合理、透明的国际经贸规则体系，推动共建“一带一路”高质量发展，更好造福各国人民。

在“一带一路”法治建设中，国内法治不断与国际法治相互促进、良性互动。近年来，最高人民法院出台了一系列重要的司法文件与改革措施服务和保障“一带一路”法治建设。最高人民法院于 2015 年和 2019 年相继发布并实施《关于人民法院为“一带一路”建设提供司法服务和保障的若干意见》《关于人民法院进一步为“一带一路”建设提供司法服务和保障的意见》。上述指导意见要求人民法院充分发挥司法职能，创新完善涉“一带一路”案件法律适用机制规则，推动完善国际商事纠纷解决机制。

习近平主席指出，中国愿同各方一道，秉持共商共建共享原则，坚持开放、绿色、廉洁理念，努力实现高标准、惠民生、可持续目标，推动高质量共建“一带一路”取得更多丰硕成果。深入贯彻落实开放、绿色、廉洁的理念，推动建设高质量“一带一路”，离不开法治的保障。为保障开放“一带一路”建设，中国坚定地支持和践行多边主义，不断携手“一带一路”参与国家共同推进自由贸易和投资进程，持续推进更高水平的对外开放。为保障绿色“一带一路”建设，我国相关部委发布《关于推进绿色“一带一路”建设的指导意见》，该意见旨在推进绿色发

展重点领域合作，推进境外项目绿色发展，并为完善绿色发展提供保障体系。为保障廉洁“一带一路”建设，中国与有关国家、国际组织以及工商学术界代表在第二届“一带一路”国际合作高峰论坛廉洁丝绸之路分论坛共同发起了《廉洁丝绸之路北京倡议》，推动提升企业廉洁合规经营能力，建设风清气正的营商环境。

四、深化国际商事纠纷解决机制建设

处理矛盾、化解纠纷是社会治理的基础性工作。随着跨国商事活动日益增多，国际商事争端的有效解决已成为优化营商环境、推动全球治理法治化的必要因素。近年来，我国积极推动国际商事纠纷解决机制的建设和完善。

2018 年 6 月，中共中央办公厅、国务院办公厅印发《关于建立“一带一路”国际商事争端解决机制和机构的意见》首次提出，在深圳、西安两地设立国际商事审判机构。国际商事法庭是“一带一路”商事争端解决机制和机构的重要组成部分，建立国际商事法庭是最高人民法院服务党和国家大局的一项重大举措，也是中国涉外商事审判体制与时俱进的重要时代标志。2020 年 1 月，最高人民法院发布《关于人民法院进一步为“一带一路”建设提供司法服务和保障的意见》提出进一步完善“一带一路”国际商事纠纷解决机制的“四个创新”，即完善国际商事法庭管辖，服务全球国际商事纠纷解决；拓展“一站式”多元纠纷解决平台建设；完善跨境破产协调机制；鼓励建立区域性的双边、多边争端解决合作机制。此外，国际商事法庭搭建“一站式”国际商事纠纷多元化解决机制，国际商事法庭不仅通过诉讼解决纠纷，还支持当事人通过调解和仲裁解决纠纷，鼓励通过多元化纠纷解决机制解决争议。

2021 年 7 月 30 日，司法部公布了《仲裁法（修订）（征求意见稿）》。该征求意见稿是《仲裁法》自 1994 年颁布之后的第三次、也是修订幅度最大的一次修订。本次修订参照了联合国贸易法委员会颁布的《国际商事仲裁示范法》以及域外仲裁法的先进经验，引入了国际商事仲裁中被广泛使用的制度和概念。征求意见稿的内容符合国际商事仲裁发展的整体趋势，体现了对仲裁制度、仲裁庭的权力以及对当事人意思自治的尊重，有利于吸引更多国际商事仲裁的当事人选择中国的仲裁机构以及选择中国作为仲裁地。

习近平总书记强调，我们要建设的中国特色社会主义法治体系，必须是扎根中国文化、立足中国国情、解决中国问题的法治体系。〔1〕中国向来崇尚“以和为贵”，中国古人就有“和谐大同”的社会理想，并为此设立了一整套较为完善的争议调解机制。调解制度在我国具有悠久的历史，中国既是调解大国又是调解古国。中国在国际社会中积极推动国际商事调解机制的落地。2019 年 8 月，中国作为首批签约方签署了《新加坡调解公约》。

第四节　提升涉外执法司法效能

习近平总书记指出，从国内看，我们已经踏上了全面建设社会主义现代化国家、向第二个百年奋斗目标进军的新征程，立足新发展阶段，贯彻新发展理念，构建新发展格局，推动高质量发展，满足人民对民主、法治、公平、正义、安全、环境等方面日益增长的要求，提高人民生活品质，促进共同富裕，都对法治建设提出了新的更高要求。从国际看，世界进入动荡变革期，国际竞争越来越体现为制度、规则、法律之争。我们必须加强涉外法律法规体系建设，提升涉外执法司法效能，坚决维护国家主权、安全、发展利益。〔2〕

提升涉外执法司法效能，事关国家主权、安全和发展利益。近年

〔1〕习近平：《坚持走中国特色社会主义法治道路　更好推进中国特色社会主义法治体系建设》，载《求是》2022 年第 4 期。

〔2〕习近平：《坚持走中国特色社会主义法治道路　更好推进中国特色社会主义法治体系建设》，载《求是》2022 年第 4 期。

来，我国执法机关和司法机构深入贯彻习近平法治思想，深刻认识推进涉外执法司法工作的重要性，不断提升涉外执法司法效能。

一、完善境外安全风险防范体系

应对重大风险挑战是实现中华民族伟大复兴绕不过的门槛，境外安全风险绝对不容小觑。习近平总书记指出，这是我国由大向强发展进程中无法回避的挑战，是实现中华民族伟大复兴绕不过的门槛。〔1〕如果发生重大风险又扛不住，国家安全就可能面临重大威胁，全面建成小康社会进程就可能被迫中断。我们必须把防风险摆在突出位置，“图之于未萌，虑之于未有”，力争不出现重大风险或在出现重大风险时扛得住、过得去。〔2〕

随着对外交流合作规模不断扩大，我国面临的国际形势日趋复杂多变，各类境外安全风险事件时有发生，不仅对我企业的境外经营造成影响，而且严重威胁我境外人员的生命财产安全。党的十八大以来，我国先后同70多个国家和地区深度开展打击网络犯罪合作，提出责任共担、社会共治的国际禁毒合作方案，联合各国开展国际追逃追赃、打击电信诈骗等执法行动，全面参与联合国、国际刑警组织、上海合作组织、中国—东盟等国际和区域合作框架内的执法安全合作，创建湄公河流域执法安全合作机制，建立新亚欧大陆桥安全走廊国际执法合作论坛，上述措施强化了我国涉外执法活动。近年来，中国成功从多个突发战争或重大自然灾害的国家接回滞留同胞，成功组织多次海外公民撤离行动。

近10年来，我国有关部门积极有效应对“走出去”过程中的境外安全风险，对各类风险进行评估，合理降低或者解决政治风险、经济风

---

〔1〕中共中央党史和文献研究院编:《习近平关于防范风险挑战、应对突发事件论述摘编》，中央文献出版社2020年版，第4页。

〔2〕中共中央党史和文献研究院编:《习近平关于防范风险挑战、应对突发事件论述摘编》，中央文献出版社2020年版，第7页。

险、法律和政策风险、社会风险、自然风险等。我国已建立统一高效的境外企业和对外投资安全保护体系，同其他国家达成多项便利人员往来协定或安排。通过与东道国签订双边或多边协定，可减少因沿线国家法制不统一的法律障碍，为我国海外投资者创造良好的法律环境。截至 2022 年 3 月，中国已经同 149 个国家和 32 个国际组织签署 200 余份共建“一带一路”合作文件，已同东盟、新加坡、巴基斯坦等国家和地区签署了数十个自由贸易协定。我国充分利用这些双边和多边投资与贸易合作协定，将合作各方的权利义务予以明确、细化，从而避免产生不必要的法律风险。

二、加强反腐败、反恐怖主义领域的国际合作

大国之大，不在于体量大、块头大、拳头大，而在于胸襟大、格局大、担当大。大国要以人类前途命运为要，对世界和平与发展担负更大责任，而不是依仗实力对地区和国际事务谋求垄断。腐败问题和恐怖主义是全人类的公敌。中国高度重视反腐败、反恐主义领域的国际合作。

习近平主席指出，中国愿同国际社会积极开展反腐追逃合作。加强追逃、追赃工作是向腐败分子发出断其后路的强烈信号，能够对腐败分子形成震慑，遏制腐败现象蔓延势头。2014 年 1 月，十八届中央纪委三次全会首次对反腐败国际追逃追赃工作作出部署，强调“加大国际追逃追赃力度，决不让腐败分子逍遥法外”。2015 年十八届中央纪委五次、六次全会强调“加强国际合作，狠抓追逃追赃，把腐败分子追回来绳之以法”“健全追逃追赃配套法规制度”等。[1]据统计，2014 年至 2020 年 6 月，我国共从 120 多个国家和地区追回外逃人员 7831 人，包括党员和国家工作人员 2075 人、“红通人员”348 人、“百名红通人员”60 人，追回赃款 196.54 亿元。[2]中国追逃追赃取得的成绩，

〔1〕《深入学习习近平关于反腐败国际追逃追赃重要论述》，载人民网 2018 年 7 月 26 日。

〔2〕《从 120 多个国家和地区追回外逃人员 7831 人，其中百名红通人员 60 人　反腐追逃一追到底》，载人民网 2020 年 11 月 9 日。

既是深化反腐败国际合作的典型成果，也为其他国家惩治腐败提供了方案和借鉴。

习近平主席强调，要坚持和维护联合国宪章以及国际刑警组织章程，认真履行打击跨国犯罪公约和反腐败公约，不断完善相关国际规则，确保国际秩序公正合理、人类社会公平正义。[1]近年来，我国认真履行《联合国反腐败公约》义务，高举多边主义旗帜，高度重视反腐败国际合作，积极开展跨境腐败治理和国际追逃追赃，呼吁各国拒绝成为腐败分子和腐败资产的“避风港”，不搞反腐败执法合作小圈子，维护和发展基于《联合国反腐败公约》的全球反腐败治理规则体系，切实消除追逃追赃各种障碍。

近年来恐怖主义猖獗，国际社会对反恐怖主义合作需求强烈。国际反恐怖主义具有复杂性和艰巨性，已成为人类历史上最严峻的挑战。反恐是各国共同义务，既要治标，更要治本。要加强协调，建立全球反恐统一战线，为各国人民撑起安全伞。党的十八大以来，我国积极参与国际反恐合作，派军舰在亚丁湾、索马里海域执行护航任务。2011 年 10 月，湄公河中国船员遇袭案发生后，中国、老挝、缅甸、泰国启动跨国联合执法机制。中、老、缅、泰旨在打击湄公河流域的违法犯罪，保障湄公河区域的持续发展。如今，打击毒品犯罪、恐怖主义、网络犯罪等均已纳入四国执法安全合作范围。截至 2022 年 4 月，中、老、缅、泰四国已经启动了 116 次联合巡逻执法。

2015 年 9 月 26 日，习近平主席在会见时任联合国秘书长潘基文时强调，期待联合国在全球问题上发挥引导作用。联合国是国际反恐合作最理想的平台，会员国要认真执行联合国安理会相关决议和联合国大会全球反恐战略，多措并举打击恐怖主义。我们有理由相信，随着反国际恐怖主义的国际合作日程加速，中国在全球反恐怖主义合作中将发挥更大的作用。

---

〔1〕习近平:《坚持合作创新法治共赢　携手开展全球安全治理——在国际刑警组织第八十六届全体大会开幕式上的主旨演讲》，载《人民日报》2017 年 9 月 27 日，第 2 版。

三、完善对外司法协助体制

党的十八大以来，我国涉外审判覆盖的国家和地区范围不断扩大，境外当事人主动选择中国法院管辖的案件日益增多，我国法院民商事判决得到越来越多国家的承认和执行，在参与国际规则制定中发挥的作用更加凸显，涉外司法国际公信力和影响力持续提升。其中，国际司法协助既是国际司法合作的一种重要方式和途径，又是国际司法合作的重要组成部分和基本表现形式。

截至 2020 年 11 月，在国家监委与外交部等部门的共同努力下，我国已与 81 个国家缔结 169 项引渡条约、司法协助条约、资产返还与分享协定等文件。国家监委成为《联合国反腐败公约》刑事司法协助中方中央机关，依托该公约有效开展刑事司法协助等对外执法合作。

党的十八届四中全会强调，加强涉外法律工作，要深化司法领域国际合作，完善我国司法协助体制，扩大国际司法协助覆盖面。2018 年 10 月 26 日，第十三届全国人大常委会第六次会议审议通过了《国际刑事司法协助法》，司法协助立法工作正式完成。这意味着我国刑事司法协助工作走向法治化轨道。制定国际刑事司法协助法是国家反腐败和打击跨国犯罪等工作的一项顶层设计，从法律上明确了各相关部门在刑事司法协助中的职责和任务，解决了职责不清、协调不畅的问题，进一步完善了国际刑事司法协助工作的制度体系。

四、积极发展涉外法律服务

党的十八届四中全会通过的《中共中央关于全面推进依法治国若干重大问题的决定》提出，强化涉外法律服务，维护我国公民、法人在海外及外国公民、法人在我国的正当权益，依法维护海外侨胞权益。习近平总书记强调，要引导企业、公民在“走出去”过程中更加自觉地遵守当地法律法规和风俗习惯，运用法治和规则维护自身合法权益。要注重培育一批国际一流的仲裁机构、律师事务所，把涉外法治保障和服务工作做得更有成效。[1]

2016年，司法部、外交部、商务部等部门联合发布的《关于发展涉外法律服务业的意见》指出，发展涉外法律服务业是建设完备的法律服务体系、推进全面依法治国、促进全方位对外开放的重要举措。2018年3月15日，中共中央办公厅、国务院办公厅印发的《关于完善仲裁制度提高仲裁公信力的若干意见》提出，要适应互联网等新经济新业态发展需要，依托互联网技术，建立网络化的案件管理系统以及与电子商务和互联网金融等平台对接的仲裁平台，研究探索线上仲裁、智能仲裁，实现线上线下协同发展。

2020年10月15日，在中国贸促会的推动下，国际商事争端预防与解决组织成立。该组织是由中国国际商会联合有关国家商协会、法律服务机构、高校智库等共同发起设立的非政府间国际组织。该组织的宗旨是为全球工商界提供国际化、专业化、便利化公共法律服务，推进打造国际化、法治化营商环境，推动构建公正合理的国际经济秩序。当今世界经济社会发展联系日益密切，但不稳定不确定因素依然很多，各国工商界对法律风险预防和争端解决提出更高的要求。国际商事争端预防与解决组织的落地，为全球商事争端预防与解决提供了新的选项。

党的十八大以来，在党中央、国务院的领导下，我国涉外法律服务业发展迅速，涉外法律服务队伍不断壮大，一些涉外法律服务机构的国际竞争力逐步增强。涉外法律服务能力的提升，为我国民商事主体有效应对各类国际纠纷摩擦提供了坚实的后盾。

第五节　加强国际法的研究和运用

党的十八大以来，以习近平同志为核心的党中央坚定不移扩大对外

〔1〕习近平：《坚定不移走中国特色社会主义法治道路　为全面建设社会主义现代化国家提供有力法治保障》，载《求是》2021年第5期。

开放、推动构建人类命运共同体，提出一系列富有中国特色、体现时代精神、引领人类发展进步潮流的新理念新主张新倡议，为人类共同事业作出了巨大贡献。

习近平主席指出："中国是第一个在联合国宪章上签字的国家，是联合国创始会员国，也是安理会常任理事国中唯一一个发展中国家。我们将始终做多边主义的践行者，积极参与全球治理体系改革和建设，坚定维护以联合国为核心的国际体系，坚定维护以国际法为基础的国际秩序，坚定维护联合国在国际事务中的核心作用。"[1]党的十九届四中全会提出，加强涉外法治工作，建立涉外工作法务制度，加强国际法研究和运用，提高涉外工作法治化水平。

一、维护以国际法为基础的国际秩序

当今世界正处在一个特殊的历史时期，世纪疫情和百年变局交织共振，多边主义同单边主义激烈博弈，全球治理体系正经历前所未有的深刻调整，国际和平安全正面临前所未有的严峻挑战。在 2022 年 4 月 21 日举行的博鳌亚洲论坛开幕式主旨演讲中，习近平主席指出："我们要践行共商共建共享的全球治理观，弘扬全人类共同价值，倡导不同文明交流互鉴。要坚持真正的多边主义，坚定维护以联合国为核心的国际体系和以国际法为基础的国际秩序。大国尤其要作出表率，带头讲平等、讲合作、讲诚信、讲法治，展现大国的样子。"[2]

进入 21 世纪第二个 10 年，中国与世界的关系正在发生深刻变化，中国正前所未有地走近世界舞台中央。和平与发展仍是当今时代主题，但世界面临的不稳定性不确定性日益凸显，经济全球化遭遇逆流，单边主义、保护主义、霸权主义对世界和平与发展构成威胁，治理赤字、信

[1] 习近平：《在联合国成立 75 周年纪念峰会上的讲话》，载《人民日报》2020 年 9 月 22 日，第 2 版。

[2] 习近平：《携手迎接挑战，合作开创未来——在博鳌亚洲论坛 2022 年年会开幕式上的主旨演讲》，载《人民日报》2022 年 4 月 22 日，第 2 版。

任赤字、和平赤字、发展赤字成为摆在全人类面前的严峻挑战。少数国家在国际社会中鼓吹维护“基于规则的国际秩序”，并以此向别国施压。所谓“基于规则的秩序”，动辄实施单边制裁，粗暴干涉主权国家内政，对国际和地区安全治理体系和多边机制造成严重冲击。

为应对单边主义的挑战，中国主张“坚定维护以国际法为基础的国际秩序”。各国共同认可的体系只能是以联合国为核心的国际体系，各国共同维护的秩序只能是以国际法为基础的国际秩序，各国共同遵守的规则只能是以联合国宪章宗旨和原则为基础的国际关系基本准则。本质上，安全是平等和不可分割的，中国秉持共同、综合、合作、可持续的安全观，反对以牺牲别国安全换取自身绝对安全的做法，坚定维护以联合国为核心的国际体系和以国际法为基础的国际秩序。

个别国家打着重回多边主义的旗号，动辄声称维护“基于规则的国际秩序”，实际上是把自己的意志和标准强加于人，用少数国家制定的规则取代普遍接受的国际法则。习近平主席多次强调：“世界只有一个体系，就是以联合国为核心的国际体系。只有一个秩序，就是以国际法为基础的国际秩序。只有一套规则，就是以联合国宪章宗旨和原则为基础的国际关系基本准则。”[1]中国长期坚定不移地维护以联合国为核心的国际体系和以国际法为基础的国际秩序。

二、坚持真正的多边主义

随着全球化的发展，世界各国之间的联系越来越紧密，多边主义在国际社会中的作用越发凸显。然而新冠肺炎疫情肆虐全球，与世界百年未有之大变局交叠碰撞，国际格局发生深刻调整，国际环境更趋复杂，多边主义面临严峻挑战。当前，人类又一次站在了十字路口。合作还是对抗？开放还是封闭？互利共赢还是零和博弈？对这些问题的回答，关

〔1〕习近平：《坚定信心　共克时艰　共建更加美好的世界——在第七十六届联合国大会一般性辩论上的讲话》，载《人民日报》2021年9月22日，第2版。

乎各国利益，关乎人类前途命运。

党的十八大以来，习近平主席多次在外交活动中提到要维护和践行多边主义，推动构建人类命运共同体。2021 年 7 月 6 日，习近平总书记在中国共产党和世界政党领导人峰会上的主旨讲话中强调："现行国际体系和国际秩序的核心理念是多边主义。多边主义践行得好一点，人类面临的共同问题就会解决得好一点。"〔1〕习近平主席于 2021 年 1 月 25 日出席世界经济论坛"达沃斯议程"对话会时强调，解决好这个时代面临的课题，出路是维护和践行多边主义，推动构建人类命运共同体。21 世纪的多边主义要守正出新、面向未来，既要坚持多边主义的核心价值和基本原则，也要立足世界变化，着眼应对全球性挑战需要。〔2〕

在全球化的今天，任何国家都不能独善其身，需要在以联合国为核心的国际体系和以国际法为基础的国际秩序框架下合理解决难题。世界命运应该由各国共同掌握、国际规则应该由各国共同书写、全球事务应该由各国共同治理、发展成果应该由各国共同分享，无论是维护和平稳定，还是促进共同发展，都必须充分贯彻民主的原则。国家间的合作应该以服务全人类为宗旨，而不应以小集团政治谋求世界霸权。我们要共同反对以多边主义之名行单边主义之实的各种行为，共同反对霸权主义和强权政治。〔3〕真正的多边主义，需要国际社会成员共同支持和维护，更需要大国作出贡献和示范，中国始终支持多边主义、践行多边主义，以开放、合作、共赢精神同世界各国共谋发展。中国对多边主义的坚定承诺，得到了世界各国的积极响应。

---

〔1〕习近平:《加强政党合作　共谋人民幸福——在中国共产党与世界政党领导人峰会上的主旨讲话》，载《人民日报》2021 年 7 月 7 日，第 2 版。

〔2〕习近平:《让多边主义的火炬照亮人类前行之路——在世界经济论坛"达沃斯议程"对话会上的特别致辞》，载《人民日报》2021 年 1 月 26 日，第 2 版。

〔3〕习近平:《加强政党合作　共谋人民幸福——在中国共产党与世界政党领导人峰会上的主旨讲话》，载《人民日报》2021 年 7 月 7 日，第 2 版。

三、推动构建人类命运共同体

坚持推动构建人类命运共同体，是习近平外交思想的核心和精髓，是党的十八大以来中国外交的重大理论创新成果。2013 年 3 月 23 日，习近平主席在莫斯科国际关系学院的演讲中指出："这个世界，各国相互联系、相互依存的程度空前加深，人类生活在同一个地球村里，生活在历史和现实交汇的同一个时空里，越来越成为你中有我、我中有你的命运共同体。"〔1〕此后，"人类命运共同体"理念频频出现在习近平总书记的重要演讲和文章中。2015 年 9 月 28 日第 70 届联合国大会一般性辩论时的讲话和 2017 年 1 月 18 日在联合国日内瓦总部的演讲，习近平主席系统性地阐述了构建人类命运共同体的时代背景、重大意义、丰富内涵和实现路径，深刻回答了"建设一个什么样的世界、怎样建设这个世界"的问题。党的十九大把推动构建人类命运共同体作为新时代坚持和发展中国特色社会主义的基本方略，并载入党章。2018 年 3 月，"坚持和平发展道路""坚持互利共赢开放战略""推动构建人类命运共同体"被载入国家根本大法。

在国际层面，"构建人类命运共同体"已写入联合国等多项决议，被越来越多的国际组织和国家接受和认同。2017 年 2 月 10 日，联合国社会发展委员会第五十五届会议协商一致通过"非洲发展新伙伴关系的社会层面"决议，呼吁国际社会本着合作共赢和构建人类命运共同体的精神，加强对非洲经济社会发展的支持，首次将"构建人类命运共同体"理念写入联合国决议。2017 年 3 月 17 日，"构建人类命运共同体"理念写入联合国安理会关于阿富汗问题的第 2344 号决议；2017 年 3 月 23 日，写入联合国人权理事会关于"经济、社会、文化权利"和"粮食权"两个决议；2017 年 11 月 2 日，又写入联大"防止外空军备竞赛进

〔1〕习近平：《顺应时代前进潮流，促进世界和平发展——在莫斯科国际关系学院的演讲》，载《人民日报》2013 年 3 月 23 日，第 1 版。

一步切实措施”和“不首先在外空放置武器”两份安全决议。

当前人类处在挑战层出不穷、风险日益增多的时代。世界经济增长乏力，金融危机阴云不散，发展鸿沟日益突出，兵戎相见时有发生，冷战思维和强权政治阴魂不散，恐怖主义、网络安全、重大传染疾病、气候变化等非传统安全威胁持续蔓延。国际格局以西方占主导、国际关系理念以西方价值观为主要取向的“西方中心论”已难以为继，西方的治理理念、体系和模式越来越难以适应新的国际格局和时代潮流。和平赤字、发展赤字、治理赤字，是摆在全人类面前的严峻挑战。[1]在构建人类命运共同体的基础上，为携手应对世纪疫情的挑战，中国创新性地提出构建人类卫生健康共同体。实践中，人类命运共同体正从理念转化为行动，成为中国引领时代潮流和人类文明进步的鲜明旗帜，成为人类共同应对挑战的全新解决方案，成为推动全球治理体系变革、构建新型国际关系和国际新秩序的共同价值规范。

四、在国际规则制定中发出中国声音

党的十八大以来，中国主动参与和引领全球经济议程，参与全球治理和公共产品供给，增强新兴经济体和发展中国家在国际事务中的代表性和发言权，推动形成更加公正、合理的国际秩序。

近年来，中国积极参与经贸、网络、极地、深海、外空、核安全、生物安全、气候变化等领域规则的制定。2021 年 9 月 21 日，习近平主席出席第七十六届联合国大会一般性辩论并发表重要讲话，首次提出全球发展倡议，推动国际社会将发展置于全球宏观政策框架的突出位置。在 2022 年 4 月 21 日召开的博鳌亚洲论坛开幕式主旨演讲中，习近平主席着眼应对全球共同挑战、促进世界安危与共，提出了全球安全倡议，为共同营造和平的发展环境、共同构建人类命运共同体提供了行动指

〔1〕中共中央宣传部编:《习近平新时代中国特色社会主义思想三十讲》，学习出版社 2018 年版，第 285 页。

引、注入了思想活力。

党的十八届五中全会强调，要提高我国在全球经济治理中的制度性话语权。全球经济治理是全球治理体系的重要内容。中国主动参与和引领全球经济议程，推动形成更加公正、合理的国际经济秩序。2020年11月20日，习近平主席在亚太经合组织第二十七次领导人非正式会议上表示，中国积极考虑加入《全面与进步跨太平洋伙伴关系协定》（CPTPP），推动形成更加自由开放的贸易和投资环境。中国作为数字经济大国，积极参与数字经济国际规则制定，推动形成数字经济国际治理新机制。2021年10月30日，习近平主席在二十国集团领导人第十六次峰会第一阶段会议上宣布中国决定申请加入《数字经济伙伴关系协定》（DEPA）。在第四届中国国际进口博览会开幕式发表的主旨演讲中，习近平主席指出，中国将以积极开放态度参与数字经济、贸易和环境、产业补贴、国有企业等议题谈判，维护多边贸易体制国际规则制定的主渠道地位，维护全球产业链、供应链稳定。[1]

在百年未有之大变局的背景下，中国更加积极地参与国际经贸规则制定、争取全球经济治理制度性权力，在国际规则制定中发出更多的中国声音、注入更多的中国元素。当前，中国经济已融入经济全球化的进程，全球经济与中国经济之间不再是单向的影响与被影响的关系，而是日益呈现出一种互动关系。中国对全球经济的影响力越来越大，提高中国在全球治理中的制度性话语权，不仅越来越必要，而且越来越有利于改善国际秩序、推动全球实现可持续发展。

五、加大涉外法治人才的培养力度

当前，我国在国际社会中扮演着越来越重要的角色，我国的企业和公民越来越多地参与到国际社会生活中。在这个过程中，我国急需加强

〔1〕习近平：《让改革的春风温暖世界——在第四届中国国际进口博览会开幕式上的主旨演讲》，载《人民日报》2021年11月5日，第2版。

涉外法治工作，加强国际法研究和运用，提高涉外工作法治水平；急需培养一大批具有家国情怀和世界眼光、通晓国际法律规则、善于处理国际法律事务的高素质涉外法律人才。[1]全面依法治国是一个系统工程，法治人才培养是其重要组成部分。法律的生命力在于实施，法律的实施在于人。法治人才培养上不去，法治领域不能人才辈出，全面依法治国就不可能做好。

改革开放以来，我国在涉外人才培养方面取得了很大的成绩，不仅为涉外法治领域输送了一大批涉外法治人才，而且培养出了联合国副秘书长、国际民航组织秘书长、国际法院法官、国际海洋法庭法官、WTO争端解决上诉机构法官、联合国国际法委员会委员、常设仲裁法院仲裁员等职务的很多杰出人才。同时也应该看到，我国现有的涉外法治人才储备还远远不能满足新时代扩大对外开放的实际需要。

2018 年，教育部和中央政法委联合发布了《关于坚持德法兼修实施卓越法治人才教育培养计划 2.0 的意见》。该意见强调高层次涉外法治人才应该具有国际视野、通晓国际规则，能够参与国际法律事务、善于维护国家利益、勇于推动全球治理规则变革、服务“一带一路”建设。2022 年 4 月，我国相关部委发布关于做好涉外仲裁人才培养项目实施工作的通知，着力培养一批具有国际视野、通晓国际规则，能够在跨境法律服务市场提供专业服务的中国涉外仲裁人才。高水平涉外法律人才队伍的建成，为建设法治中国提供坚实人才支撑，为新时代对外开放提供源源不断的智力支持。

---

〔1〕黄进:《完善法学学科体系，创新涉外法治人才培养机制》，载《国际法研究》2020 年第 3 期。

第八章 建设德才兼备的法治工作队伍

全面推进依法治国，建设一支德才兼备的高素质法治队伍至关重要。法治工作是政治性很强的业务工作，也是业务性很强的政治工作。在总结法治工作队伍建设普遍规律和共同要求的基础上，明确提出了法治工作队伍建设的总要求，要“大力提高法治工作队伍思想政治素质、业务工作能力、职业道德水准，着力建设一支忠于党、忠于国家、忠于人民、忠于法律的社会主义法治工作队伍，为加快建设社会主义法治国家提供强有力的组织和人才保障”[1]。党的十九届五中全会提出了到2035年基本建成法治国家、法治政府、法治社会的远景目标。《法治中国建设规划（2020—2025年）》提出，牢牢把握忠于党、忠于国家、忠于人民、忠于法律的总要求，大力提高法治工作队伍思想政治素质、业务工作能力、职业道德水准，努力建设一支德才兼备的高素质法治工作队伍。坚持建设德才兼备的高素质法治队伍是习近平法治思想的重

〔1〕《中共中央关于全面推进依法治国若干重大问题的决定》，载中共中央文献研究室编：《十八大以来重要文献选编》（中），中央文献出版社2016年版，第174页。

要内容。

2015 年 1 月，习近平总书记在《求是》杂志发表《加快建设社会主义法治国家》的署名文章，指出："我国专门的法治队伍主要包括在人大和政府从事立法工作的人员，在行政机关从事执法工作的人员，在司法机关从事司法工作的人员"，"律师队伍是依法治国的一支重要力量"。[1] 2017 年 5 月 3 日，习近平总书记在中国政法大学考察时要求："加强法学教育、法学研究工作者和法治实际工作者之间的交流"，"培养大批高素质法治人才"。法治队伍内涵丰富，既包括专门的法治队伍，即立法人员、行政执法人员、司法人员等政法干警、纪检监察机关的执法办案人员，也包括律师等法律服务工作者和高校法学教师、学术科研机构的法学专家、学者。各支队伍各司其职，各负其责，相辅相成，共同汇聚成推进全面依法治国的磅礴力量。

党的十八大以来，习近平总书记就法治队伍建设作出一系列重要论述。强调实施依法治国基本方略，建设社会主义法治国家，必须有一支高素质队伍，指明了法治队伍建设的重要性。强调要坚持建设德才兼备的高素质法治工作队伍，指明了法治队伍建设标准和要求。强调要加强理想信念教育，深入开展社会主义核心价值观和社会主义法治理念教育，指明了法治队伍教育的核心内容。强调推进法治专门队伍革命化、正规化、专业化、职业化，指明了法治队伍建设的重要任务。强调要坚持立德树人，德法兼修，培养大批高素质法治人才，指明了法治人才培养的原则和路径。强调要教育引导法律服务工作者坚持正确政治方向，依法依规诚信执业，认真履行社会责任，指明了法律服务队伍建设的基本要求。强调着力建设一支忠于党、忠于国家、忠于人民、忠于法律的社会主义法治工作队伍，指明了法治队伍建设的目标。这是当前和今后一个时期推进法治队伍建设的重要遵循。

党的十九届五中全会提出了到 2035 年基本建成法治国家、法治政

---

〔1〕习近平：《加快建设社会主义法治国家》，载《求是》2015 年第 1 期。

府、法治社会的远景目标。要加强法治队伍建设长远规划。要坚持立足当前，着眼长远，进一步调整优化法治队伍建设目标和举措，进一步细化完善规划方案，确保法治队伍建设更加有目标、有载体、能操作、可执行。要优化法治队伍人员配置。进一步深化法治工作部门机构改革，厘清各级法治工作部门事权，持续优化法治队伍整体结构、人员布局。重点解决好部分领域专门人才短缺问题，建立健全人财物向基层倾斜的政策保障体系，确保法治队伍结构布局与承担的职责任务相匹配、相适应。要完善法治专门队伍分类管理制度。围绕推进国家治理体系和治理能力现代化，加快推进法治专门队伍革命化、正规化、专业化、职业化，积极构建符合法律职业特点的人员分类管理制度，完善职业保障体系，促进法治专门队伍安身安心安业。

坚持把思想政治建设摆在首位，切实把好政治方向、坚定政治立场、锤炼政治能力。健全党领导法治队伍的体制机制。把党的领导贯彻到全面依法治国全过程和各方面，是我国社会主义法治建设的一条基本经验。要进一步推进党管法治队伍制度化，确保党的领导不折不扣落到实处。加强对法治队伍的思想政治引领。牢牢把握社会主义法治队伍的鲜明政治属性，引导法治工作人员增强“四个意识”、坚定“四个自信”、做到“两个维护”，不断提高政治判断力、政治领悟力、政治执行力，坚决抵制西方“宪政民主”“三权分立”“司法独立”等错误思潮影响，坚定不移走中国特色社会主义法治道路。加强法治工作部门党的建设。健全法治工作部门党的组织体系，压实党组（党委）管党治党主体责任，严格党的组织生活制度，确保把全面从严治党落实到每个支部、每名党员。加强律师行业党的建设工作，充分发挥好党组织对律师队伍的教育引导管理功能。

把握习近平法治思想关于建设更高水平的平安中国、法治中国的要求，大力提高法治队伍业务素质能力。2020 年 1 月，习近平总书记就政法工作作出重要指示，强调努力建设更高水平的平安中国、法治中国。这对大力提高法治队伍职业素养和专业水平提出了新要求。健全法律职业准入和管理制度。进一步完善法律职业资格管理办法，健全国家统一法律职业资格考试制度。完善法治工作人员有序流动机制，使从符合条件的律师、高校法学教师、法学专家中招录立法执法司法人员制度化、常态化。健全法律职业联合培训机制。推动落实法律职业人员统一的、联合的、混同的培训制度，把习近平法治思想作为共同的必训内容，运用案例分析、集中研讨等形式，加强对立法原意、司法解释和法治实践的统一解读，形成共识，扎实推进中国特色社会主义法律职业共同体建设。健全交流锻炼制度。搭建多领域、多层次交流锻炼平台，有计划地安排优秀年轻法律工作者到基层一线任职，到困难艰苦岗位锻炼，提高解决实际问题能力。

把握习近平法治思想关于社会主义法治工作队伍的性质定位要求，大力提高法治队伍纪律修养和职业道德水准。一段时间以来，少数法治工作人员违纪违法问题依然突出。个别执法司法人员丧失职业底线，与违法犯罪分子沆瀣一气，甚至充当黑恶势力“保护伞”，严重损害人民群众利益，损害法治队伍形象。建设高素质法治队伍，必须把职业道德建设紧紧抓在手上，坚持激励约束并重，用纪律规矩规范职务执业行为。培育新时代法律职业精神。深入学习贯彻习近平总书记对人民警察队伍的重要训词精神，教育引导广大法治工作者树立坚定的政治立场、真挚的为民情怀、正确的价值取向和崇高的职业追求。健全新时代职业道德准则、职业行为规范，加强职业良知、职业伦理、职业操守、职业荣誉教育。认真落实《关于进一步规范司法人员与当事人、律师、特殊关系人、中介组织接触交往行为的若干规定》，完善职业道德评价机制，促使法治工作人员养成崇尚法治、理性公允的职业品格。充分发挥律师协会自律作用，监督律师严格遵守职业道德和职业操守，强化准入、退出、惩戒、管理制度建设。健全制约监督机制。针对容易滋生腐败的重点领域、岗位和环节，合理分解、科学配置权力，在加强监督的同时，进一步强化制约制度机制建设，充分发挥其防患于未然的功能作用，真正实现“不能腐”。完善领导班子议事规则和决策程序，落实岗位职权利益回避制度、家属禁止性从业等规定，坚决堵住权力寻租、利益输送漏洞。充分发挥决策咨询、评估论证、公开听证等约束作用，健全程序性制约监督制度和权力运行体系。坚决惩治执法司法腐败。深入开展政法队伍教育整顿，加强纪律规矩教育，严肃查究办关系案、人情案、金钱案等突出问题，持之以恒正风肃纪，构建权责清晰的执法司法责任体系，一体推进不敢腐、不能腐、不想腐。严厉惩处滥用职权、贪赃枉法、以案谋私、违法违规减刑假释暂予监外执行、充当“司法掮客”等行为，坚决清除充当黄赌毒、黑恶势力等“保护伞”的害群之马。

把握习近平法治思想关于创新法治人才培养机制的要求，从源头上提高法治人才质量。习近平总书记强调，法学教育要坚持立德树人，不仅要提高学生的法学知识水平，而且要培养学生的思想道德素养。创新法治人才培养机制，强化党对法学教育工作的领导。进一步加强法学院校政治思想领导，把握正确的办学方向和教育培养方向，要把习近平法治思想融入学校教育，纳入高校法治理论教学体系，做好进教材、进课堂、进头脑工作。法学院校党委要切实履行好管党治党、办学治校主体责任，把思想政治工作和党的建设工作结合起来，牢牢掌握意识形态工作主动权。建立法学院校与法治部门协同育人机制。深入总结我国法治建设的实践经验，努力将规律性认识上升为中国特色社会主义法治理论，加快构建以我为主、兼收并蓄、突出特色的法学学科体系和法学教材体系。坚持把法学理论和法治实践教学紧密结合起来，推动法学院校普遍开设职业伦理、司法实务课程，建立以法律职业需求为导向的教育培养模式。深入实施卓越法治人才教育培养计划 2.0，建立理论导师和实务导师共同指导的“双导师”制，努力提高应用型法治人才培养质量。将法治实务部门的优质教学、研究资源引入法学院校和法学研究机构，支持法学院校与法治实务部门共建法学院系，切实解决法学理论与实践脱节的问题。深入实施法学院校与实务部门人员互聘计划，推动骨干教师到实务部门挂职研修、实践锻炼制度化、规范化。继续深入实施中国政法实务大讲堂，把社会主义法治国家建设的最新经验和生动案例融入课堂教学。加强急需紧缺专门人才培养。适应全面依法治国、建设社会主义法治国家需要，加强专门人才需求类别、数量及培养路径研究，强化年度目标实施考核。开设一批跨学科、跨专业、跨语种交叉课程，加快应用型复合型创新型法治人才培养。加大涉外法治人才、特殊需求人才培养力度，加快建设通晓国际法律规则、善于处理涉外法律事务的涉外法治人才队伍，加快培养在某一领域内具有较大影响的国际型、领军型人才，努力提升全球治理和国际司法领域话语权。[1]

第一节 法治专门队伍建设

我国专门的法治队伍主要包括在人大和政府从事立法工作的人员，在行政机关从事执法工作的人员，在司法机关从事司法工作的人员。立法、执法、司法这三支队伍既有共性又有个性，都十分重要。习近平总书记指出:“全面推进依法治国，首先要把这几支队伍建设好……立法是为国家定规矩、为社会定方圆的神圣工作，立法人员必须具有很高的思想政治素质，具备遵循规律、发扬民主、加强协调、凝聚共识的能力。执法是把纸面上的法律变为现实生活中活的法律的关键环节，执法人员必须忠于法律、捍卫法律，严格执法、敢于担当。司法是社会公平正义的最后一道防线，司法人员必须信仰法律、坚守法治，端稳天平、握牢法槌，铁面无私、秉公司法。”[2]

一、推进法治专门队伍正规化、专业化、职业化

推进法治队伍“正规化、专业化、职业化”，这是《中共中央关于全面推进依法治国若干重大问题的决定》中提出的明确要求，针对目前法治队伍中所存在的“非专业化”和“非职业化”现象，要通过推进法治队伍建设来解决当下的人员复杂，专业知识欠缺，“临时工”临时执法等弊端。把思想政治建设摆在首位，加强理想信念教育，深入开展社

---

〔1〕景汉朝:《坚持建设德才兼备的高素质法治工作队伍》，载《人民日报》2021 年 3 月 22 日，第 11 版。

〔2〕习近平:《加快建设社会主义法治国家》，载《求是》2015 年第 1 期。

会主义核心价值观和社会主义法治理念教育，坚持党的事业、人民利益、宪法法律至上，加强立法队伍、行政执法队伍、司法队伍建设。抓住立法、执法、司法机关各级领导班子建设这个关键，突出政治标准，把善于运用法治思维和法治方式推动工作的人选拔到领导岗位上来。畅通立法、执法、司法部门干部和人才相互之间以及与其他部门具备条件的干部和人才交流渠道。

完善法律职业准入、资格管理制度，建立法律职业人员统一职前培训制度和在职法官、检察官、警官、律师同堂培训制度。2021 年 12 月 30 日，司法部发布《全国公共法律服务体系建设规划（2021—2025 年）》，指出健全完善国家统一法律职业资格制度，要提高法律职业资格考试选拔的科学性和公信力。制定实施新一轮法律职业资格考试放宽政策，研究西藏自治区和四川省涉藏州县相关扶持政策，实现法律职业人才由“有没有”向“好不好”转变。制定法律职业资格管理办法配套文件，明确通过放宽政策取得的法律职业资格证书的适用范围，推动东中西部法律职业人才均衡布局。党的十八大以来，共有 102.9 万人取得法律职业资格。2022 年 2 月 28 日，中共中央组织部、最高人民法院、最高人民检察院、司法部印发《关于建立法律职业人员统一职前培训制度的指导意见》，明确统一职前培训的协调机构、责任分工和实施机构。初任法官、检察官、仲裁员（法律类），申请律师、公证员执业，应当参加职前培训，培训合格方可准予从事相关法律职业。因地制宜、有序推进行政机关中拟初次从事行政处罚决定法制审核、行政复议、行政裁决和法律顾问的公务员（含参照公务员法管理人员）的职前培训工作，促进法律职业人员形成共同的政治素养、业务能力和职业伦理。2021 年 1 月印发的《法治中国建设规划（2020—2025 年）》对公检法同堂培训提出明确要求：“建立法律职业人员统一职前培训制度和在职法官、检察官、警官、律师同堂培训制度。”随后，全国范围内的同堂培训随即展开。2021 年 5 月，国家检察官学院举行首期全国公检法同堂高级研修班，这次培训围绕“侵犯知识产权案件办理”相关问题展开。2021 年 6 月，中共中央印发《中共中央关于加强新时代检察机关法律监督工作的意见》，要求建立检察官与法官、人民警察、律师等同堂培训制度，统一执法司法理念和办案标准尺度。同月，第一期检律同堂培训班在国家检察官学院举办，法律职业共同体一体化同堂培训，从“共识”走向“落实”。

完善从符合条件的律师、法学专家中招录立法工作者、法官、检察官、行政复议人员制度。2016 年 6 月 2 日，中共中央办公厅印发《从律师和法学专家中公开选拔立法工作者、法官、检察官办法》，具有立法权的人大常委会的法制工作机构、政府法制部门应当招录一定数量的律师、法学专家从事法律法规起草工作。人民法院、人民检察院应当把从律师、法学专家中选拔法官、检察官工作常态化、制度化。这项常态化机制的建立，将对从司法助理中选拔法官检察官的主渠道形成有益补充，进一步完善法官检察官的培养选任制度。

加强立法工作队伍建设。2020 年 11 月 19 日至 20 日，召开第二十六次全国地方立法工作座谈会，会议指出各地人大高度重视立法队伍建设，着力解决立法人才“进得来、用得上、留得住”的问题。加强立法人才培养，为高质量开展地方立法、高水平推进法治建设提供强有力的人才支撑。

健全法官、检察官员额管理制度，规范遴选标准、程序。《中共中央关于全面推进依法治国若干重大问题的决定》提出建立法官、检察官逐级遴选制度。初任法官、检察官由高级人民法院、省级人民检察院统一招录，一律在基层法院、检察院任职。上级人民法院、人民检察院的法官、检察官一般从下一级人民法院、人民检察院的优秀法官、检察官中遴选。

加强执法司法辅助人员队伍建设。健全司法辅助人员招录、管理、待遇保障机制，确保队伍“招得来、用得好、留得住”。

建立健全立法、执法、司法部门干部和人才常态化交流机制，加大法治专门队伍与其他部门具备条件的干部和人才交流力度。加强边疆地区、民族地区和基层法治专门队伍建设。

建立健全符合职业特点的法治工作人员管理制度，完善职业保障体系。基层广大法官、检察官、人民警察一方面任务重、压力大，另一方面职级低、待遇差、发展空间有限，造成流失和断层现象比较突出。通过改革建立符合职业特点的司法人员管理制度，完善司法人员分类管理制度，建立法官、检察官、人民警察专业职务序列及工资制度，完善公安民警职业风险保障和职业工资待遇保障政策，增强司法人员的职业荣誉感和使命感。

健全执法司法人员依法履职免责、履行职务受侵害保障救济、不实举报澄清等制度。2020 年 8 月 26 日，召开政法领域全面深化改革推进视频会，要求探索建立执法司法人员权益保障委员会，完善依法履职免责和容错纠错制度，健全受到侵害救济保障和不实举报澄清机制，努力形成激浊扬清、干事创业的良好政治生态。

二、加强新形势下政法队伍建设

在法治专门队伍建设中，政法队伍规模最大，直接面对当事人和广大人民群众，其整体素质和能力决定着国家的法治形象。对这样一支三百多万人、手中掌握着很大权力、面临的考验诱惑多的大队伍，从严治警一刻也不能松懈。同时，政法队伍是和平年代奉献最多、牺牲最大的队伍。对这支特殊的队伍，要给予特殊的关爱，做到政治上激励、工作上鼓劲、待遇上保障、人文上关怀，千方百计帮助解决各种实际困难，让干警安身、安心、安业。2017 年 1 月 18 日，中共中央印发《关于新形势下加强政法队伍建设的意见》，对新形势下加强政法队伍建设提出了一系列明确要求。

加强思想政治建设。认真贯彻落实习近平总书记重要训词精神，深入开展党史学习教育和政法队伍教育整顿。把坚定的理想信念作为政法队伍的政治灵魂，坚定不移走中国特色社会主义法治道路，确保政法工作沿着坚定正确的政治方向前进；铸就绝对忠诚的政治品格，牢固树立政治意识、大局意识、核心意识、看齐意识，严守党的政治纪律和政治规矩，完善政治轮训制度，探索建立政治督察制度，确保党对政法工作的绝对领导落到实处；培育和践行政法职业精神，深化以忠诚、为民、担当、公正、廉洁为主要内容的政法干警核心价值观教育，把政法职业荣誉制度纳入国家荣誉制度体系，完善树立先进典型、表彰优秀政法干警常态化机制，增强政法干警职业荣誉感和归属感。明确要求提高政法干警四个方面的能力。通过构建教、学、练、战一体化教育培训机制，广泛开展轮值轮训，推进分级分类分层培训，全面推行青年政法干警业务导师制，建立岗位业务咨询和顾问制度等，提高执法司法专业能力；通过强化宗旨意识和群众观念，健全以案释法制度，鼓励政法干警到条件艰苦、情况复杂、矛盾集中的地方和岗位锻炼成长，提高群众工作能力；通过全面实施科技强警战略，造就一大批精业务、熟法律、懂科技的复合型人才，建设数据化、智慧型政法机关，促进科技人才、信息技术与政法业务深度融合，提高科技应用能力；通过建立新闻发言人、官方微博微信网站发布权威信息制度，完善政法宣传舆论引导工作机制，提升互联网时代政法干警的媒介素养和社会沟通能力。

加强履职能力建设。建立健全各类执法司法人员岗位素质能力基本标准，建立符合执法司法规律的政法干警绩效考评体系，在职务晋升、薪酬待遇、荣誉激励等方面全面体现能力和业绩导向。构建教、学、练、战一体化教育培训机制，全面推进青年政法干警业务导师制，建立岗位业务咨询和顾问制度，提高执法司法专业能力；强化宗旨意识和群众观念，鼓励政法干警到条件艰苦、情况复杂、矛盾集中的地方和岗位锻炼成长，提高群众工作能力；全面实施科技强警战略，建设数据化、智慧型政法机关，造就一大批精业务、熟法律、懂科技的复合型人才，提高科技应用能力；树立主动宣传、立体传播理念，完善政法宣传舆论引导工作机制，提升互联网时代政法干警的媒介素养，提高社会沟通能力。加强政法专门人才队伍建设，制定政法专门人才差别化管理办法。加强立法和执法队伍能力建设，推行法官、检察官员额制和人民警察单独职务序列，法治专门队伍革命化、正规化、专业化、职业化水平取得新的进步。

加强纪律作风建设。坚持把纪律挺在前面，分系统修订完善纪律条令，完善岗位职权利益回避制度，健全政法干警社会交往行为规范，对违纪行为早发现、早提醒、早纠正；持续整改作风突出问题，坚决纠正损害群众利益行为，综合治理失职渎职行为，着力解决执法司法不公问题，推进执法司法作风持续好转；完善权力约束监督机制，分类制定政法干警权力清单、责任清单，推进执法司法全面深度公开，建立健全与司法权运行新机制相适应的监督制约体系；坚决惩治执法司法腐败，坚决查处滥用职权、贪赃枉法、充当司法掮客等行为，营造全面从严治警的浓厚氛围。

加强政法领导班子和领导干部队伍建设。把忠诚可靠和知法懂法作为必备条件，选好配强政法领导班子，健全从严管理监督政法领导干部的制度体系，加强干部培养锻炼，提高解决实际问题、驾驭复杂局面的能力。

健全职业保障体系。完善工资待遇制度，形成向基层一线办案人员倾斜的激励机制；健全依法履职保护机制，依法严惩暴力袭警抗法等妨害执法司法的违法犯罪行为；落实抚恤优待政策，加强政法干警医疗保障，加快推进法官、检察官、人民警察参加工伤保险制度，切实保障干警休息权；加大基层保障力度，建立人财物向基层倾斜的政策保障体系，取消不合理考评指标，切实减轻基层负担。

第二节　加强法律服务队伍

法律服务队伍是全面依法治国的重要力量。要把拥护中国共产党领导、拥护我国社会主义法治作为法律服务人员从业的基本要求，加强教育、管理，引导法律服务工作者坚持正确政治方向，依法依规诚信执业，认真履行社会责任，满腔热忱投入社会主义法治国家建设。党的十八大以来，习近平总书记多次对律师工作和律师队伍建设作出重要指示，党中央、中央政法各部门陆续出台政策文件，深化律师制度改革，保障律师执业权利。持续推进公共法律服务体系建设，律师、公证员、司法鉴定人、仲裁员、人民调解员等法律服务队伍不断发展壮大。截至

2022年6月，全国共有律师60.5万人，律师事务所3.7万余家。

一、加强律师队伍建设

加强律师队伍思想政治建设，把拥护中国共产党领导、拥护社会主义法治作为律师从业的基本要求，增强广大律师走中国特色社会主义法治道路的自觉性和坚定性。党的十八大以来，以习近平同志为核心的党中央高度重视律师行业党的建设，提出明确工作要求。2014年10月，党的十八届四中全会通过《中共中央关于全面推进依法治国若干重大问题的决定》，对加强律师工作和律师队伍建设作出部署，提出把拥护中国共产党领导、拥护社会主义法治作为律师从业的基本要求，增强广大律师走中国特色社会主义法治道路的自觉性和坚定性。

构建社会律师、公职律师、公司律师等优势互补、结构合理的律师队伍。提高律师队伍业务素质，完善执业保障机制。理顺律师管理体制机制，各级党政机关和人民团体普遍设立公职律师，企业可设立公司律师，参与决策论证，提供法律意见，促进依法办事，防范法律风险。党的十八届四中全会审议通过的《中共中央关于全面推进依法治国若干重大问题的决定》提出："各级党政机关和人民团体普遍设立公职律师，企业可设立公司律师，参与决策论证，提供法律意见，促进依法办事，防范法律风险。明确公职律师、公司律师法律地位及权利义务，理顺公职律师、公司律师管理体制机制"，"构建社会律师、公职律师、公司律师等优势互补、结构合理的律师队伍"。中共中央办公厅、国务院办公厅2016年印发的《关于推行法律顾问和公职律师公司律师制度的意见》，要求积极推行党政机关法律顾问制度，建立以党内法规工作机构、政府法制机构人员为主体，吸收法学专家和律师参加的法律顾问队伍。党政机关内部专门从事法律事务的工作人员和机关外聘的法学专家、律师，可以担任法律顾问。党内法规工作机构、政府法制机构以集体名义发挥法律顾问作用。

加强律师事务所管理，发挥律师协会自律作用，规范律师执业行为，监督律师严格遵守职业道德和职业操守，强化准入、退出管理，严格执行违法违规执业惩戒制度。中华全国律师协会出台规则加强律师行业自律。2021 年 10 月，中华全国律师协会制定了《中华全国律师协会关于禁止违规炒作案件的规则（试行）》，对披露案件情况、庭审信息的范围作了细化规定，明确了律师、律师事务所对党和国家重大决策部署、公共事件、涉法问题等发表评论以及在公共平台发表评论意见应当遵循的原则及边界、红线等，并对律师事务所、律师协会管理责任及处罚作出规定，这是深化律师行业突出问题专项治理、推进行业规范健康发展的重要举措。

加强律师行业党的建设，扩大党的工作覆盖面，切实发挥律师事务所党组织的政治核心作用。2016 年，中共中央办公厅、国务院办公厅印发《关于深化律师制度改革的意见》，明确指出深化律师制度改革，必须坚持党的领导，坚持正确的政治方向。2018 年 7 月 19 日，中组部、司法部联合召开全国律师行业党的建设工作座谈会，专题研究部署律师行业党建工作。会前，根据司法部和全国律师行业党委统一部署，中华全国律师协会率先修改章程，明确写入党的建设相关内容。按照统一归口、条块结合、责任明晰、有机衔接的要求，着力构建“横向到边、纵向到底”的党建工作领导管理体制，在全国、省（区、市）和地市三级普遍成立律师行业党委，推动律师行业各级党组织隶属关系理顺到位。制定并修改完善《全国律师行业党委工作规则》《全国律师行业党委党内重大事项报告规定（试行）》《律师事务所党组织工作规则（试行）》等工作制度，强化律师行业党委对同级律师协会的领导，完善党委议事规则和决策程序，更好发挥行业党委政治引领作用。将律师行业党建工作与行业管理工作统筹部署、统筹推进，建立党建工作要求与律师事务所审批、律师执业和转所、律师事务所和党员律师年度考核、民主评议相挂钩的“四同步”工作机制，确保工作有力推进。健全党建联系点制度，全国律师行业党委直接联系律师事务所，省级律师行业党委相应建立党建联系点，推动以点带面、层层带动。2018 年以来，重新组建的司法部坚持以政治建设为统领，坚持党建先行，把加强律师行业党建工作作为头等大事，成立了全国律师行业党委，将“坚持以习近平新时代中国特色社会主义思想为指导”、“坚定维护以习近平同志为核心的党中央权威和集中统一领导”和加强党的建设工作写入全国律协章程，在全国选树 98 个律师党建示范点……律师行业党建工作发生了可喜的变化，为进一步加强律师行业党建工作奠定了良好基础。2021 年 1 月，中共中央印发《法治中国建设规划（2020—2025 年）》统筹推进法治中国建设各项工作，明确提出，坚持和加强党对律师工作的领导，推动律师行业党的建设。

各级党政机关和人民团体普遍设立公职律师，企业可设立公司律师，参与决策论证，提供法律意见，促进依法办事，防范法律风险。明确公职律师、公司律师法律地位及权利义务，理顺公职律师、公司律师管理体制机制。党的十八届四中全会决定，各级党政机关和人民团体普遍设立公职律师。2016 年 6 月，中共中央办公厅、国务院办公厅印发《关于推行法律顾问制度和公职律师、公司律师制度的意见》。2018 年 12 月，司法部出台《公职律师管理办法》。各地各部门认真贯彻执行，在全面依法治国的大背景下，公职律师队伍蓬勃发展。截至 2020 年 12 月初，全国已有 5.6 万余名公职律师。中共中央印发的《法治中国建设规划（2020—2025 年）》要求，发展公职律师队伍，充分发挥公职律师在重大行政决策中的作用。2021 年 1 月召开的全国司法厅（局）长会议提出，推动中央和国家机关以及县级以上地方党政机关普遍开展公职律师工作。数量增长的同时，各地加强公职律师的培训和管理，在党政机关设立公职律师办公室乃至探索建立公职律师事务所，积极搭建公职律师履职平台，为其发挥重要作用创造条件。

发展公证员、基层法律服务工作者、人民调解员队伍。推动法律服务志愿者队伍建设。建立激励法律服务人才跨区域流动机制，逐步解决基层和欠发达地区法律服务资源不足和高端人才匮乏问题。2021 年，全国公证人员数为 13,620 人。然而，公证员队伍缺口问题严重，部分基层、偏远地区公证员数量难以满足业务需求的情况引起检查组高度关注。《公证法》规定，公证机构应有 2 名以上公证员。但目前，全国共有“一人处”59 家，“无人处”114 家。一些公证机构队伍青黄不接。此外，从业人员老龄化也是普遍性问题。2018 年 4 月，中央政法委、最高人民法院、司法部等六部委联合印发《关于加强人民调解员队伍建设的意见》，对人民调解员的选任、职责任务等作出了具体规定，要求多措并举建立高水平人民调解队伍。截至 2018 年，全国兼职人民调解员有 317.2 万人，占总数的 86.5%；专职人民调解员 49.7 万人，占总数的 13.5%，随着调解内容向专业化领域推进，律师、公证员、仲裁员、医生、教师、专家学者等专业人士在人民调解员中的比重也在逐年增加。

二、优化公共法律服务队伍结构

公共法律服务是政府公共职能的重要组成部分，是保障和改善民生的重要举措，是全面依法治国的基础性、服务性和保障性工作。党的十八届四中全会提出，建设完备的法律服务体系，推进覆盖城乡居民的公共法律服务体系建设，加强民生领域法律服务。习近平总书记对公共法律服务工作多次作出重要指示，强调要加快建设覆盖城乡、便捷高效、均等普惠的现代公共法律服务体系，统筹研究律师、公证、法律援助、司法鉴定、调解、仲裁等工作改革方案，加快发展律师、公证、司法鉴定、仲裁、调解等法律服务队伍，整合法律服务资源，尽快建成覆盖全业务、全时空的法律服务网络，让人民群众切实感受到法律服务更加便捷。

有效整合服务资源。党的十八大以来，随着我国公共法律服务体系建设稳步推进，各地为提升公共法律服务水平进行了大量实践探索。服务平台逐年增加，服务范围不断拓展，服务内容日益丰富，服务队伍不断壮大，人民群众在化解矛盾纠纷、维护自身权益等方面的公共法律服务需求得到更好满足。加快整合律师、公证、调解、仲裁、法律援助、司法鉴定等公共法律服务资源，推动完善相关体制机制，促进公共法律服务资源集约式开发利用、协同增效，提高公共法律服务资源的使用效率，为人民群众提供更为及时有效的法律帮助。2019 年 7 月，中共中央办公厅、国务院办公厅印发了《关于加快推进公共法律服务体系建设的意见》，要求完善职业道德规范制度体系，促进法律服务行风建设和诚信体系建设。优化公共法律服务队伍结构，稳步增加律师、公证员、法律援助人员、仲裁员数量，加快发展政府法律顾问队伍，适应需要发展司法鉴定人队伍，积极发展专职人民调解员队伍，增加有专业背景的人民调解员数量，规范发展基层法律服务工作者队伍。2021 年 12 月，司法部审议通过了《全国公共法律服务体系建设规划（2021—2025 年）》，指出截至 2021 年底，我国律师事务所、公证处、司法鉴定机构、仲裁机构、人民调解委员会、基层法律服务机构等各类法律服务机构合计达到 76.5 万个，专业法律服务人员 388.5 万人。公共法律服务实体、热线、网络三大平台建设快速推进、深度融合，服务质量、效率不断提升。截至 2020 年底，建成公共法律服务中心（工作站、点）57 万个，60 多万个村（社区）配备法律顾问，公共法律服务热线设置 2000 多个座席，服务领域不断拓展，中国法律服务网、各省级法网全面建成，线上服务功能日趋完备。

第三节　加强法学专家队伍建设

法学专家队伍主要是从事法学研究和教育工作的队伍，对法学理论创新和法治人才培养至关重要。习近平总书记对法学专家队伍提出了一系列要求，强调法学专业教师要坚定理想信念，成为马克思主义法学思想和中国特色社会主义法治理论的坚定信仰者、积极传播者和模范实践者。不能做西方理论的“搬运工”，而要做中国学术的创造者、世界学术的贡献者。《中共中央关于全面推进依法治国若干重大问题的决定》提出，重点打造一支政治立场坚定、理论功底深厚、熟悉中国国情的高水平法学家和专家团队，建设高素质学术带头人、骨干教师、专兼职教师队伍。党中央对法学法律工作者提出的做中国特色社会主义法治道路的践行者、社会主义法治国家的建设者、中国特色社会主义法治理论的发展者、德才兼备的社会主义法治人才的培养者的定位，也适用于法学专家队伍建设。因此，我们可把法学专家队伍建设的方向概括为“五者”，即中国特色社会主义法治道路的践行者、社会主义法治国家的建设者、中国特色社会主义法治理论的发展者、中国特色法学体系的构建者、德才兼备的社会主义法治人才的培养者。

一、打造高水平法学专家队伍

全面推进依法治国，法治理论是重要引领。没有正确的法治理论引领，就不可能有正确的法治实践。高校是贯彻社会主义法治理论的重要阵地，也是推进法治理论创新的重要力量。要充分利用学科齐全、人才密集的优势，加强法治及其相关领域基础性问题的研究，对复杂现实进行深入分析、作出科学总结，提炼规律性认识，为完善中国特色社会主义法治体系、建设社会主义法治国家提供理论支撑。习近平法治思想是中国特色社会主义法治理论的集大成者，是当代中国马克思主义法治理论、21世纪马克思主义法治理论。当前，发展中国特色社会主义法治理论，首先就是要研究阐释好习近平法治思想，做好学理化阐释、学术化表达、体系化建构建工作，推动法治理论创新。

2020年，中共中央办公厅印发了《关于进一步加强法学会建设的意见》，要求积极参与法学教育改革，加快构建中国特色法学学科体系和教材体系，推动中国特色社会主义法治理论进教材、进课堂、进头脑，培养德法兼修的高素质专业化法治人才。研究制定法学人才发展规划，创新法治人才培养机制，通过组织开展实地调研、课题研究、学术研讨、评奖评选、人才举荐等方式，推动优秀法学人才脱颖而出，重点打造一支政治立场坚定、理论功底深厚、熟悉中国国情的高水平法学家和专家队伍。中国法学会定期举办“全国杰出青年法学家”评选活动，旨在发挥导向激励作用，推动社会主义核心价值观融入法治建设，推动优秀法学人才脱颖而出，打造一支政治立场坚定、理论功底深厚、熟悉中国国情的高水平法学家和专家队伍。

二、加快构建中国特色法学学科体系、理论体系和话语体系

法学专家队伍以法学为业，肩负着构建中国特色法学体系的学术使命，要积极推动以马克思主义为指导的法学学科体系、学术体系、教材体系、话语体系建设。习近平总书记在中国政法大学考察时提出了中国特色法学学科体系、课程体系、教材体系、话语体系等概念。他指出：“我们要坚持从我国国情和实现出发，正确解读中国现实、回答中国问题，提炼标识性学术概念，打造具有中国特色和国际视野的学术话语体系，尽快把我国法学学科体系和教材体系建立起来。”他强调，加强中国特色法学学科体系建设，“要以我为主、兼收并蓄、突出特色”。“我们有我们的历史文化，有我们的体制机制，有我们的国情，我们的国家治理有其他国家不可比拟的特殊性和复杂性，也有我们自己长期积累的经验和优势，不能妄自菲薄，也不能数典忘祖。”“我们要有底气、有自信，努力以中国智慧、中国实践为世界法治文明建设作出贡献。”同时，“对世界上的优秀法治文明成果，要积极吸收借鉴，也要加以甄别，有选择地吸收和转化，不能囫囵吞枣、照搬照抄”。

第四节　创新法治人才培养机制

高校是法治人才培养的第一阵地。习近平总书记高度重视法治人才培养问题，指出：“全面依法治国是一个系统工程，法治人才培养是其重要组成部分……法治人才培养上不去，法治领域不能人才辈出，全面依法治国就不可能做好。”要“研究谋划新时代法治人才培养和法治队伍建设长远规划，创新法治人才培养机制”。法学教育要坚持立德树人、德法兼修，不仅要提高学生的法学知识水平，而且要培养学生的思想道德素养。首先要把人做好，然后才可能成为合格的法治人才。广大法学专业学生要打牢法学知识功底，加强道德养成，培养法治精神，努力用

一生来追求自己的理想。办好法学教育，必须坚持走中国特色社会主义法治道路，坚持以马克思主义法学思想和中国特色社会主义法治理论为指导。加强法学基础理论研究，形成完善的中国特色社会主义法学理论体系、学科体系、课程体系，组织编写和全面采用国家统一的法律类专业核心教材，纳入国家统一法律职业资格考试必考范围。推动中国特色社会主义法治理论进教材、进课堂、进头脑，培养造就熟悉和坚持中国特色社会主义法治体系的法治人才及后备力量。要推进法学院校改革发展，提高人才培养质量。要加大涉外法学教育力度，加强涉外法治人才培养，重点做好涉外执法司法和法律服务人才培养、国际组织法律人才培养推送工作，更好服务对外工作大局。

一、坚持立德树人、德法兼修

习近平法治思想要求，创新法治人才培养机制，从源头上提高法治人才质量。习近平总书记强调，法学教育要坚持立德树人，不仅要提高学生的法学知识水平，而且要培养学生的思想道德素养。

法治人才培养要坚持德法兼修、明法笃行。习近平总书记指出："希望法学专业广大学生德法兼修、明法笃行，打牢法学知识功底，加强道德养成，培养法治精神，而且一辈子都坚守，努力用一生来追求自己的理想。"要坚持法律专业能力培养和法律职业精神塑造相结合，在法律专业教育中贯穿职业伦理教育，把真善美的种子播撒到学生心中，使学生成为有大爱大德大情怀的人。坚持明法与笃行相结合，既努力引导学生把握法律、法治、法理的基本概念和精义，养成法律思维、法治思维和法理思维，沿着求真理、悟道理、明事理的方向前进，又努力引导学生培养刚健有为、自强不息的品质，践行社会主义法治理念，做到知行合一。

强化党对法学教育工作的领导。进一步加强法学院校政治思想领导，把握正确的办学方向和教育培养方向，要把习近平法治思想融入学校教育，纳入高校法治理论教学体系，做好进教材、进课堂、进头脑工作。法学院校党委要切实履行好管党治党、办学治校主体责任，把思想政治工作和党的建设工作结合起来，牢牢掌握意识形态工作主动权。

建立法学院校与法治部门协同育人机制。深入总结我国法治建设的实践经验，努力将规律性认识上升为中国特色社会主义法治理论，加快构建以我为主、兼收并蓄、突出特色的法学学科体系和法学教材体系。坚持把法学理论和法治实践教学紧密结合起来，推动法学院校普遍开设职业伦理、司法实务课程，建立以法律职业需求为导向的教育培养模式。深入实施卓越法治人才教育培养计划2.0，建立理论导师和实务导师共同指导的“双导师”制，努力提高应用型法治人才培养质量。将法治实务部门的优质教学、研究资源引入法学院校和法学研究机构，支持法学院校与法治实务部门共建法学院系，切实解决法学理论与实践脱节的问题。深入实施法学院校与实务部门人员互聘计划，推动骨干教师到实务部门挂职研修、实践锻炼制度化、规范化。继续深入实施中国政法实务大讲堂，把社会主义法治国家建设的最新经验和生动案例融入课堂教学。

二、深化高等法学教育改革

高校是法治人才培养的第一阵地，高校法学教育在法治人才培养中发挥着基础性、先导性作用。习近平总书记强调：“要推进法学院校改革发展，提高人才培养质量。”《法治中国建设规划（2020—2025年）》提出，深化高等法学教育改革，优化法学课程体系，强化法学实践教学，培养信念坚定、德法兼修、明法笃行的高素质法治人才。

优化法学课程体系。党的十八届四中全会提出，形成完善的中国特色社会主义法学课程体系，组织编写和全面采用国家统一的法律类专业核心课程教材，推动中国特色社会主义法治理论进教材、进课堂、进头脑。优化法学课程体系，首先要把习近平法治思想融入学校教育，纳入高校法治理论教学体系，做好进教材、进课堂、进头脑工作。同时，根据法治实践和法学研究的发展，适时开设国家安全法学、党内法规学、社会治理法学、数字法学等新课程。

强化法学实践教学。习近平总书记指出：“法学学科是实践性很强的学科。法学教育要处理好法学知识教学和实践教学的关系。学生要养成良好法学素养，首先要打牢法学基础知识，同时要强化实践教学。要打破高校和社会之间的体制壁垒，将实际工作部门的优质实践教学资源引进高校，加强校企、校地、校所合作，发挥政府、法院、检察院、律师事务所、企业等在法治人才培养中的积极作用。”因此，要进一步扩大法学实践教学比重，让法学专业学生有更多到实践部门锻炼的机会，提高法律实践操作能力。

建立健全法学教育工作者和法治实践工作者之间双向交流机制。大多数法学专家都在高校、党校、法官学院、检察官学院等教育培训机构任职，从事法学专业教学和法治人才培养工作。习近平总书记指出，法学教师“在做好理论研究和教学的同时，深入了解法律实际工作，促进理论和实际相结合。要带头践行社会主义核心价值观，追求言为人师、行为世范，用自己的实际行动引导带动学生。法学教师参与法治实践机会比较多，对社会各个层面的感知比较丰富，要实事求是地看待社会，多看主流和光明面，多用正能量鼓舞激励学生”。法学教育工作者和法治实践工作者要相互交流、取长补短，把法学理论和法治实践更好结合起来。实际工作部门要选派理论水平较高的专家到高校任教，参与人才培养方案制定、课程体系设计、教材编写、专业教学，把社会主义法治国家建设实践的最新经验和生动案例带进课堂教学中。

三、加快培育涉外法治人才

加强涉外法治教育引导。推进对外法治宣传，增进国际社会对我国法律制度的理解、掌握和运用，推进有关外国企业和公民遵守我国法律规定。加强对在华外国人的法律政策宣传，引导在华外国人自觉遵守我国法律，通过提供多语种咨询服务等途径，引导在华外国人通过公共法律服务维护合法权益。引导企业、公民在“走出去”过程中更加自觉地遵守当地法律法规和风俗习惯，加强合规管理，提高法律风险防范意识，运用法治思维和法治方式维护自身合法权益。提升域外法律服务查明质效，推进社会机构参与共建世界主要国家法律法规库。

培育国际一流的法律服务机构和涉外法律人才。开展全国涉外法律服务示范机构创建工作。加快培育国际一流律师事务所，推动中国律师事务所在境外设立分支机构。以国际商事仲裁中心建设为依托，打造一批具有国际影响力的仲裁机构。加强中国法律服务（香港）有限公司、中国法律服务（澳门）有限公司建设，充分发挥功能作用。加快培养复合型涉外法律人才，加大推进重大经贸活动聘请中国律师力度。

推进涉外法律服务方式多元化、交流合作机制化。建立健全为符合条件的外国人提供法律援助的相关规定。积极推进海外远程视频公证，扩大服务覆盖面。总结北京、上海等特定区域引入境外仲裁机构试点工作经验，完善相关制度安排。加强与国际商事调解组织的交流合作。推进完善上海合作组织司法部长会议机制，推动成立上海合作组织法律服务委员会，深化法律服务领域交流合作。推进“一带一路”律师联盟工作。推动我国仲裁机构与共建“一带一路”国家仲裁机构合作建立联合仲裁工作机制。

第九章 坚持以习近平法治思想为指导开拓法治中国建设新局面

习近平法治思想既是重大战略思想，又是重大工作部署。我们要全面贯彻落实党的十九大和十九届历次全会精神，增强“四个意识”、坚定“四个自信”、做到“两个维护”，不断提高政治判断力、政治领悟力、政治执行力，切实担负深化贯彻落实的重大政治责任，认真履职尽责，主动担当作为，进一步发挥职能作用，推动党中央关于全面依法治国的重大决策部署落地落实，为续写“中国之治”新篇章提供有力法治保障。〔1〕

从我国古代看，凡属盛世都是法制相对健全的时期。近代以后，为了谋求国家富强和民族复兴，许多仁人志士一直呼吁法制，但在当时的历史条件和政治条件下，仅靠变法修律是无法改变旧中国社会性质和中国人民悲惨命运的。中华人民共和国的成立开辟了中国历史的新纪元。新中国成立初期，我们党在废除旧法统的同时，积极运用新民主主义革命时期根据地法制建设的成功经验，抓紧建设社会主义法治，

---

〔1〕郭声琨:《坚持以习近平法治思想为指引　在新起点上奋力谱写全面依法治国新篇章》，载《人民日报》2021 年 12 月 13 日，第 6 版。

初步奠定了社会主义法治的基础。后来，党在指导思想上发生“左”的错误，特别是“文化大革命”十年内乱使法制遭到严重破坏，付出了沉重代价。改革开放的历史新时期，我们深刻总结我国社会主义法治建设的成功经验和深刻教训，把依法治国确定为党领导人民治理国家的基本方略，把依法执政确定为党治国理政的基本方式，走出了一条中国特色社会主义法治道路。经验和教训使我们党深刻认识到，法治是治国理政不可或缺的重要手段。什么时候重视法治、法治昌明，什么时候就国泰民安；什么时候忽视法治、法治松弛，什么时候就国乱民怨。

当今世界正经历百年未有之大变局，我国正处于实现中华民族伟大复兴的关键时期，改革发展稳定任务艰巨繁重，全面对外开放深入推进，人民群众在民主、法治、公平、正义、安全、环境等方面的要求日益增长，全面依法治国在党和国家工作全局中的地位更加突出、作用更加重大。全面依法治国，是关系我们党执政兴国、关系人民幸福安康、关系党和国家长治久安的重大战略问题，是坚持和完善中国特色社会主义制度、推进国家治理体系和治理能力现代化的重要方面，是解决党和国家事业发展面临的一系列重大问题，解放和增强社会活力、促进社会公平正义、维护社会和谐稳定的根本要求。〔1〕

当前，我国改革发展稳定形势总体是好的，但发展不平衡不充分的一些突出问题尚未解决，人民内部矛盾和其他社会矛盾凸显，党风政风也存在一些不容忽视的问题，其中大量矛盾和问题与有法不依、执法不严、违法不究相关。人民群众对法治的要求越来越高，依法治国在党和国家工作全局中的地位更加突出、作用更加重大。全面依法治国，既是立足于解决我国改革发展稳定中的矛盾和问题的现实考量，也是着眼于长远的战略谋划。〔2〕在全面建设社会主义现代化国家新征程上，统筹中

〔1〕中共中央宣传部、中央全面依法治国委员会办公室编：《习近平法治思想学习纲要》，人民出版社、学习出版社 2021 年版，第 2 页。

〔2〕中共中央宣传部编：《习近平新时代中国特色社会主义思想学习纲要》，学习出版社、人民出版社 2019 年版，第 97 页。

华民族伟大复兴战略全局和世界百年未有之大变局，统揽伟大斗争、伟大工程、伟大事业、伟大梦想，必须坚持把全面依法治国摆在全局性、战略性、基础性、保障性位置，更好发挥法治固根本、稳预期、利长远的重要作用。全面推进依法治国，是解决党和国家事业发展面临的一系列重大问题，解放和增强社会活力、促进社会公平正义、维护社会和谐稳定、确保党和国家长治久安的根本要求。必须全面推进依法治国，密织法律之网、强化法治之力，为党和国家事业发展提供根本性、全局性、长期性的制度保障，确保我国社会在深刻变革中既生机勃勃又井然有序。

习近平法治思想不仅有对法治中国建设意义重大的深刻阐释、规划全面的路径方式，还有对法治中国未来的蓝图描绘，蕴含了对“我们要建设什么样的法治中国”的深远思考。在党的十九届五中全会上，党中央擘画了到 2035 年“基本实现国家治理体系和治理能力现代化，人民平等参与、平等发展权利得到充分保障，基本建成法治国家、法治政府、法治社会”的法治蓝图。我们相信在以习近平同志为核心的党中央坚强领导下，在习近平法治思想的指引下，这一宏伟蓝图一定能够实现！

后　记

本书系中国社会科学院当代中国研究所主持编写的《新时代这十年》系列丛书之全面依法治国卷。

本书以习近平新时代中国特色社会主义思想为指导，以党的第三个历史决议为依据，贯彻落实习近平法治思想，从道路理论的确立、宪法贯彻实施、法律体系完善、法治政府建设、推进公正司法、法治宣传教育、涉外法治建设、法治工作队伍建设等方面，全面系统地总结10年全面依法治国取得的历史性成就、发生的历史性变革，系统总结新时代全面依法治国的宝贵经验，并展望法治中国建设未来。

全书共九章，分工如下：主编冀祥德（法学博士，中国社会科学院法学研究所研究员，当代中国出版社总编辑，当代中国音像电子出版社社长）负责本书策划，制定编写体例、大纲，确定本书结构，统稿定稿。祁建建（法学博士，中国社会科学院法学研究所副研究员）撰写第三章，刘晨琦（法学博士，中国社会科学院法学研究所助理研究员）撰写第五章，王慧（历史学博士，中国人民解放军军事科学院军队政治工作研究院副研究员）撰写第八章，房欣雪（法学博士，中国民航管理干部学院教师）撰写第一、九章，孙南翔（法学博士，中国社会科学院国际法研究所副研究员）撰写第七章，朱学磊（法学博士，中国社会科学院法学研究所助理研究员）撰写第二章，徐玖玖（法学博士，中国社会科学院法学研究所助理研究员）撰写第四章，段传龙（中国社会科学院法学研究所博士后研究人员）撰写第六章。

在本书编写过程中，审读专家李林（中国社会科学院学部委员，中国社会科学院法学研究所原所长、研究员）、黄文艺（中国人民大学法学院院长、教授，《中国法学》杂志社主编）提出了宝贵意见，中国社会科学院国际法研究所副所长、研究员翟国强为本书的修改完善提供了许多指导和帮助，当代中国研究所科研办负责同志做了大量组织工作，当代中国出版社法治编辑部主任刘文科、责任编辑邓颖君付出很大辛苦，在此一并表示衷心感谢！

书中不当之处，敬请读者批评指正。

本书编写组

2022 年 8 月